W0096161

Unsere Moos- und Farnpflanzen

KOSMOS
NATUR
FÜHRER

Dietmar Aichele
Heinz-Werner Schwegler

Unsere Moos- und Farnpflanzen

Eine Einführung in die Lebensweise,
den Bau und das Erkennen
heimischer Moose, Farne, Bärlappe
und Schachtelhalme

Mit 178 Zeichnungen und 154 Fotos

Kosmos
Gesellschaft der Naturfreunde
Franckh'sche Verlagshandlung
Stuttgart

154 Fotos von Dietmar Aichele
178 Zeichnungen von Walter Söllner

Umschlaggestaltung von Edgar Dambacher unter Verwendung eines Dias
von Heinz Schrempp
Das Bild zeigt das Schöne Widertonmoos (*Polytrichum formosum* Hedw.)

CIP-Kurztitelaufnahme der Deutschen Bibliothek

Aichele, Dietmar:
Unsere Moos- und Farnpflanzen : e. Einf. in d.
Lebensweise, d. Bau u. d. Erkennen heim. Moose,
Farne, Bärlappe u. Schachtelhalme / Dietmar
Aichele ; Heinz-Werner Schwegler. — 8. Aufl. —
Stuttgart : Franckh, 1981.
    (Kosmos-Naturführer)
    ISBN 3-440-04603-6
NE: Schwegler, Heinz-Werner:

8. Auflage / 36.—39. Tausend
Franckh'sche Verlagshandlung, W. Keller & Co., Stuttgart / 1981
Printed in Germany / Imprimé en Allemagne / L 14 H hc
ISBN 3-440-04603-6
Druck Text und Tafeln: Ernst Klett, Stuttgart; Druck Umschlag:
Johannes Illig, Göppingen; Buchbinder: Idupa, Owen/Teck.

Vorwort

Von den Pflanzen unserer Heimat werden die Moose von den Pflanzenfreunden am wenigsten beachtet, und zwar nicht nur von den Laien, sondern auch von den Fachbotanikern. Das liegt wohl nur zum Teil an ihrer Kleinheit. Ebenso ausschlaggebend ist, daß die Moose trotz ihrer Mannigfaltigkeit im Gesamten vielfach einander sehr ähneln. Ein sicheres Unterscheiden und Erkennen ohne Zuhilfenahme des Mikroskops ist daher oft schwierig, manchmal sogar unmöglich. Aus diesem Grunde werden in den üblichen Moosbestimmungsbüchern vorwiegend mikroskopische Merkmale zur Kennzeichnung der Arten verwendet. Damit bliebe aber den meisten Liebhaberbotanikern und Fachleuten, die kein Mikroskop besitzen, der Zugang zur Welt der Moose verschlossen.

Aber liegt ihnen überhaupt daran, Zugang zur Welt der Moose zu haben? Wir glauben, diese Frage bejahen zu dürfen. Schon die Vielzahl dieser zierlichen Pflanzengestalten reizt ja den Naturfreund geradezu, nähere Bekanntschaft mit den Moosen zu schließen; ihre Häufigkeit weckt den Wunsch, einzelne Arten zu unterscheiden und deren Namen kennenzulernen; ihr eigentümliches Aussehen stellt die Frage nach ihrem Bau und Werden sowie nach Einzelheiten aus ihrem Leben. Für alle Pflanzensoziologen ist die Kenntnis der verbreitetsten Moose sogar unerläßlich. Der Forstmann wird zur Charakterisierung von Waldtypen auf Moose zurückgreifen müssen, und schließlich wollen auch Studierende und Lehrer der Biologie die häufigsten Moose ansprechen können.

Unser Buch will in seinem 1. Teil einen Einblick in das Werden, den Bau und das Leben der Moose geben und im 2. Teil eine Möglichkeit schaffen, die häufigsten heimischen Moose ohne Gebrauch eines Mikroskops zu erkennen. Dies ist natürlich nur möglich, wenn man diejenigen Arten nicht berücksichtigt, deren Identifizierung Schwierigkeiten bereitet. Glücklicherweise sind dies fast ausschließlich Moose, die in Deutschland selten sind. Jeder Kenner wird bestätigen, daß er die verbreitetsten Moose auf den ersten Blick ansprechen kann; denn meist haben sie einen charakteristischen Habitus. Dieses Kennzeichnende im Aussehen soll durch die Photographien von Moosrasen vermittelt werden. In vielen Fällen genügt schon ein Vergleich der Abbildung mit dem gefundenen Moosrasen zum Erkennen der Arten. Typische Einzelheiten, welche die Identifizierung sichern, sind aus den Zeichnungen und den ausführlichen Beschreibungen zu ersehen. In ihnen findet der pflanzensoziologisch Interessierte auch Hinweise auf die Standortsverhältnisse. Die Benennung der Pflanzengesellschaften erfolgte in Anlehnung an R. K n a p p. Ein Kurzschlüssel, der dem 2. Teil vorangestellt wurde, soll die Orientierung erleichtern. Auf einen eigentlichen Bestimmungsschlüssel und damit auf die Aufnahme weiterer Arten mußte verzichtet werden, um nicht den Umfang des Buches zu vergrößern und seinen Preis wesentlich zu erhöhen. Aber trotz der Beschränkung auf die abgebildeten Moosarten kann mit Hilfe dieses Büchleins die überwiegende Mehrheit der Moose, die der Wanderer in Wald und Flur findet, sicher erkannt werden. Wer jedoch eine lückenlose Kenntnis aller heimischen Moose anstrebt, den verweisen wir auf die im Schriftenverzeichnis angeführte Fachliteratur.

Was oben über die Moose gesagt wurde, gilt mutatis mutandis für die Farnpflanzen. Trotz ihrer Schönheit und floristischen Bedeutung werden sie von vielen Naturfreunden nicht beachtet. Sie sind zwar größer als die Moose, haben aber wie diese keine Blüten, die durch ihre bunten Farben den Blick fesseln. Für den aufmerksamen Betrachter sind sie jedoch nicht ohne Reiz. So gehören die reich aufgeteilten, fein geäderten Farnwedel zu den schönsten Blattgebilden der heimischen Pflanzen, und Bärlappe und Schachtelhalme wecken durch ihr urtümliches Aussehen unser Interesse. Sind sie doch die letzten Überreste eines ehedem mächtigen Pflanzengeschlechtes.

In erdgeschichtlich alter Zeit liegen auch die Wurzeln, die Moose und Farnpflanzen gemeinsam haben. Dies läßt sich noch heute aus bestimmten Merkmalen ihrer Organisation erahnen. Deswegen haben wir beide Gruppen in unser Buch aufgenommen.

Unser Dank gilt vor allem dem wissenschaftlichen Zeichner W a l - t e r S ö l l n e r, der mit großer Hingabe und sehr viel Geduld die Zeichnungen für den 1. Teil dieses Buches nach Vorlagen, für den 2. Teil jedoch — mit wenigen Ausnahmen — nach der Natur angefertigt hat. Auf diese Weise hat er Zeichnungen von Moosen geschaffen, die in der populär-wissenschaftlichen Literatur nicht ihresgleichen haben.

Auch dem Verlag, der keine Mühe gescheut hat, dem Buch eine gute Ausstattung zu geben, danken wir herzlichst.

D. A i c h e l e und H. W. S c h w e g l e r

Unsere Moos- und Farnpflanzen

Vorwort 5

Moos- und Farnpflanzen als Angehörige einer gemeinsamen Organisationsstufe 9

Bau und Lebensweise der Moose 12

Bau und Lebensweise der Laubmoose 12

Die Sporen 12
Der Vorkeim 13
Die Rhizoide 18
Der Stamm 19
Die Blätter 21
Die Kapsel 25

Bau und Lebensweise der Lebermoose 32

Sporen und Protonema 33
Der Thallus 35
Der Thallus der Hornmoose 35
Der Thallus der Marchantiales 36
Der Thallus der Jungermaniales 40
Die beblätterten Lebermoose 42
Der Sporophyt 45

Die Fortpflanzung der Moose 46

Generations- und Kernphasenwechsel 46
Bau und Entwicklung der Geschlechtsorgane bei den Laubmoosen 48
Bau und Entwicklung der Geschlechtsorgane bei den Lebermoosen 52
Die Befruchtung bei den Laub- und Lebermoosen 54
Die Fortpflanzung durch Sporen 55
Der innere Bau der Laubmooskapsel und die Sporenentwicklung
bei den Laubmoosen 55
Der innere Bau der Lebermooskapsel und die Sporenentwicklung
bei den Lebermoosen 56
Die vegetative Vermehrung der Moose 58

Die Standortsverhältnisse der Moose 61

Das Bestimmen der Moose und das Anlegen eines
Moosherbars 63

Bau und Entwicklung der Farnpflanzen 67

Die Organisationsmerkmale der Farnpflanzen 67

Der Gametophyt der Farnpflanzen 69

Der Sporophyt der Farnpflanzen 72
Der Sporophyt der Farne 72
Der Sporophyt der Bärlappe 77
Der Sporophyt der Schachtelhalme 79

Die stammesgeschichtliche Entwicklung der Moose und Farne 81

Hinweise zur Identifizierung der abgebildeten Moos- und Farnpflanzen 84
Bilderteil 88
Schriftennachweis 176
Sachregister 177
Verzeichnis der angeführten Gattungs- und Artnamen 179
Deutsche Namen 179
Wissenschaftliche Namen 180

Moos- und Farnpflanzen als Angehörige einer gemeinsamen Organisationsstufe

Mancher Naturfreund mag sich im ersten Augenblick darüber wundern, daß Farnpflanzen (Pteridophyta) — also die Farne im engeren Sinne (Filicinae), die Bärlappe (Lycopodiinae) und die Schachtelhalme (Equisetinae) — zusammen mit den Moosen (Bryophyta) in e i n e m Buch beschrieben werden. Haben sie denn so viel Gemeinsames, wird er fragen, daß eine solche Zusammenfassung gerechtfertigt ist? Vergleicht er „typische Vertreter" beider Pflanzengruppen, z. B. das allbekannte Widertonmoos oder Goldene Frauenhaar *(Polytrichum commune)* und den Adlerfarn *(Pteridium aquilinum)*, so findet er allerdings in der Gestalt recht wenig Verbindendes. Anders ist es, wenn er die Farne und Moose den Blütenpflanzen gegenüberstellt. Dann bemerkt er sofort, daß beiden ein M a n g e l gemeinsam ist: Moosen wie Farnen fehlt nämlich eine eigentliche Blüte. Dieses „Kennzeichen", das allerdings auch Flechten, Pilze und Algen aufweisen, benutzte schon der große schwedische Botaniker Carl v. L i n n é dazu, um alle im „Verborgenen blühenden Pflanzen" (Kryptogamae) den echten Blütenpflanzen (Phanerogamae) gegenüberzustellen. Den Kryptogamen ist ferner gemeinsam, daß sie keine Samen bilden können; denn die Samen der „höheren Pflanzen" entstehen bekanntlich aus Samenanlagen, die auf den weiblichen Organen der Blüte, den „Fruchtblättern", sitzen. Wie schon der Begriff „höhere Pflanzen" anzeigt, sind das Vorhandensein einer Blüte und damit die Fähigkeit, Samen zu erzeugen, für den Botaniker so wesentliche Merkmale, daß er sie als Kennzeichen einer besonders hohen Organisation ansieht. Die Höhe einer Organisation kann jedoch nicht nur durch das Vorhandensein oder Fehlen eines bestimmten, verwickelt gebauten oder auffallenden Organs erfaßt, sondern sogar in Zahlen ausgedrückt werden. Hierzu verwendet man die Anzahl der verschiedenen Zellsorten, die innerhalb einer Pflanzengruppe auftreten können. Jedem Mikroskopiker ist bekannt, daß der Körper einer Pflanze aus verschiedenen Arten von Zellen besteht. Diese Zellen sind, je nach der Aufgabe, die sie zu erfüllen haben, unterschiedlich gestaltet, differenziert. So gibt es z. B. Zellen, die vornehmlich der Wasserleitung, der Erzeugung oder dem Transport von Nährstoffen, der Aussteifung oder der Fortpflanzung dienen. Bei Blütenpflanzen können ungefähr 55—75 verschiedene Zellarten unterschieden werden, bei den Moosen und Farnpflanzen dagegen nur 15—45 (Abb. 1). Die niedrigere Organisation der Moose und Farnpflanzen beschränkt sich also nicht nur auf das Fehlen der Blüte, sondern erstreckt sich auch auf den Bau des Pflanzenkörpers.

Untersucht man die Pflanzen näher, die L i n n é als Kryptogamen zusamengefaßt hat, so zeigt sich, daß unter diesem Begriff sehr verschiedenartige Lebewesen vereinigt worden sind. Die Unterschiede sind so offensichtlich, daß sich eine weitere Aufgliederung in kleinere Gruppen geradezu von selbst anbietet. Typisch für alle Pilze ist das Fehlen des im Pflanzenreich fast allgemein verbreiteten grünen Blattfarbstoffes, des Chlorophylls. Eine weitere Gruppe läßt sich abgrenzen, indem man alle Pflanzen mit flaschenförmigen weiblichen Fortpflanzungsorganen, deren Wand nur aus einer einschichtigen Zellage besteht, zusammenfaßt. Nach diesen Organen, den

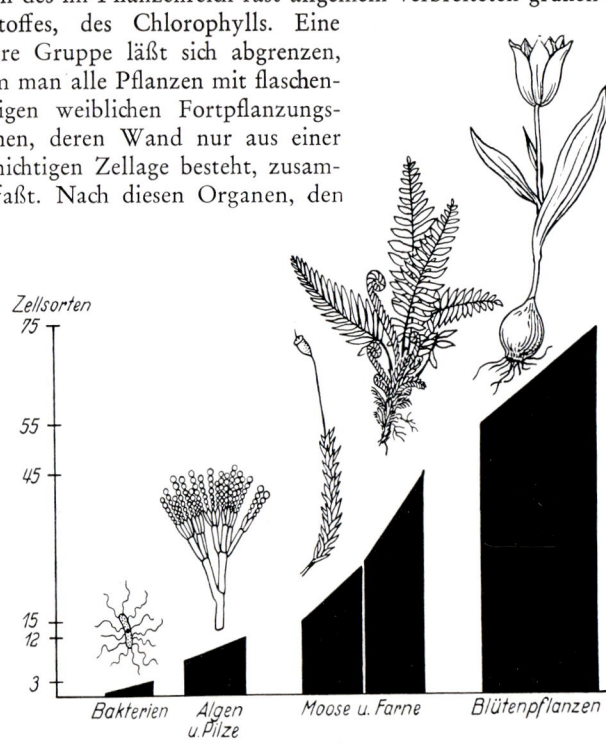

Abb. 1. Die Höhe der Organisation kann bei den Pflanzen durch die Anzahl der verschiedenen Zellsorten innerhalb einer Pflanzengruppe ausgedrückt werden. Das Diagramm zeigt, daß die Archegoniaten, also Moose und Farne, erheblich mehr verschiedenartige Zellsorten aufweisen als die übrigen Kryptogamen (Bakterien, Pilze und Algen). (Zahlenwerte nach W. Zimmermann)

Archegonien (Abb. 2), werden die Angehörigen dieser Gruppe als „archegonientragende Pflanzen" (Archegoniaten) bezeichnet. Diese Gruppe umfaßt die Moose und Farnpflanzen. Ebenso wie der Besitz einer Blüte die Blütenpflanzen als Angehörige einer höheren Organisationsstufe ausweist, ist der Besitz von Archegonien bei den Kryptogamen ein äußeres Merkmal für eine höhere Organisation. Wie zwischen Blütenpflanzen und Archegoniaten, so läßt sich auch zwischen Archegoniaten und den restlichen Kryptogamen, den Lagerpflanzen oder Thallophyten (Bakterien, Algen, Pilze und Flechten), die Organisationshöhe an der Zahl der verschiedenen Zellsorten messen. Bei den meisten Thallophyten wird die Zahl 12 nicht überschritten.

Das Verbindende zwischen Moosen und Farnen ist also ihre Zugehörigkeit zu einer gemeinsamen Organisationsstufe, deren wesentlichstes Merkmal eben die Archegonien sind.

Es gibt allerdings auch noch eine ganze Reihe wichtiger Merkmale in Bau und Lebensweise, durch die sich Moose und Farnpflanzen voneinander unterscheiden. Sie haben trotz aller verbindenden Eigenschaften dazu geführt, daß man heute in der botanischen Taxonomie, der Lehre von der Gruppierung der Pflanzen, Moose und Farnpflanzen als selbständige Abteilungen nebeneinander stellt. Anlaß dazu gab nicht nur die oft große Verschiedenheit im Erscheinungsbild, sondern auch die Tatsache, daß die Sporen der Moose in Kapseln, die der Farnpflanzen an Blattorganen gebildet werden. Farnpflanzen haben überdies Wasserleitungszellen, die denen der höheren Pflanzen gleichen; bei den Moosen hingegen fehlen sie. Farnpflanzen haben eine Wurzel wie die Blütenpflanzen, Moose nicht. Ja, der ganze Bau der Farnpflanzen ist dem der Blütenpflanzen ähnlicher als dem der Moose, und wenn wir innerhalb der Archegoniaten die Zahl der Zellsorten vergleichen, dann finden wir, daß die Farnpflanzen im Durchschnitt mehr verschiedenartige Zellen aufweisen als die Moospflanzen.

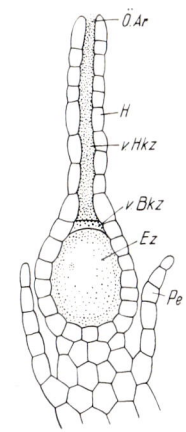

Abb. 2. Archegonium eines Lebermooses (*Marchantia polymorpha*). Ö.Ar Öffnung des Archegoniums; H Archegonhals; v.Hkz verschleimte Halskanalzellen; v.Bkz verschleimte Bauchkanalzelle; Ez Eizelle; Pe Perianth. Stark vergrößert. Original

Bau und Lebensweise der Moose

Wie bei den höheren Pflanzen gibt es auch bei den Moosen eine große Mannigfaltigkeit. Die Gesamtzahl der bekannten Moosarten wird auf etwa 25 000 geschätzt. Innerhalb dieser Mannigfaltigkeit lassen sich zwei größere K l a s s e n recht scharf herausschälen, die L e b e r m o o s e und die L a u b m o o s e. Sie unterscheiden sich sowohl im Bau als auch in der Entwicklung. Wir wollen uns zuerst den Laubmoosen zuwenden; denn sie entsprechen am ehesten dem Bild, das sich der Naturfreund von den Moosen macht.

B a u u n d L e b e n s w e i s e d e r L a u b m o o s e

An einem Laubmoos, z. B. am Goldenen Frauenhaar *(Polytrichum commune),* können wir drei Hauptbestandteile erkennen: ein S t ä m m c h e n (Stengel) mit meist spiralig oder in Reihen angeordneten B l ä t t c h e n und eine K a p s e l an einem mehr oder minder gut sichtbaren Stiel, der aus der Spitze oder scheinbar aus der Seite des Stämmchens herauswächst (Abb. 3).

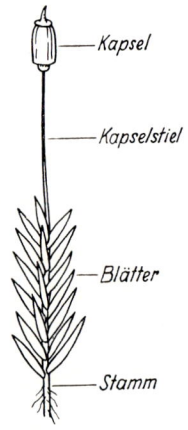

— Kapsel

— Kapselstiel

— Blätter

— Stamm

Abb. 3. Bau eines Laubmooses (Schema). Original

Die Sporen

Wird eine solche Kapsel geöffnet, so findet man darin ein feines, grünlich-gelbes oder bräunliches Pulver; beim Goldenen Frauenhaar ist es grün. Es besteht aus winzigen Zellen von $^1/_{50}$—$^1/_{200}$ mm Durchmesser, die der Vermehrung dienen, den S p o r e n. Größe und Färbung der Sporen sind bei nahe verwandten, einander recht ähnlichen Arten oft verschieden und deshalb wertvolle Bestimmungsmerkmale. So hat z. B. *Polytrichum formosum* im Unterschied zum Goldenen Frauenhaar *(P. commune),* dem es zwar äußerlich ähnelt (obwohl es meist wesentlich kleiner als dieses ist), braune anstatt grüne Sporen. Im Mikroskop sieht man, daß die Sporen dieser Moosarten verschieden groß sind, und zwar hat das großwüchsige *P. commune* kleinere Sporen als das kleinwüchsige *P. at-*

tenuatum. Die Größe der Sporen ist ganz allgemein weder von der Größe der erzeugenden Moospflanze noch von der Größe der Kapsel abhängig.

Die Sporen haben stets eine feste Form. Sie können länglich, rundlich oder leicht eckig, ja, selbst schwach nierenförmig sein. Ihre Außenhaut, das Exosporium, ist entweder glatt oder runzelig, netzartig gefeldert, warzig oder sogar stachelig. Unter der Außenhaut befindet sich die Innenhaut, das Endosporium. Es umschließt das Protoplasma mit dem Zellkern, den Proplastiden (aus denen die Träger des grünen Blattfarbstoffes, die Chloroplasten, entstehen) und Ölen als Nahrungsreserve.

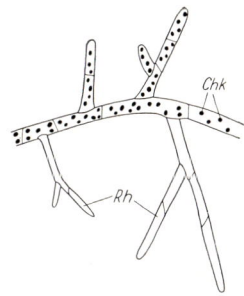

Abb. 4. Vorkeim eines Laubmooses (*Funaria hygrometrica*). Chk Chlorophyllkörner; Rh Rhizoide. Stark vergrößert. Original

Der Vorkeim

Liegt eine Spore auf feuchtem Untergrund, dann saugen die kolloidalen Bestandteile des Protoplasmas Wasser an; sie quellen und sprengen schließlich die Sporenhäute, und bei ausreichender Beleuchtung k e i m t der Sporeninhalt: Es bildet sich ein V o r k e i m oder P r o t o n e m a, der z. B. bei *Bartramia*-Arten aus 1 Faden, bei *Phascum*-Arten aus 2—4 fädigen Zellreihen besteht, vorausgesetzt, daß die Spore überhaupt noch keimfähig war. Die K e i m k r a f t der Sporen bleibt nämlich je nach der Art verschieden lange erhalten. An Moosen aus Herbarien konnte gezeigt werden, daß Sporen von *Funaria hygrometrica* noch nach 13, von *Ceratodon purpureus* sogar noch nach 16 Jahren auskeimen. Die Sporen anderer Arten, z. B. aus den Gattungen *Fissidens*, *Hypnum* und *Drepanocladus*, hatten dagegen eine sehr viel kürzere Lebensdauer.

Die Keimung geht meist sehr rasch vonstatten. Nach 2—3 Tagen, spätestens nach 4 Wochen, ist der heranwachsende Faden unter der Lupe sichtbar. Dem bloßen Auge erscheinen die stark verzweigten Fäden des „ausgewachsenen" Vorkeims als lockerer, grüner Filz. Sie sehen gewissen Erdalgen so ähnlich, daß man sie von diesen nur mit Hilfe des Mikroskops unterscheiden kann. Die Vorkeime haben Querwände, die meist deutlich schräg auf den Längswänden stehen (Abb. 4). Bei den Algen stehen die Zellwände senkrecht aufeinander.

Merkwürdig ist, daß aus der Spore, der Vermehrungszelle einer kompakten Pflanze, deren Zellen in allen Richtungen des Raumes angeordnet sind, ein F a d e n , eine Zell r e i h e , herauswächst. Diese Zellreihe kann sich wohl verzweigen; aber offensichtlich hat sie (wenigstens in der ersten Zeit ihrer Existenz) die Fähigkeit verloren, ein massives Gewebe zu erzeugen. Die physiologischen Ursachen, die diesem Verhalten zugrunde liegen, kennen wir noch nicht. Wahrscheinlich ist die polare Grundstruktur dieser Zellen so geartet, daß die Kernteilungsspindel n o r m a l e r w e i s e nur in einer Richtung ausgebildet werden kann, Zellteilungen also in der Regel nur in einer Richtung des Raumes möglich sind. Indessen kommt die fädige Wuchsform des Protonemas nicht bei allen Moosarten vor. So haben z. B. die *Georgia*- und *Oedipodium*-Arten sowie die Torfmoose flächenförmige, die Klaffmoose bandartige, *Diphyscium sessile*, ein auch äußerlich eigenartiges Moos, sogar trichterförmige Vorkeime. Dem Naturfreund sind meist nicht diese vom Schema abweichenden Vorkeime bekannt, obwohl sie z. T. ziemlich häufigen Arten angehören, sondern das Protonema eines in Deutschland sehr seltenen und überdies kleinwüchsigen Mooses, des Leuchtmooses *(Schistostega osmundacea)*. Dieses Moos (Abb. 5) wächst an lichtarmen Felsstandorten, in Gesteinsspalten und Höhlen. Betritt man eine solche Höhle und schaut in Richtung des einfallenden Tageslichtes auf die Wände, so bemerkt man an ihnen einen prächtigen, goldgrünen Glanz. Nähert man sich dieser Stelle, so kann das Leuchten hier plötzlich erlöschen, und unmittelbar daneben beginnt das geheimnisvolle Glühen. Bei näherem Hinschauen entdeckt man als Urheber des Leuchtens die Vorkeime des Leuchtmooses.

Wie „erzeugt" der Vorkeim des Leuchtmooses „sein Licht"? Lichterscheinungen sind im Pflanzenreich nicht allzu selten. Meist beruhen sie auf Stoffwechselvorgängen, bei denen Energie in Form von Licht frei wird. Beim Leuchtmoos entsteht das Leuchten jedoch auf andere Weise; denn die Wahrnehmung der Lichterscheinung hängt ja von Standort und Blickrichtung ab. Durch mikroskopische Untersuchungen konnte das Rätsel leicht gelöst werden: Bestimmte Zellen des Protonemas sind nämlich nicht zylindrisch wie bei den Vorkeimen anderer Moose, sondern kugelig, also stark gewölbt. Mehrere Zweigfäden aus solchen Kugelzellen lagern sich parallel aneinander, ein plattenartiges Protonema bildend (Abb. 6). In den Kugelzellen befinden sich Chlorophyllkörner, Plasma und Zellkern auf der Seite, die der Felswand zugekehrt ist. Der dem Licht zugewandte Teil der Zelle wird von einer feinen Protoplasmaschicht ausgekleidet. Der Hohlraum im Innern der Zelle ist mit Zellsaft angefüllt. Diese Vakuole wirkt als Sammellinse und konzentriert das spärliche Licht auf die Chloro-

Abb. 5. Mikroaufnahme des Leuchtmoos-Gametophyten (natürliche Größe 0,8 cm).
Aufn. Prof. Dr. W. Rauh (aus Kosmos 1953)

plasten, die dadurch noch genügend Licht zur Assimilation erhalten.
Dies ist eine vorzügliche Anpassung an den lichtarmen Standort. Das
nicht absorbierte Licht trifft auf die Rückwand der Zelle. Von dort
wird es nahezu parallel zur optischen Achse, also gegen das einfal-
lende Licht, reflektiert. Deshalb kann das Leuchten nur in der Rich-

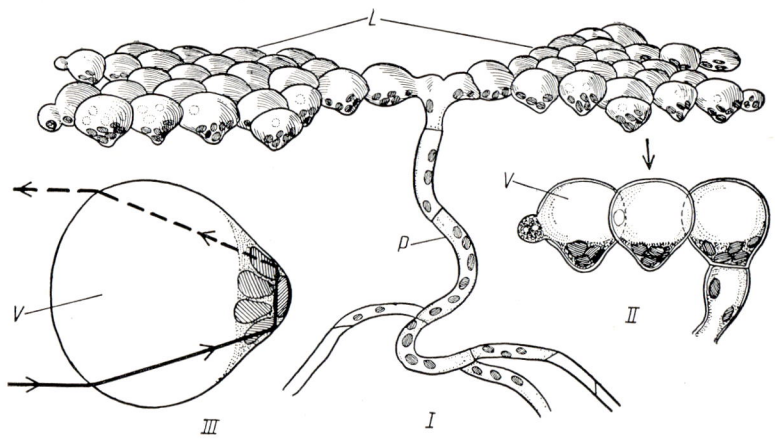

Abb. 6. Vorkeim des Leuchtmooses. I. L Linsenprotonema, das an gewöhnlichen Vorkeimfäden (P) entsteht. II. Linsenzellen, stärker vergrößert; V Vakuole; der Pfeil gibt die Einfallsrichtung des Lichtes an. III. Strahlengang des Lichtes in einer Linsenzelle. Stark vergrößert. (Nach F. Noll aus W. Rauh in Kosmos 1953)

tung beobachtet werden, aus der das Licht auf die Kugelzellen fällt. Im Gegensatz zu fast allen übrigen Vorkeimen hat der des Leuchtmooses noch eine weitere Besonderheit: Er ist ausdauernd und entwickelt nur verhältnismäßig wenig Moospflänzchen, so daß man ihn lange Zeit für eine Alge hielt. Man gab dieser „Alge" den Namen *Catopridium smaragdinum.*

Die Vorkeime der meisten Laubmoose sterben nach kurzer Zeit ab. Zuvor erfolgt jedoch die Bildung der Knospen, aus denen die Moospflänzchen hervorgehen. Deren Zellen sind — im Gegensatz zu den Zellen der Vorkeime — nach allen Richtungen des Raumes angeordnet. Bei der Bildung der Mooskospen muß sich also ein Vorgang abspielen, durch den e i n e Zelle des Protonemas die Fähigkeit erlangt, Zellen nach verschiedenen Richtungen abzugeben.

An einem kurzen Ästchen des Protonemas, das in der Regel aus 1—2 Zellen besteht, schwillt die Endzelle keulenförmig an; dann teilt sie sich mehrmals, wobei die Querwände schräg eingezogen werden. So entsteht an der Spitze des Ästchens eine pyramidenförmige S c h e i t e l z e l l e, die durch 3 schräge Querwände gegen die fädigen Stielzellen des Protonemas abgegrenzt ist (Abb. 7). Bei den folgenden Teilungen der Scheitelzelle werden weitere Zellen parallel zu diesen 3 Wänden abgegliedert; die Scheitelzelle ist also d r e i -

s c h n e i d i g. Diese Tochterzellen können sich im Gewebeverband ebenfalls nach verschiedenen Richtungen des Raumes teilen: Aus der Protonemaknospe entsteht ein junges Moospflänzchen. Obwohl wir über die Ursachen dieser Wuchsänderung nicht in allen Einzelheiten Bescheid wissen, kennen wir doch einige der maßgebenden Faktoren. So ist z. B. bekannt, daß sich an einem Protonema nur dann Knospen bilden können, wenn genügend L i c h t vorhanden ist. Kultiviert man nämlich ein Protonema in lichtarmer Umgebung, so wächst es als Faden weiter. Bei manchen Moosarten beeinflußt auch der S ä u r e g r a d der Unterlage, auf der das Protonema wächst, die Bildung der Moosknospen. So keimen z. B. die Sporen von *Physcomitrium piriforme* auf einem für diese Art zu wenig sauren Substrat (pH 6,9) zu gutwüchsigen Vorkeimen aus; aber es bilden sich keine Scheitelzellen. Doch können auch innere Ursachen die Bildung der Moosknospen beeinflussen. Verpflanzt man nämlich ältere Vorkeime von *Physcomitrium piriforme,* an denen sich noch keine Scheitelzellen gebildet haben, auf ein Substrat mit pH 6,9, so treten die Moosknospen trotz des ungünstigen Säuregrades der Unterlage auf. Daraus ergibt sich, daß noch unbekannte Veränderungen in den Zellen des Protonemas die Scheitelzellenbildung begünstigen. Diese einmalige „Umstimmung" einer Zelle zur Scheitelzelle, ihre D e t e r m i n a t i o n, und ihr Wirken im Gewebeverband zwingt der

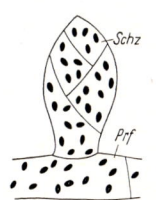

Abb. 7. Moosknospe mit Scheitelzelle (schematisch). Schz Scheitelzelle; Prf Protonemafaden. Original

Moospflanze ein räumliches Weiterwachsen auf. Wird nämlich ein Gewebestück eines Moospflänzchens, etwa ein Stengelstück, von der Scheitelzelle isoliert, so ergänzt sich dieses Teilstück nicht zu einem Moospflänzchen, sondern einzelne Zellen wachsen zu Protonemafäden aus. Sobald die Zellen von der Scheitelzelle isoliert sind, können sie sich also nicht mehr nach allen Seiten des Raumes teilen. Die Fähigkeit des Protonemas, viele oder nur wenige Knospen zu bilden, ist arteigen, doch läßt sich dieses Merkmal nicht direkt für das Erkennen der Arten verwerten. Entwickeln sich jedoch an einem Protonema viele Knospen, so stehen auch die aus ihnen hervorgegangenen Moospflänzchen dicht beisammen. Sie bilden einen R a s e n oder ein P o l - s t e r. Werden dagegen nur einzelne oder wenige Knospen gebildet, so kommen auch die Moospflanzen einzeln oder in H e r d e n vor.

Die Rhizoide

Etwa zur gleichen Zeit wie die Moosknospe bilden sich am Protonema, später auch am jungen Moospflänzchen, Rhizoide. Dies sind meist verzweigte, farblose oder bräunlich bis rötlich gefärbte Zellfäden. Sie enthalten bei den erwachsenen Moospflänzchen nie Chlorophyllkörner, und ihre Zellwände stehen stets schräg aufeinander. Die Rhizoide verankern das Protonema — später die Moospflänzchen — im Untergrund und versorgen die grünen Pflanzenteile mit Nährsalzen, die sie dem Boden entnehmen. Hierin gleichen sie den Wurzeln der Blütenpflanzen. Im Gegensatz zu diesen versorgen sie jedoch das Protonema bzw. das Moospflänzchen nicht mit Wasser. Eine Moospflanze läßt sich nicht frisch halten, wenn nur die Rhizoide in Wasser getaucht werden. Man darf daher die Rhizoide der Moose und die Wurzeln der Blütenpflanzen trotz ihrer Ähnlichkeit nicht gleichsetzen.

Vor allem die Stärke der Rhizoidentwicklung am Grunde der Moosstämmchen, aber auch ihre Farbe, können zur Charakterisierung bestimmter Arten oder Artengruppen verwendet werden. Zuweilen umhüllen dichte Rhizoidenbüschel die Moosstämmchen und bilden einen dichten R h i z o i d e n f i l z, z. B. bei den *Bartramia*-Arten und bei *Aulacomnium palustre* (Abb. 8); meist spricht man in solchen Fällen von einem „Wurzel"filz, obschon dieser Ausdruck eigentlich falsch ist. Die *Polytrichum*-Arten haben seilartige Rhizoidstränge, die bei jungen Pflanzen durchsichtig hell sind, sich bei älteren dagegen tief dunkelbraun verfärben. Bei Arten, die Gesteine oder Baumstümpfe flächig überziehen, wie z. B. *Hypnum cupressiforme*, entwickeln sich auf der Unterlage starke Rhizoidbüschel. Solche Moose fallen oft auch durch ihre starke Verzweigung auf. Diese kann bei Moosen, die normalerweise auf Erde vorkommen, eine so starke Änderung der Gestalt zur Folge haben, daß man derartige Pflänzchen vielfach erst nach genauerem Anschauen richtig bestimmen kann.

Abb. 8. Laubmoos (*Aulacomnium palustre*) mit dichtem Rhizoidenfilz („Wurzelfilz"). Aufn. Verf.

Der Stamm

Der Stamm der Laubmoose, auch Stengel genannt, ist im Vergleich zur Sproßachse der Blütenpflanzen sehr einfach gebaut. Bei den größten einheimischen Arten, z. B. bei *Polytrichum commune* und *Fontinalis antipyretica,* wird er höchstens 40 cm lang, bei den kleinsten nur wenige mm. Im Querschnitt ist er meist kreisrund, bei den *Fissidens*-Arten elliptisch, bei *Bartramia*- und *Plagiopus*-Arten kantig. Betrachtet man Querschnitte von einem Moosstengel durch das Mikroskop, so erkennt man an der Außenseite einige Reihen dickwandiger, englumiger, oft bräunlich bis rötlich gefärbter Rindenzellen. Die Zellen im Innern des Stengels sind meist gleichartig, weitlumig und dünnwandig. Nicht selten fällt im Zentrum eine Gruppe kleinerer Zellen auf; sie bilden den Z e n t r a l s t r a n g (Abb. 9). Der Zentralstrang ist nicht bei allen Moosen ausgebildet; ja, er kann sogar bei Angehörigen derselben Art fehlen. Man kann ihn als eine Art primitiven Leitstrang ansehen, obwohl Differenzierungen — Gefäße und Siebröhren, wie sie von den höheren Pflanzen bekannt sind — fehlen. Auch steht er nicht, wenigstens nicht bei den meisten Laubmoosen, im Dienste des Wasser- und Nährsalztransportes. Bei den Polytrichaceen dagegen findet man im Zentralstrang langgestreckte,

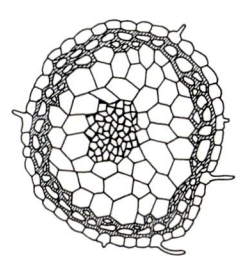

Abb. 9. Querschnitt durch den Stamm eines Laubmooses. (Aus W. Mönkemeyer 1927, umgezeichnet)

dünnwandige Zellen, in denen vermutlich Wasser geleitet wird. Andere Zellen sind durch einen größeren Gehalt an Eiweißen und Kohlenhydraten gekennzeichnet. Vielleicht üben diese Zellen ähnliche Funktionen aus wie die hochspezialisierten Siebröhren der Gefäßpflanzen. Im Zentralstrang der Polytrichaceen findet man überdies dickwandige Zellen, die der Aussteifung des oft langen Moosstammes dienen und ihm den nötigen Halt geben. Trotz der funktionellen Ähnlichkeit mit den Sproßachsen der Gefäßpflanzen, z. B. als Träger der Assimilationsorgane, der „Blätter", sind die baulichen Unterschiede zwischen Moosen und Gefäßpflanzen so groß, daß wir ihre Organe auch hier nicht gleichsetzen dürfen.

So einförmig der Bau des Stengels bei den meisten Laubmoosen ist, so interessant ist er bei einer kleinen, auch sonst recht eigentümlichen und etwas abweichend gebauten Laubmoosgruppe, bei den T o r f - m o o s e n. Die Stengelrinde besteht bei diesen nicht aus besonders

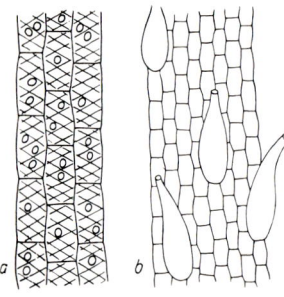

Abb. 10. Rindenzellen von Torfmoosen. a Stengelrinde von *Sphagnum palustre;* die Rindenzellen sind durch Spiralfasern verdickt und von großen Poren durchbrochen. b Astrinde von *Sphagnum acutifolium* mit Flaschenzellen. Stark vergrößert. Original

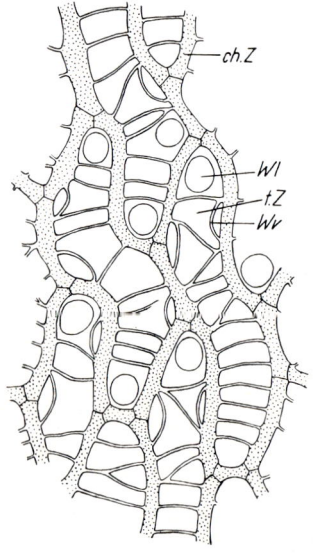

Abb. 11. Blatt eines Torfmooses in Aufsicht. ch.Z chlorophyllführende Zelle; Wl Wasserloch; t.Z tote Wasserzelle; Wv Wandverdickung. Stark vergrößert. Original

dickwandigen, englumigen, sondern aus verhältnismäßig dünnwandigen, weitlumigen Zellen, was übrigens auch bei einigen anderen im Wasser lebenden Laubmoosen der Fall ist (z. B. bei *Philonotis-* und *Acrocladium*-Arten). Bei manchen Torfmoosen sind einige dieser Zellen flaschenförmig; bei anderen dagegen sind die Rindenzellen mit spiraligen Verdickungsleisten versehen (Abb. 10). Sowohl in den Längs- als auch in den Querwänden vieler Rindenzellen erkennt man unter dem Mikroskop deutlich große, runde Poren. Die Rindenzellen enthalten kein Protoplasma, sind also tot. Auch in den Blättern der Torfmoose liegen zwischen schmalen, blattgrünführenden Zellen solche großen, toten Zellen, die ein eigenartiges Muster bilden. Sie sind ebenfalls mit Spiralfasern ausgesteift und haben in den Wänden oft mehrere große Poren (Abb. 11). Im trockenen Zustand sind die toten Zellen der Stengel und Blätter mit Luft gefüllt; denn die Spiralverdickungen verhindern ein Kollabieren der Zellwände. Bei Benetzung saugen sie durch die Poren Wasser ein. Diese Wasseraufnahme ist jedoch kein Lebensvorgang: Sie erfolgt rein mechanisch; denn die „Wasserzellen" bilden ein Kapillarsystem. Kapillare Kräfte sind es auch, die das Wasser in den Zellen festhalten. Von hier diffundiert es dann langsam durch die Zellwände in die lebenden Zellen, eine gewiß eigenartige Spezialisierung im Dienste der Wasser- und Nährsalzversorgung.

Diese Besonderheit im Bau der Torfmoosstämmchen ist bei den einzelnen Arten in unterschiedlicher Weise ausgeprägt und kann daher auch zum Bestimmen der Torfmoose herangezogen werden. Für unsere Zwecke hat sie jedoch keine praktische Bedeutung; denn wir wollen die Moose ohne Mikroskop erkennen. Viel wichtiger ist für uns die V e r z w e i - g u n g des Moosstengels.

Bei manchen Arten ist der Stengel unverzweigt oder nur gegabelt. Diese Verzweigungsformen sind für die Moose charakteristisch, bei denen der Stiel der Sporenkapsel aus der Stammspitze entspringt (g i p f e l f r ü c h t i g e oder a c r o c a r p e Moose). Bei einer anderen Gruppe von Laubmoosen entspringt der Stiel der Sporenkapsel nur scheinbar aus der Seite des Stengels, in Wirklichkeit jedoch aus winzigen, seitlichen Kurztrieben (s e i t e n f r ü c h t i g e oder p l e u r o - c a r p e Moose). Bei diesen Moosen ist der Stengel in der Regel einfach oder mehrfach regelmäßig oder unregelmäßig fiederig, manchmal auch bäumchenförmig verzweigt.

Die S e i t e n ä s t e entspringen bei den Laubmoosen meist unterhalb der Blätter, nicht wie bei den Blütenpflanzen in der Blattachsel. Bei manchen Arten unterscheiden sie sich in Stärke und Art der Beblätterung deutlich vom Hauptstamm (z. B. bei den Torfmoosen). Sind sie auffallend dünn, wie z. B. bei *Anomodon attenuatus,* so nennt man sie Peitschenäste (F l a g e l l e n). Will man ein Laubmoos erkennen, so muß man außerdem wissen, wie der Stengel wächst, ob er aufrecht steht, wie z. B. bei den *Polytrichum*-Arten, oder niederliegt wie beim Grünstengelmoos *(Scleropodium purum);* denn neben der Individuendichte (S. 17) kennzeichnet vor allem die Wuchsrichtung des Stengels die Form des Moosrasens.

Die Blätter

Mehr als alles andere bestimmt die Anordnung der B l ä t t e r am Stengel und ihre Gestalt das Aussehen eines Moospflänzchens. Hier findet man eine überraschende Mannigfaltigkeit. Es ist daher verständlich, daß vor allem Merkmale der B l a t t s t e l l u n g und des B l a t t b a u e s für die Kennzeichnung verwendet werden.

Die Blätter der Laubmoose stehen in der Regel s p i r a l i g am Stengel, und zwar so, daß die Blattoberseite der Stammspitze zu-, die Blattunterseite von ihr abgewendet ist. Dies ist unter anderem für die Unterscheidung zwischen Laub- und Lebermoosen sehr wichtig. Bei diesen sitzen die Blätter nämlich oft in zwei Längsreihen (zweizeilig) und flach am Stengel. Aber auch bei den Laubmoosen gibt es einige Arten, bei denen die Blätter zweizeilig und flach angeordnet sind, z. B. das Leuchtmoos (Abb. 5). Bei anderen Arten, so bei *Homalia trichomanoides*, kommt eine scheinbar zweizeilige, flache Beblätterung zustande, indem sich die spiralig ansitzenden Blätter mehr oder weniger in eine Ebene drehen. Sind die Blätter nach innen gewölbt, so spricht man von h o h l e n Blättern.

Eine Beschreibung der Formen der Moosblätter würde Seiten füllen. Es gibt runde und borstlich-pfriemenförmige Blätter, abgestumpfte und langspitzige, gerade und sichelig gekrümmte, gekielte und flache, gewellte und straffe. Diese für Arten oder Artgruppen charakteristischen Blattformen sollen hier nicht näher besprochen werden.

Auf eine Besonderheit dagegen lohnt es sich hinzuweisen: auf die G l a s h a a r e ; denn sie haben eine leicht erkennbare biologische Bedeutung und gestatten einen Einblick in die Lebensweise bestimmter Moose. Glashaare oder G l a s s p i t z e n , wenn sie verhältnismäßig kurz sind, sind feine Fortsätze an der Spitze von Moosblättern. Sie sind stets blattgrünfrei und daher weiß. Oft ist es die „Blattrippe", die als langes Glashaar austritt. Derartige Haare kommen nur bei gipfelfrüchtigen Moosen vor, und zwar nur bei solchen t r o c k e n e r Standorte, z. B. bei *Grimmia pulvinata* und *Racomitrium canescens*. Betrachtet man ein Pölsterchen dieser Moose bei trockenem Wetter, so leuchtet die Funktion dieser Glashaare sofort ein. Sie liegen nämlich wie ein loses Gespinst über dem Polster und erinnern sehr an die dichte Behaarung von Blütenpflanzen trockener Standorte. Wie die Behaarung dieser Blütenpflanzen hält das Gespinst der Glashaare eine dünne Schicht relativ feuchter Luft fest. Dadurch bleibt das Blattgewebe längere Zeit vor der unmittelbaren Berührung mit der trockenen Außenluft bewahrt, an die es sonst Wasser abgeben müßte. Es handelt sich mithin um einen V e r d u n s t u n g s s c h u t z .

Wie bildet die Moospflanze ihre Blätter? Im Gegensatz zu den Blütenpflanzen, bei denen die B l a t t b i l d u n g von wulstförmigen Zellgruppen unterhalb der Wachstumsspitze des Stengels ausgeht, entstehen die Moosblätter aus e i n e r Zelle. Auch diese Zelle wird Scheitelzelle genannt. Sie unterscheidet sich jedoch von der Scheitelzelle, welche die Stammbildung veranlaßt, indem sie Zellen nur nach zwei Richtungen abgeben kann, also z w e i s c h n e i d i g ist. Meist können sich die abgegliederten Tochterzellen nur in einer Ebene weiterteilen, so daß das fertige Moosblatt nur aus e i n e r Zellschicht besteht. Entsprechend fehlen die vielfältigen Gewebedifferenzierungen, wie Palisadenzellen, Schwammgewebe und Spaltöffnungen, die bei den Blättern der Blütenpflanzen vorkommen. Sie wären hier auch ganz überflüssig. Indessen besteht die Blattspreite bei einigen Moosen aus mehreren Zellagen, so bei Arten aus der Familie der Polytrichaceen. Auch können die Blätter entweder an der Spitze oder am Grunde mehrere Zellschichten dick sein. Bei vielen Arten findet sich in den Blattecken eine Gruppe größerer, oft bräunlich gefärbter Zellen. Man erkennt sie meist schon mit bloßem Auge, in jedem Falle aber mit der Lupe. Das sind die Blattflügelzellen (Abb. 12).

Da alle Zellen eines Blattes aus einer Zelle hervorgegangen sind, dürften sie in ihren Zellkernen auch das gleiche Erbmaterial mitbekommen haben. Wie können aber dann verschiedenartig differenzierte Zellen entstehen? Es würde hier zu weit führen, alle Faktoren zu erörtern, die diese Differenzierung herbeiführen. Wir müssen uns darauf beschränken, die Vorgänge kurz zu schildern, die zur Bildung des eigenartig gemusterten

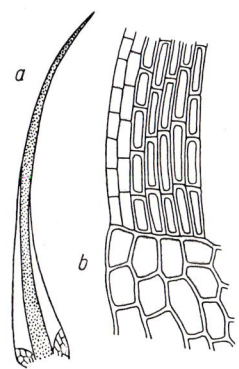

Abb. 12. a Blatt eines Laubmooses mit Blattflügeln (schematisch); b Übergangszone von Blattzellen zu Blattflügelzellen. Stark vergrößert. Original

Torfmoosblattes führen. Wie schon auf S. 20 erwähnt, umgeben im Torfmoosblatt die schmalen, blattgrünführenden Zellen die großen, toten Wasserzellen als lückenloses Netz, wobei jede Wasserzelle in der Regel von 4—6 Blattgrünzellen umrahmt wird. Vergleicht man verschieden alte, jedoch noch im Wachstum befindliche Torfmoosblätter, also Blätter, in denen noch Zellteilungen stattfinden, so kann man beobachten, wie sich die von der Scheitelzelle gebildeten Tochterzellen durch Längs- und Querwände aufteilen. Es entstehen rhombische Zellen, die anfänglich ungefähr gleich groß und mit der gleichen Art und Menge von Zellbestandteilen ausgestattet sind. Vor den beiden letzten Teilungen sammelt sich das Plasma in der Zellecke, die der Blattspitze zugekehrt ist; der Zellkern wandert dagegen in die gegenüberliegende Zellecke. Bei den nun folgenden beiden Teilungen entstehen zwei plasmareiche, kleine Zellen und eine plasmaarme, große Zelle. Die plasmareichen Zellen werden zu Blattgrünzellen; sie müssen also bei der Teilung Faktoren erhalten haben, welche die Blattgrünbildung und das Wachstum der Chloroplasten ermöglichen. Dies trifft offenbar für die größere Zelle nicht zu; denn in ihr degenerieren die Chromatophoren, und nachdem die Verdickungsleisten und Poren angelegt worden sind, sterben Plasma und Kern ab.

In der Mitte der Blattspreite befindet sich bei vielen Laubmoosen ein schmaler Streifen, in dem die Spreite nicht eine, sondern mehrere

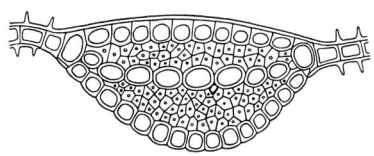

Abb. 13. Querschnitt durch die Rippe eines Laubmooses (*Aulacomnium palustre*). Das mehrschichtige Gewebe stellt die Rippe dar; die einschichtigen Fortsätze rechts und links gehören zur Blattfläche. Die großen Zellen in der Mitte der Blattrippe sind tot. Beim Austrocknen verkürzen sie sich und verursachen Kräuselung oder Anlegen des Blattes an den Stamm. Stark vergrößert. (Nach G. Limpricht aus W. Mönkemeyer 1927, umgezeichnet)

Zellagen dick ist. Dieser Streifen heißt B l a t t r i p p e. Die Blattrippe, die den beblätterten Lebermoosen stets fehlt, kann bis zur Blattspitze reichen, aber auch schon vorher enden. Sie kann verzweigt sein, oder es können 2 und dann meist sehr kurze Rippen in einem Blatt vorhanden sein. Die Rippe kann aber auch fehlen. An einem Querschnitt durch eine Blattrippe erkennt man **bei vielen** Moosarten unter dem Mikroskop inmitten kleinerer Zellen einige große, weitlumige (Abb. 13). Diese Zellen durchziehen die Rippe von der Spitze bis zum Blattgrund. Sie sind plasmaarm und im feuchten Blatt mit Wasser gefüllt. Trocknet das Blatt aus, so schrumpfen sie ein. Dabei treten im Blatt Verkürzungen und Spannungen auf. Es legt sich dem Stamm an oder kräuselt sich. Dabei wird zwischen Stamm und Blatt bzw. zwischen den stark verbogenen Blattspreiten eine Schicht relativ feuchter Luft eingeschlossen und die Wasserabgabe des Moosrasens eingeschränkt, ähnlich wie durch das „Geflecht" der Glashaare.

Neben ihrer Hauptaufgabe als A s s i m i l a t i o n s o r g a n e haben die Moosblätter noch eine weitere, nicht minder wichtige Aufgabe: Durch die Blätter nimmt die Moospflanze den Hauptteil des lebensnotwendigen W a s s e r s auf. Man muß es einmal gesehen haben, wie rasch ein trockener, unansehnlich gewordener Moosrasen wieder sein frisches Grün erhält, wie schnell sich die verkrümmten, krümelig gewordenen Blätter straffen und auseinanderbiegen, wenn sie mit einigen Tropfen Wasser besprengt werden. Doch können die Blätter dem Moospflänzchen nicht nur Wasser (Regen oder Tau) zuführen; sie können der feuchtigkeitsgeschwängerten Luft auch Wasserdampf entziehen. Die Außenwände der Moosblattzellen enthalten nämlich keine feuchtigkeitsisolierende Substanz wie die Zellwände der Außenhaut von Blütenpflanzen. Dies hat jedoch zur Folge, daß die Wasserabgabe in trockener Luft verhältnismäßig rasch vor sich geht, und so ist trotz des Schutzes durch Glashaare, gekräuselte oder angelegte Blätter oft bald jener Zustand erreicht, in dem das Wasser in den Zellen nicht mehr ausreicht, um die Lebensvorgänge aufrecht zu erhalten. Die Moose fallen in eine Art T r o c k e n s c h e i n t o d.

Allerdings können sie diesen Scheintod längere Zeit ertragen. So lebte ein Polster von *Racomitrium sudeticum,* das 7 Jahre trocken im Herbar gelegen hatte, nach Verpflanzung in einen Garten wieder auf.

Die Kapsel

Betrachtet man ein Moospflänzchen mit Kapsel, so wird man vielleicht fragen, weshalb der Moosstamm oder die seitlichen Kurztriebe unvermittelt so ganz a n d e r s a r t i g weitergewachsen sind. Die Antwort darauf wird wohl oft lauten: Die Kapsel ist ja die „Moosfrucht", und Früchte sehen auch bei Blütenpflanzen anders aus als der vegetative Pflanzenkörper. Ist aber die Mooskapsel wirklich eine Frucht? Früchte sind doch Gebilde, die sich nach der Befruchtung der Samenanlagen aus diesen und den umhüllenden Fruchtblättern entwickeln. Dies geschieht jedoch nur bei der größten Gruppe der Blütenpflanzen, die wir deshalb als Bedecktsamer (Angiospermen) den Nacktsamern (Gymnospermen) gegenüberstellen. In diesem Sinne ist die Mooskapsel also keine Frucht, obgleich sie oft als solche bezeichnet wird. Diese unkorrekte Bezeichnung hat sich wohl nur eingebürgert, weil sie in der Frühzeit der botanischen Forschung geprägt wurde und weil der Bildung der Kapsel wie bei der Angiospermenfrucht ein Befruchtungsvorgang vorausgeht. Außerdem enthält sowohl die Angiospermenfrucht als auch die Kapsel Bestandteile, die der Vermehrung dienen, und zwar jene Samen, diese Sporen. Deshalb heißt die Kapsel der Moose auch S p o r o g o n , zu deutsch „Sporenerzeuger". Die Befruchtungsvorgänge, die zur Kapselbildung führen, sollen später ausführlich besprochen werden. Vorerst muß die Feststellung genügen, daß die Mooskapsel aus einer b e f r u c h t e t e n E i z e l l e entsteht, die sich im Innern der weiblichen Geschlechtsorgane, der Archegonien, befindet. Von dieser Eizelle ausgehend, wollen wir die E n t w i c k l u n g der Kapsel schildern.

Nachdem sich die befruchtete Eizelle zum ersten Male geteilt hat, entsteht aus der unteren der beiden Tochterzellen durch weitere Teilung ein Gewebe, das in den Fuß des Archegoniums und oft sogar in den Stamm des Moospflänzchens eindringt. Die Zellen dieses Gewebes schwellen keulenförmig an (Abb. 14) wie bei den Zapfwurzeln (H a u s t o r i e n) schmarotzender Blütenpflanzen, z. B. bei den Würgern *(Orobanche)* und beim Teufelszwirn *(Cuscuta).* Wie die Haustorien hat auch der Sporogonfuß die Aufgabe, dem Gewebe des Moosstämmchens N ä h r s t o f f e zu entziehen und sie der sich bildenden Kapsel zuzuführen. Die Kapsel „ s c h m a r o t z t " mithin

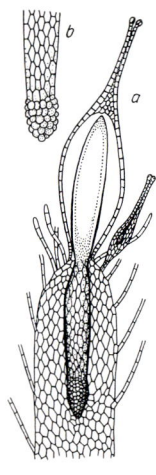

Abb. 14. a Junges Sporogon eines Laubmooses mit Fuß. Der obere Teil des Sporogons wird noch vom Archegonium umhüllt. b Fuß des Sporogons mit keulig angeschwollenen haustorialen Zellen. Stark vergrößert (Aus W. Mönkemeyer 1927, umgezeichnet)

auf der beblätterten Moospflanze. Man könnte sie für eine s e l b s t ä n d i g e Pflanze halten, die im Laufe der stammesgeschichtlichen Entwicklung in ihrer Ernährung von dem beblätterten Moospflänzchen abhängig geworden ist. Wir werden später sehen, daß diese phantastisch klingende Schlußfolgerung gar nicht so abwegig ist. Doch wollen wir schon jetzt den Teil der Laubmoose, der aus der befruchteten Eizelle entsteht, dem beblätterten Moospflänzchen als S p o r e n p f l a n z e (S p o r o - p h y t) gegenüberstellen.

Während der Sporogonfuß in das Moospflänzchen eindringt, beginnt sich auch die obere der beiden Tochterzellen aus der ersten Teilung der befruchteten Eizelle zu teilen. Aus ihr entsteht ein spindelförmiger Körper, der sich bei den meisten Moosen kräftig streckt (Abb. 14). Unterdessen wächst das Archegonium ebenfalls in die Länge, stellt aber sein Wachstum verhältnismäßig früh ein, und durch den sich streckenden jungen Sporophyten wird es an einer bestimmten Stelle zerrissen. Der obere Archegonteil bleibt als H a u b e (K a l y p - t r a) auf der Spitze des Sporogons erhalten. Er dient zum Schutz des noch zarten, wachsenden Gewebes (Abb. 15). Der untere Teil bildet ein kragenförmiges Scheibchen an der Basis des Kapselstiels. Nach einer bei den einzelnen Moosarten verschiedenen Zeitspanne entstehen aus dem spindelförmigen Körper der K a p s e l s t i e l (S e t a) und am oberen Ende die M o o s k a p s e l.

Eine S e t a ist bei allen Laubmoosen vorhanden. Allerdings ist sie oft so kurz, daß man meinen könnte, die Kapsel sitze dem beblätterten Moospflänzchen unmittelbar auf. Man spricht dann (fälschlicherweise) von

Abb. 15. Kapsel mit Haube des Laubmooses *Dicranum scoparium*. Aufn. Verf.

einer „sitzenden" Mooskapsel. Gewöhnlich enthält die Seta einen Zentralstrang, wie wir ihn bereits vom Moosstämmchen her kennen. Allerdings werden im Zentralstrang der Seta Wasser und Nährsalze transportiert; denn durch die Oberflächen des Kapselstiels und der Kapsel, die besser gegen Feuchtigkeit isoliert sind als die Oberflächen der Moosblättchen und des Stämmchens, kann das zum Leben erforderliche Wasser nicht aufgenommen werden.

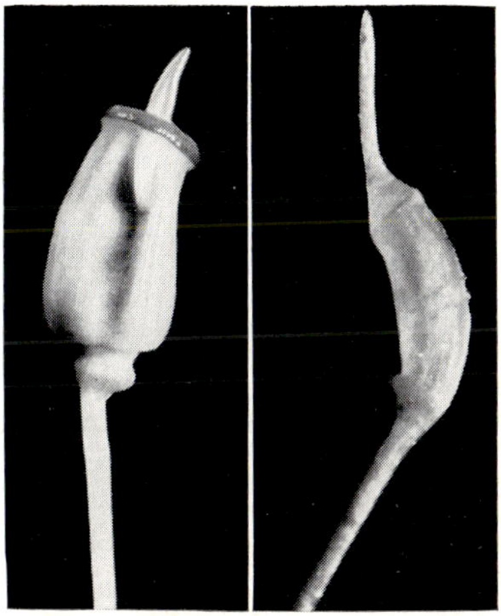

Die M o o s k a p s e l ist ein kompliziertes Organ, das bei den einzelnen Arten verschieden gestaltet ist. Man unterscheidet an ihr den K a p s e l h a l s (am Ende der Seta) die eigentliche Kapsel oder U r n e, den K a p s e l d e c k e l und die schon erwähnte H a u b e,

Abb. 16 (links). Kapsel des Laubmooses *Polytrichum commune*. Der Kapseldeckel ist kurz, aber deutlich geschnäbelt. Besonders auffällig ist der scheibenförmige Kapselhals, der für die *Polytrichum*-Arten charakteristisch ist. Aufn. Verf.
Abb. 17 (rechts). Kapsel des Laubmooses *Leucobryum glaucum*. Der Kapseldeckel trägt einen langen Schnabel. Eigenartig ist der nur einseitig ausgebildete Kapselhals; man nennt ihn „Kropf". Aufn. Verf.

die allerdings nicht aus dem Gewebe besteht, das aus der befruchteten Eizelle hervorgegangen ist.

Der K a p s e l h a l s ist nicht immer deutlich zu erkennen; bei einzelnen Arten geht er gleitend in die Urne über. Besonders gut ausgebildet und deutlich von der Urne abgesetzt ist er bei den *Polytrichum*-Arten (Abb. 16). Bei *Leucobryum glaucum* und *Ceratodon purpureus* ist er einseitig stärker ausgebildet; die Kapseln haben einen K r o p f (Abb. 17).

Die U r n e kann aufrecht stehen oder mehr oder weniger am Kapselstiele hängen, gerade oder gekrümmt (= hochrückig), kantig, gerieft oder glatt sein. Bei mehreren Moosarten, vor allem aber bei den Koboldmoosen *(Buxbaumia)*, sind die Kapseln sogar unregelmäßig. Man kann bei ihnen eine Ober- (Bauch) und Unterseite (Rücken) unterscheiden; sie sind d o r s i v e n t r a l. Beim Kahlen Koboldmoos *(Buxbaumia aphylla)* ist die Oberseite nur leicht gewölbt. Zur Zeit der Sporenreife ist sie rotbraun. Gegen die Rückenseite, die immer grün bleibt,

Abb. 18. Drei Sporophyten des Laubmooses *Buxbaumia aphylla*. Die
Oberseiten der dorsiventralen Kapseln zeigen alle in eine Richtung.
Aufn. Prof. Dr. W. Rauh (aus Kosmos 1953)

ist sie durch eine deutliche Kante abgesetzt. Hat man Glück und
findet in einem Kiefernwald einen ganzen Bestand von diesem **Moos**,
so fällt sofort auf, daß alle Oberseiten in die Richtung zeigen, aus
der am wenigsten Licht auf die Pflanze fällt (Abb. 18). Die blatt-
grünhaltige Rückenseite, mit der assimiliert werden kann, bekommt
also das meiste Licht. Wie erreicht es das Koboldmoos, den assimila-
tionstüchtigen Teil seiner Kapsel „ins beste Licht zu rücken"? Die
Lösung dieses Rätsels ist verblüffend einfach: Die dorsiventrale Form
der Kapsel ist nämlich nicht von Anfang an festgelegt, sondern bildet
sich erst durch die unterschiedliche Beleuchtung aus. Verpflanzt man

Buxbaumia-Pflänzchen, an denen sich gerade Kapseln entwickeln, auf eine runde Scheibe, die sich während der Kapselentwicklung vor einer feststehenden Lichtquelle dreht, so daß die jungen Sporophyten allseitig die gleiche Lichtmenge erhalten, so reifen sie zu einer runden, allseitig grünen Kapsel heran.

Sowohl am Kapselhals als auch an der Urne finden wir bei vielen Laubmoosen sonderbarerweise S p a l t ö f f n u n g e n , wie wir sie ganz ähnlich auch von den höheren Pflanzen her kennen. Sie sind zur Durchlüftung des Gewebes notwendig; denn nirgends sonst gibt es an der Moospflanze Gewebe von so großer Dicke.

Der K a p s e l d e c k e l ist bei den meisten Laubmoosen deutlich ausgebildet. Oft trägt er einen langen, spitzen Fortsatz, einen „S c h n a b e l" (Abb. 16 und 17). Sobald die Sporen reif sind, springt der Kapseldeckel bei trockenem Wetter an einer vorgebildeten

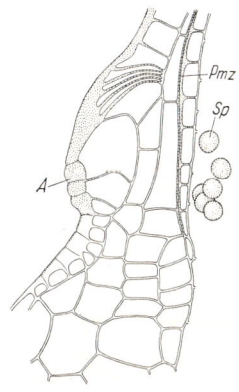

Abb. 19. Ringzone (Anulus) der Kapsel des Laubmooses *Funaria hygrometrica*. A Anuluszellen; Pmz Peristomzahn; Sp Sporen. Stark vergrößert. Original

Stelle, der Ringzone (Abb. 19), ab und öffnet dadurch den oberen Teil der Urne (Mündung, Mund), aus dem die Sporen dann durch den Wind herausgeschüttelt werden können. Einige Arten, z. B. *Pottia truncatula*, machen hiervon eine Ausnahme. Bei ihnen fällt der Deckel nicht ab, sondern er wird durch ein Säulchen, die Columella, im Innern der Mooskapsel emporgehoben. Auf diese Weise werden die Sporen vor Regen und Tau geschützt. Bei einigen Moosen, so z. B. bei *Phascum cuspidatum*, wird der Deckel zwar während der Entwicklung des Sporophyten angelegt, entwickelt sich jedoch nicht weiter, und an der reifen Kapsel ist er nicht mehr zu erkennen. Bei den deckellosen Mooskapseln reißt die Kapselwand auf, wenn die beginnende Verwesung das Kapselgewebe brüchig gemacht hat.

Wir haben soeben erwähnt, daß die gedeckelten Kapseln nach dem Abfallen des Deckels geöffnet sind. Hierzu müssen wir noch einiges nachtragen. Dem aufmerksamen Beobachter wird es nicht entgehen, daß die entdeckelten Urnen bei feuchter Luft durch borstenähnliche Gebilde verschlossen sind. Man nennt die einzelnen „Borsten" K a p s e l z ä h n e , in ihrer Gesamtheit das P e r i s t o m. Nur wenige Laubmoose mit gedeckelten Kapseln sind peristomlos, so z. B. *Hedwigia albicans*. Das Peristom ist verwickelt gebaut und bei den ein-

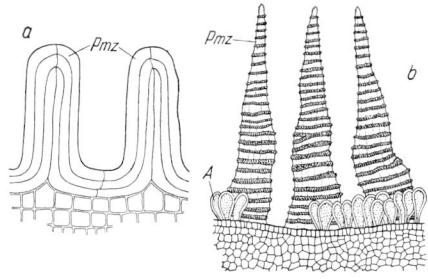

Abb. 20. Peristomzähne von Laubmoosen. a Peristomzähne von *Polytrichum formosum*. Bei den Polytrichaceen sind die Peristomzähne (PmZ) ganze Zellen. Original. b Drei Peristomzähne des äußeren Pe-
ristoms von *Mnium hornum* (von außen gesehen). Bei
diesem Moos sind — wie bei den meisten Laubmoosen — die Peristomzähne nur Zellreste. PmZ Peristomzahn; A Anulus (Ring). a und b stark vergrößert.
(b nach H. Schenk aus „Strasburger" 1947, umgezeichnet)

zelnen Arten unterschied-
lich ausgebildet. Wir müssen uns hier auf das We-
sentlichste beschränken. Die
Zahl der Zähne, die das
Peristom bilden, ist nicht
beliebig groß; sie beträgt
4, 8, 16, 32 oder 64. Die
Zähne sind entweder in
einer oder in zwei Reihen
angeordnet. Zwischen ihnen
stehen oft feine Wimpern.
An der Basis können die
Peristomglieder miteinan-
der verwachsen sein. Bei
den Polytrichaceen sind die
Kapselzähne verdickte,
g a n z e Zellen (Abb. 20).
Bei den übrigen Laubmoosen bestehen sie dagegen nur aus Z e l l -
w a n d r e s t e n (Abb. 20). Die Zellen, zu denen diese Wände gehören (Abb. 19), werden bei der Kapselreife aufgelöst. Bemerkens-
wert ist die F e i n s t r u k t u r auf den Kapselzähnen; sie ist auf der Innenseite anders als auf der
Außenseite. Auf dieser sind feinste Zellulosefibrillen so angeordnet, daß ihre Längsachse senkrecht
zur Längsachse des Zahnes steht. In feuchter Luft
lagern sich zwischen die Micellen der Fibrillen
Wassermoleküle ein. Dadurch werden die Fibrillen auseinandergedrückt: Sie quellen. Durch diese
Quellung wird die Außenseite der Zähne gegenüber der Innenseite verlängert: Die Zähne biegen
sich nach innen und verschließen die Urne. Bei
trockener Luft wird der Außenseite das Wasser
größtenteils entzogen, und die Zähne krümmen
sich in entgegengesetzter Richtung. Verlaufen die
Zellulosefibrillen auf der Außenseite der Zähne
schräg zu deren Längsachse, so kommt es bei der
Quellung zur Verdrehung der Kapselzähne. Alle
diese Bewegungen werden unterstützt durch die
Anordnung der Zellulosefibrillen auf der Innenseite

Abb. 21. Geöffnete
Kapsel des Klaffmoo-
ses *Andreaea petro-
phila*. Die Kapsel hat
keinen abfallenden
Deckel, sondern
springt in 4 Längs-
schlitzen auf. Original

Abb. 22. Junge Sporogone des Torfmooses *Sphagnum squarrosum*. Die Kapseln der Torfmoose haben keine Haube, sondern durchwachsen das Archegonium an der Spitze. Dessen Reste
bleiben als schuppige Hülle an den Kapseln zurück. Aufn. Verf.

der Zähne. Auf diese Weise sind die Sporen in der Urne vor Feuchtigkeit geschützt, auch nachdem der Deckel abgeworfen worden ist,
und das Ausstreuen der Sporen verteilt sich auf eine längere Zeit.

Obwohl die K a l y p t r a sehr verschieden ausgebildet sein kann, wollen wir nur kurz auf sie eingehen. Es lassen sich zwei Haupttypen unterscheiden: Hauben, welche die Kapseln nur einseitig bedecken (Abb. 15), und solche, die ihr kegelmantelförmig aufsitzen. Erwähnt sei, daß eines unserer bekanntesten Moose, das Goldene Frauenhaar *(Polytrichum commune)*, seinen Namen der Form seiner Haube verdankt. Hier ist sie nämlich in gelbbraune Stränge aufgefasert, die, mit der Lupe betrachtet, den Eindruck straff gekämmten Haares machen.

Von größerer Bedeutung für die taxonomische Gliederung der Laubmoose als die Vielfalt der Haubenformen ist es, daß zwei Gruppen, die Klaff- und Torfmoose, Sporogone haben, die im Bau wesentlich von dem abweichen, was wir für die Mehrzahl der Laubmoose als typisch kennengelernt haben. Beide Gruppen sind uns ja schon früher durch Besonderheiten in ihrer Entwicklung und in ihrem Aufbau aufgefallen.

Bei den K l a f f m o o s e n öffnet sich die anfänglich von einer Kalyptra bedeckte Kapsel stets durch L ä n g s s p a l t e n. Bei der reifen Kapsel klaffen sie bei trockenem Wetter weit auseinander (Abb. 21). Bei der kugeligen Torfmooskapsel (Abb. 22) fällt der Deckel dagegen ab. Im Unterschied zu den anderen Laubmoosen wird sie aber nie von einer Haube bedeckt. Das sich bildende Sporogon durchstößt nämlich das Archegonium an der Spitze und läßt es als Scheide an der Basis des Kapselstieles zurück. Der größte Teil des Kapselstieles entsteht bei den Torf- und Klaffmoosen nicht aus der befruchteten Eizelle, sondern stellt eine Verlängerung der Astspitzen dar, ein P s e u d o p o d i u m. Der eigentliche Kapselstiel ist sehr kurz und — ähnlich wie wir es bei der Seta der übrigen Laubmoose gesehen haben — mit dem Gewebe der beblätterten Moospflanze verwachsen. Der innere Bau, sowohl der Klaffmoos- als auch der Torfmooskapsel, gleicht in gewissen Merkmalen dem der Lebermoossporogone. Hierauf werden wir jedoch erst eingehen, nachdem wir die Fortpflanzung der Moose und die in ihrem Dienst stehenden Organe kennengelernt haben.

Bau und Lebensweise der Lebermoose

Die Lebermoose erhielten ihren Namen, weil eine ihrer häufigsten Arten, das Brunnenlebermoos *(Marchantia polymorpha)*, in früheren Jahrhunderten bei Erkrankungen der Leber als Arznei verwendet wurde. Eine kurze Charakteristik des Baues der Lebermoose zu geben, etwa in der Weise, wie wir dies bei den Laubmoosen getan haben, ist schwierig, vor allem deswegen, weil die Fülle der Gestalten trotz geringerer Artenzahl viel größer ist. So gibt es bei den Lebermoosen — im Unterschied zu den Laubmoosen, bei denen wir stets Stamm, Blätter und Sporophyt erkennen konnten — zwei in den Extremformen grundverschiedene Wuchstypen, nämlich l a p p i g e (t h a l l ö s e) und b e b l ä t t e r t e Lebermoose. Bei den zuerst genannten fehlt die Gliederung in Stamm und Blättchen, und bei den beblätterten Lebermoosen sitzen die Blätter in der Regel nicht spiralig am Stengel, sondern zweizeilig und meist mehr oder weniger flach. Allerdings müssen wir hier gleich eine Einschränkung machen; denn die meisten beblätterten Lebermoose haben nämlich noch eine dritte Reihe Blätter am Stengel, und zwar auf der Seite, die dem Substrat aufliegt. Diese „ U n t e r b l ä t t e r " weichen jedoch von den „Laubblättern" gestaltlich stark ab. Die Lebermoose haben also eine O b e r · und eine U n t e r s e i t e: Sie sind d o r s i v e n t r a l gebaut. Dorsiventralität ist für fast alle Lebermoose, auch für die thallösen, typisch, und nur wenige Gattungen der beblätterten Lebermoose, z. B. *Haplomitrium,* machen hiervon eine Ausnahme.

Man könnte versuchen, allein die Wuchsform zur Grundlage einer taxonomischen Gliederung zu machen, wie wir dies (allerdings zusammen mit anderen Merkmalen) bei den Laubmoosen auf Grund des Baues der Kapsel getan haben. Dies ist jedoch aus verschiedenen Gründen nicht durchführbar. Zwar können wir auch bei den Lebermoosen drei Gruppen unterscheiden, nämlich die H o r n m o o s e (A n t h o c e r o t a l e s), die M a r c h a n t i a l e s und die J u n g e r m a n i a l e s; aber in allen drei Gruppen kommen thallöse Formen vor. Die Hornmoose sind stets thallös, und bei den Marchantiales gibt es neben thallösen Arten schon solche mit schwacher Gliederung in Stamm und Blätter. Die deutlich beblätterten Lebermoose schließlich gehören zwar alle zu den Jungermaniales; aber auch bei diesen kommen noch thallöse Formen vor. In den folgenden Abschnitten, in denen wir wie bei den Laubmoosen die einzelnen Organe kennenlernen wollen, soll zunächst bei je einem Vertreter dieser drei Gruppen Typisches und Besonderes beschrieben werden.

*

Sporen und Protonema

Die S p o r e n der Lebermoose verlieren ihre Keimkraft im Gegensatz zu den Laubmoossporen schon nach verhältnismäßig kurzer Zeit. In der Regel keimen sie unmittelbar nach dem Ausstreuen aus dem Sporogon zu einem Protonema aus; ja, als Anomalie kommt es bei einzelnen Lebermoosen, z. B. bei Angehörigen der Gattungen *Radula* und *Madotheca,* vor, daß Vorkeime schon im Sporogon gebildet werden, vor allem, wenn sich die Sporogone dieser Pflanzen in sehr feuchter Umgebung befinden. Diese abweichende Vorkeimbildung weist auf die biologische Bedeutung des raschen Auskeimens der Lebermoossporen hin. Lebermoose bewohnen nämlich vorzugsweise feuchte und nasse Standorte. Die ausfallenden Sporen finden daher in der Umgebung der Mutterpflanze meist genügend Feuchtigkeit vor, um sofort keimen zu können. Deshalb sind auch Einrichtungen an den Sporen, die ein Überdauern von Trockenzeiten ermöglichen, zur Erhaltung der Art nicht notwendig. Anders ist es bei den Angehörigen der zu den Marchantiales gehörenden Gattung *Riella*, die allerdings in Deutschland nicht vorkommt. Diese Lebermoose leben in Tümpeln, die zeitweilig austrocknen; ihre Sporen können längere Trockenheit ertragen, ohne die Keimkraft zu verlieren. V. M a k s gibt an, daß 25 Jahre alte Sporen von *Riella* noch keimfähig waren.

Das P r o t o n e m a der Lebermoose ist meist fädig, und seine Lebensdauer ist noch kürzer als die der Laubmoosvorkeime. Es besteht aus wenigen Zellen, bei den thallösen Formen aller Lebermoosgruppen oft sogar nur aus einer Zelle. Aus dem Protonema entstehen scheibenförmige oder keulige Zellverbände, in denen eine Zelle zur Scheitelzelle wird. Auch bei den beblätterten Jungermaniales gibt es Arten mit einzelligem Protonema; in der Regel werden jedoch längere Zellfäden gebildet, die sich schon v o r der Anlage einer Scheitelzelle durch Teilung in einen räumlichen Zellverband umwandeln. Erst danach wird am Ende des Zellstranges die Scheitelzelle gebildet. Bei den Lebermoosen gibt es also keine scharfe Trennung zwischen einem rein fädigen Protonema, wie wir es bei der Mehrzahl der Laubmoose kennengelernt haben, und dem dreidimensionalen Gewebe, das an den Laubmoosvorkeimen erst von der Scheitelzelle gebildet wird. Ja, die Grenze zwischen Protonema und Moospflanze verschwindet bei manchen Lebermoosarten vollständig. So haben z. B. die thallösen Moose *Conocephalum* (Marchantiales) und *Pellia* (Jungermaniales) schon vielzellige Sporen, die als Vorkeime angesehen werden müssen (Abb. 23), und bei *Metzgeria* (Jungermaniales) kann aus der

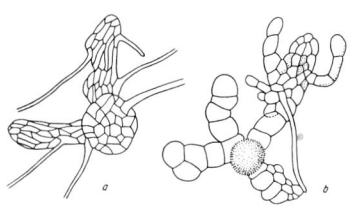

Abb. 23. Vorkeime von Lebermoosen.
a *Conocephalum conicum.* b *Lophocolea cuspidata.* (a nach S. M. Ellen, b nach G. Chalaud aus K. Müller 1951, umgezeichnet)

Spore ein flächiges Protonema auskeimen, das nach Anlage einer Scheitelzelle als flächiger Thallus weiterwächst.

Eine weitere Besonderheit zeigt die S c h e i t e l z e l l e der Lebermoose, aus der das Moospflänzchen hervorgeht: Sie ist nämlich nicht immer dreischneidig. So haben z. B. die einfach gebauten thallösen Formen nur eine zweischneidige Scheitelzelle, und bei anderen Formen, so z. B. bei *Pellia*, können sowohl zwei- als auch dreischneidige Scheitelzellen vorkommen. Bei Formen mit zweischneidiger Scheitelzelle entstehen dreidimensionale Gewebeverbände, indem sich die von der Scheitelzelle abgegebenen Tochterzellen nach verschiedenen Richtungen des Raumes weiterteilen. Bei einigen Lebermoosen, so z. B. bei *Marchantia*-Arten, werden neben der ersten Scheitelzelle sekundäre Scheitelzellen gebildet, so daß man hier fast von einem „Vegetationspunkt" sprechen könnte. Nur die beblätterten Lebermoose wachsen fast ohne Ausnahme mit dreischneidigen Scheitelzellen.

Der Thallus

Der Thallus der Hornmoose

War es beim Stamm und bei den Blättern der Laubmoose vor allem die Mannigfaltigkeit der äußeren Form, die unser Interesse weckte, so ist es bei den Thalli der Lebermoose vor allem der innere Bau, der viele interessante Eigentümlichkeiten zeigt. Gleich bei den H o r n - m o o s e n , die einen rosettig gelappten Thallus haben, finden wir eine Besonderheit, die wir bei Moosen sonst nirgends antreffen und die es uns gestattet, Schlüsse hinsichtlich der Abstammung der Hornmoose, ja, der Moose überhaupt, zu ziehen. Die Zellen der Hornmoose haben nämlich nur e i n e n großen, linsenförmigen, oft etwas gelappten blattgrünführenden Körper (Chromatophor), wogegen alle übrigen Moose in jeder Zelle mehrere oder viele Chlorophyllkörner aufweisen. Außerdem sind diesem Chromatophor dicht beisammenliegende Eiweißkörner, ein sogenanntes „Pyrenoid", eingelagert. Einzelchromatophoren mit Pyrenoiden gibt es im Pflanzenreich außer bei den Hornmoosen nämlich nur bei den Algen. Zweifellos dürfen wir in dieser Tatsache einen Hinweis auf verwandtschaftliche Zusammenhänge zwischen Moosen und Algen sehen. Auch eine weitere Eigenheit der Hornmoose verdient unsere Aufmerksamkeit: An der Unterseite ihres Thallus befinden sich nämlich Spaltöffnungen, die sich an älteren Thalli mit Schleim füllen. In diesem Schleim siedeln sich Blaualgen der Gattung *Nostoc* an. Die Vermutung lag nahe, daß es sich hier um eine Symbiose handle, ähnlich jener in Flechten zwischen Pilzen und Algen. Allerdings konnte für diese Annahme bis heute kein Beweis erbracht werden.

Der Thallus der Marchantiales

Im Gegensatz zum Thallus der Hornmoose, der mit seinen Anklängen an Algen noch sehr primitiv anmutet, ist der Thallus der Marchantiales sehr kompliziert gebaut. Deshalb soll hier im wesentlichen nur der Aufbau des Thallus von *Marchantia polymorpha* beschrieben werden.

Marchantia polymorpha, eines unserer am weitesten verbreiteten Lebermoose, ist bandartig, mehr oder weniger verzweigt, bis 2 cm breit, und die Lappen sind an den Rändern meist deutlich eingebuchtet. Eine Mittelrippe ist erkennbar, vor allem, weil an ihr meist dunkle, schwärzliche Farbstoffe angereichert sind. Die Oberseite des Thallus zeigt eine kleinmaschige Felderung; auf der Unterseite fallen zwei Sorten von Organen auf, blattartige Schuppen und fädige Rhizoide.

Die Schuppen, die wegen ihrer Lage an der Unterseite des Thallus B a u c h s c h u p p e n genannt werden, bestehen nur aus einer Zellschicht. Sie sind charakteristisch für die Marchantiales; nur wenige Arten haben sie im Laufe der Stammesgeschichte eingebüßt. Mit den Unterblättern der beblätterten Lebermoose haben sie nichts zu tun. Sie werden in der Nachbarschaft der Scheitelzellenregion gebildet. Die jungen Schuppen überdecken die Scheitelzellen. Dadurch sowie durch Absonderung von Schleim schützen sie diese vor Verletzungen. *Marchantia polymorpha* hat drei Arten von Bauchschuppen, nämlich rechts und links der Mittelrippe große Schuppen, die seitliche Anhängsel tragen, rundliche am vorderen Thallusrand sowie lange, schmale auf der Unterseite der Seitenlappen. Die Bauchschuppen sind bei den einzelnen Arten verschieden geformt und können deshalb zur Artunterscheidung verwendet werden.

Die R h i z o i d e der Marchantiales unterscheiden sich von denen der Laubmoose wesentlich. Einmal entstehen sie, und zwar bei allen Lebermoosen, nicht schon am Vorkeim, sondern erst am Thallus bzw. am beblätterten Lebermoospflänzchen, zum anderen sind sie bei allen Lebermoosen — mit Ausnahme einiger in Europa nicht beheimateter Arten — stets e i n z e l l i g. Da ihre Länge 1 cm übertreffen kann, sind sie die längsten Zellen, die wir bei den Lebermoosen kennen.

Nicht nur ihre Länge, sondern auch die Innenstruktur einer bestimmten Art von Rhizoiden versetzt uns in Erstaunen. Betrachten wir Rhizoide von *Marchantia* unter dem Mikroskop, so sehen wir nämlich, daß von der Zellwand hin und wieder zapfenartige Verdickungen in den Zellhohlraum hineinragen (Abb. 24). Solche Z ä p f c h e n r h i - z o i d e entspringen vor allem an den Bauchschuppen. An der biologischen Bedeutung dieser Wandverdickungen ist viel herumgerätselt worden, besonders deshalb, weil sie bei extrem feuchtigkeitsliebenden Formen mehr oder weniger rückgebildet sind. Es wurde versucht nachzuweisen, daß die Wasseraufnahme durch die Vergrößerung der Wandoberfläche erleichtert wird; denn die oft dicken Thalli der Marchantiales können weniger leicht Wasser aufnehmen als die einschichtigen Blätter der Laubmoose und der beblätterten Lebermoose. Bei den Marchantiales müssen daher Wasser und

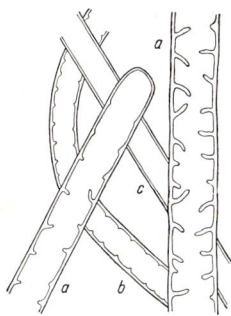

Abb. 24. Rhizoide des Lebermooses *Marchantia polymorpha.* a Typische Zäpfchenrhizoide; b Übergangsform zwischen Zäpfchenrhizoid und glattem Rhizoid; c glattes Rhizoid. Stark vergrößert. Original

Nährsalze durch die Rhizoiden aufgenommen werden. Ein Beweis für die Beteiligung der Zäpfchen bei der Wasseraufnahme konnte jedoch bislang nicht erbracht werden, obgleich es vor allem die Zäpfchenrhizoide sind, die dem Thallus Wasser zuführen. So neigen heute namhafte Kenner der Lebermoose mehr der Ansicht zu, daß in dem Bau der Zäpfchenrhizoide ein Überbleibsel aus der Stammesgeschichte vorliege, dessen biologische Funktion heute nicht mehr zu erkennen sei. Neben den zapfentragenden Rhizoiden gibt es auch solche, denen die Wandverdickungen ganz oder fast ganz fehlen. Diese glatten Rhizoiden entspringen vor allem an den Mittelrippen. Sie sollen die Thalli vor allem mit Nährsalzen versorgen. Nur die Angehörigen der Gattung *Sphaerocarpus*, die in Deutschland sehr selten ist, haben ausschließlich glattwandige Rhizoide.

Am eigentlichen T h a l l u s finden wir bei der Betrachtung unter dem Mikroskop eine Spezialisierung der Gewebe, wie sie im Reiche der Moose einmalig ist — abgesehen vom inneren Bau der Sporogone, über den an anderer Stelle noch einiges gesagt werden soll. Bei *Marchantia polymorpha* zeigt schon ein erster orientierender Blick, daß an der Unterseite des Thallus ein kleinzelliges, blattgrünfreies „Hautgewebe" ausgebildet ist, dessen äußerste Zellschicht lückenlos zusammenschließt, also eine Epidermis bildet. Zur Oberseite hin schließen sich an diese kleineren Zellen größere an; aber erst unmittelbar unter der oberen Epidermis finden wir die eigenartig gestalteten Assimilationszellen. Doch führen neben diesen Assimilationszellen auch die Zellen der oberen Epidermis und des oberen Grundgewebes Chlorophyllkörner. Das kleinzellige Gewebe an der Unterseite des Thallus ist nur undeutlich gegen das großzellige „Grundgewebe" abgegrenzt. In diesem finden wir bei *Marchantia polymorpha* neben dünnwandigen Zellen, in denen Nährstoffe gespeichert werden können, solche mit netzförmigen Wandverdickungen, ähnlich jenen, die wir bei den Torfmoosen als Wasserzellen kennengelernt haben, sowie etwas kleinere Zellen, in denen sich eine scharf umgrenzte Zusammenballung ätherischer Öle befindet. Diese Zusammenballung wird „Ölkörper" genannt (Abb. 25). Alle Lebermoose besitzen Ölkörper, oft sogar mehrere in einer Zelle. Im übrigen Pflanzenreich kommen sie dagegen in dieser Form nirgends vor. Da die Ölkörper von artspezifischer Gestalt sind, können sie zur mikroskopischen Bestimmung benützt werden. Welches mag die biologische Bedeutung dieser auffälligen Speicherung ätherischer Öle sein? Da in jungen Zellen von *Marchantia* noch keine Ölkörper zu erkennen sind, könnte es sich um Abfälle des Stoffwechsels handeln. Dem widerspricht aber, daß gewisse Arten der Marchantiales schon in ganz jungen Zellen reichlich Ölkörper enthalten. Auch haben Versuche gezeigt, daß es sich nicht um Nahrungsreserven handelt. Desgleichen konnte keine Schutzwirkung gegen Frost oder Tierfraß festgestellt werden.

Auch das A s s i m i l a t i o n s g e w e b e ist ganz eigenartig gebaut.

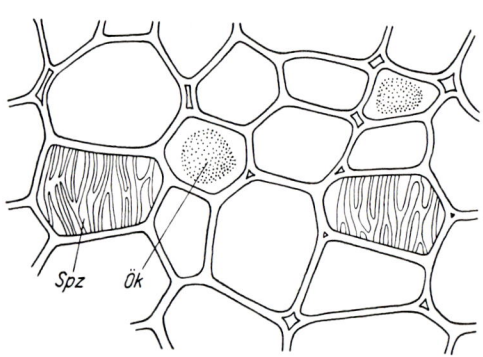

Spz   Ök

Unter der Oberhaut liegen nämlich abgegrenzte, aneinanderstoßende Hohlräume, die sich auf der Thallusoberseite schon mit bloßem Auge als Felderung erkennen lassen. In diesen Hohlräumen, den L u f t - k a m m e r n, stehen dicht gedrängt Zellfäden, vollgestopft mit Chlorophyllkörnern, ähnlich einem Dickicht stachelloser

Abb. 25. Gewebestück aus der Thallusmitte des Lebermooses *Marchantia polymorpha*. Der Thallus wurde quer geschnitten. Spz Speicherzellen mit Wandverdickungen; Ök Ölkörper. Stark vergrößert. Original

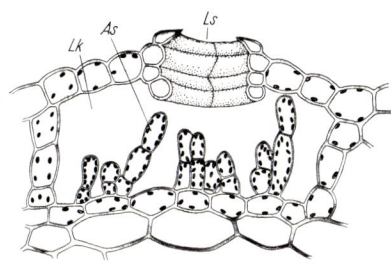

Abb. 26. Atemhöhle des Lebermooses *Marchantia polymorpha*. Der Thallus wurde quer geschnitten. Ls Luftspalte, die von insgesamt 16 Zellen (die Spalte ist mitten durchschnitten) umrahmt wird; Lk Luftkammer; As Assimilatoren. Stark vergrößert. Original

Feigenkakteen (Abb. 26). Auch die Zellen der Kammerwände sind dick mit Chloroplasten angefüllt. In diesen Zellen assimiliert *Marchantia* das Kohlendioxyd der Luft zu Zucker. Kohlendioxyd der Luft? Wie kommt denn diese in das Gewebe? Aber da ist ja im Dache jeder Kammer eine Öffnung! Betrachten wir mit dem Mikroskop ein Stückchen Oberhaut in Aufsicht, so sehen wir, daß diese Öffnung oval ist und von 4 fast „bratwurstförmigen" Zellen begrenzt wird (Abb. 27). Spaltöffnungen, wie wir sie an den Laubmooskapseln kennengelernt haben, sind es also nicht; denn diese haben stets 2 Schließzellen. Sehen wir genau hin, so erkennen wir bogig vorspringende Lappen. Sind dies Wandverdickungen der bratwurstförmigen Zellen? Nein, denn sie scheinen tiefer zu sitzen. Machen wir also einen Längsschnitt durch eine Luftspalte (Abb. 26). Jetzt erkennen wir ihren Bau genauer. Unter jeder der 4 oberen Zellen sitzen 3 andere, die untersten mit einer Ausbuchtung gegen das Zentrum der Öffnung. Wie ein Faß ohne Boden sieht das ganze Gebilde aus.

Solche faßartigen A t e m ö f f n u n g e n sind aber nicht bei allen Marchantiales ausgebildet. Bei den Angehörigen einiger Arten, so bei den Arten der Gattung *Lunularia,* ist die Oberhaut nur flach empor gewölbt, ähnlich der Kuppe eines Schildvulkans, und wie bei diesem der Krater sitzt auch hier die Öffnung auf dem Gipfel der Aufwölbung. Bei wieder anderen Arten finden wir um die flach in der Oberhaut liegenden Öffnungen einfache Schließzellen angeordnet, und bei einigen thallösen Jungermaniales ist in der Epidermis nur ein Loch ausgespart; von Schließzellen oder gar von einer faßartigen Emporwölbung ist nichts zu sehen.

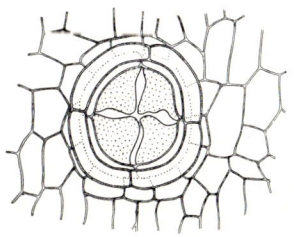

Abb. 27. Luftspalte von *Marchantia polymorpha* in Aufsicht. Die Luftspalte wird durch Ausbuchtungen der 4 untersten Ringzellen fast geschlossen. Stark vergrößert. Original

Auch L u f t k a m m e r n, wie wir sie bei *Marchantia* kennengelernt haben, finden wir nur bei einem Teil der Marchantiales. Bei vielen Arten nimmt das Assimilationsgewebe über drei Viertel des Thallusquerschnittes ein, und die Kammern sind nur sehr schwach und unregelmäßig ausgebildet. Die fädigen Assimilatoren fehlen diesen Pflanzen. Bei einer europäischen Gattung *(Dumortiera)* sind in der Scheitelzellenregion noch rudimentäre Atemkammern ausgebildet; aber im erwachsenen Thallus besteht das Assimilationsgewebe nur noch aus einer chlorophyllführenden Zellschicht, die über dem Grundgewebe liegt. Es könnte fast als selbstverständlich angesehen werden, daß bei dieser Art in der Epidermis auch keine Atemöffnungen zu finden sind. Aber weshalb eigentlich selbstverständlich? Welche Faktoren haben denn einen Einfluß auf die Ausbildung von Atemhöhlen und Luftspalten? Auf diese Frage finden wir eine Antwort, wenn wir uns die Standortsverhältnisse näher betrachten, unter denen *Dumortiera* lebt. Dieses Lebermoos kommt nämlich an ganz nassen Stellen vor, z. B. an Erde, die von Wasserfällen übersprüht wird, oder in der Spritzzone von Bächen. Kultivieren wir *Marchantia polymorpha* unter ähnlichen Bedingungen, so können wir feststellen, daß die Ausbildung von Luftkammern und Atemöffnungen auch bei diesem Lebermoos nur gering ist. Es spielt aber noch ein weiterer Faktor herein: Auch das Licht hat einen Einfluß auf die Ausbildung der Luftkammern, und zwar nicht nur, weil die Wuchsrichtung der Assimilatoren vom Einfall des Lichtes abhängig ist — sie wachsen zum Licht hin —, sondern weil die Stärke der Beleuchtung ausschlaggebend ist für den Grad der Ausbildung von Luftkammern und Luftspalten. Eine Abnahme der Lichtintensität bewirkt eine Rückbildung der Atemhöhlen bis zum Verschwinden, eine Zunahme fördert sie. So wird das assimilierende Gewebe vor den Lichtstrahlen geschützt, und zwar sowohl durch die Epidermis als auch durch die Luftschicht, welche die Assimilationszellen umgibt.

Der Thallus der Jungermaniales

Bei den lappigen Jungermaniales ist der Thallus einfacher gebaut als bei den Marchantiales. *Riccardia (Aneura)* hat den einfachsten Thallus, den wir bei Moosen kennen. Er besteht nur aus gleichwertigen Zellen, von denen die äußeren etwas kleiner sind als die inneren. Eine Mittelrippe fehlt. Manche Arten von *Riccardia* bilden kreisrunde Sprosse, die in den Boden eindringen und die Pflanze nicht nur verankern, sondern ihr auch Nährstoffe zuleiten.

Bei anderen Gattungen, z. B. bei der verbreiteten *Pellia,* ist eine Mittelrippe ausgebildet, an der in der Regel die stets glattwandigen Rhizoiden entspringen. Meist findet man bei diesen Arten auch schon eine Sonderung in assimilierende Zellen und solche, in denen vor allem Nährstoffe gespeichert werden. Bis auf die Angehörigen der Gattung *Blasia* sind die in Deutschland vorkommenden Arten der thallösen Jungermaniales ohne Bauchschuppen. Auffallend ist bei einigen Arten, so z. B. bei *Metzgeria furcata,* die Form der

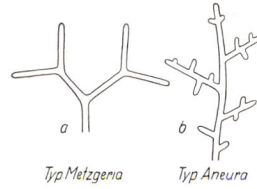

Abb. 28. Verzweigungstypen bei Lebermoosen. a dichotome Verzweigung; b fiederige Verzweigung. Original

V e r z w e i g u n g (Abb. 28). Bei ihr ist, im Gegensatz zu der ähnlichen *Metzgeria pubescens,* ein Hauptlappen nicht zu erkennen; denn alle „Seitenäste" sind gleich stark. Diesen Verzweigungstyp nennt man g a b e l i g, im Gegensatz zu der f i e d e r i g e n Verzweigung, wie sie z. B. *Riccardia (Aneura) multifida* aufweist. Wie kann eine gabelige Verzweigung oder „Dichotomie" entstehen? Zwei Möglichkeiten sind es, die hier in Betracht kommen. Bei *Metzgeria furcata* bildet sich in einer Tochterzelle der „Stamm"scheitelzelle eine neue Scheitelzelle, aus der ein Seitenast hervorgeht. Aber dieser Seitenast wächst genau so stark wie der ursprüngliche Hauptast, so daß zwei gleichwertige Thalluslappen entstehen. Im Grunde genommen wird der Seitenlappen in genau der gleichen Weise angelegt wie bei *Aneura multifida,* nämlich durch Neudetermination einer seitlichen Scheitelzelle. Dichotomie, das Wort bedeutet „Zweiteilung", meint aber etwas anderes, nämlich die g l e i c h w e r t i g e Teilung der Scheitelzelle. Die Scheitelzelle ist ja, wie wir bei den Laubmoosen gesehen haben, in der Lage, Tochterzellen parallel zu ihren schrägen Wänden abzugliedern. Diese Tochterzellen haben aber nicht die Fähigkeit der Scheitelzelle mitbekommen, sich beliebig oft weiterzuteilen. Folglich muß diese Art der Teilung ungleich (inäqual) sein wie jene, die im Torfmoosblatt zur Bildung der Wasser- und Blattgrünzellen geführt hat. Eine gleichwertige Teilung der Scheitelzelle ist nur dann gegeben, wenn die entstehende Zellwand durch die Spitze der Scheitelzelle geht, diese also l ä n g s teilt. So entstandene Tochterzellen wachsen als Scheitelzellen weiter. Durch darauffolgende „normale" Teilungen werden die Tochterscheitelzellen auseinandergedrückt, und es entstehen schließlich Thallusteile mehr oder weniger gleichen Aussehens. Diese Art der Verzweigung — sie kommt z. B. bei *Pellia* vor — nennen wir „echte Dichotomie", die im Endergebnis zwar äußerlich gleiche, entwicklungsgeschichtlich jedoch andersartige von *Metzgeria furcata* dagegen „unechte Dichotomie".

Erwähnenswert ist noch eine Besonderheit am Thallus von *Metzgeria pubescens*, die es gestattet, diese Art leicht zu erkennen. Bei ihr wachsen nämlich die Zellen der Thallusoberfläche zu langen, borstenförmigen, einzelligen Haaren aus. Diese dienen nicht nur der raschen Aufnahme von Wasser, sondern das Wasser kann von diesem Haarpelz auch eine Zeitlang festgehalten werden.

Aufsehen hat auch die Lebensweise einer anderen thallösen Jungermaniale erregt, nämlich von *Cryptothallus mirabilis*. Dieses Lebermoos, in Europa erst an wenigen Stellen gefunden, ist nämlich chlorophyllfrei. Es wächst einzeln unter dem Rasen anderer Moose, und nur seine langgestielten Sporogone durchbrechen die Pflanzendecke. Es ist dies der einzige bei Moosen bekanntgewordene Fall, in dem eine Symbiose mit Pilzen sehr wahrscheinlich ist, obwohl eine Verpilzung der Thalli auch bei chlorophyllführenden Arten häufig vorkommt.

Die beblätterten Lebermoose

Wie bei den Laubmoosen können wir auch bei den beblätterten Lebermoosen einen Stamm oder Stengel und Blätter unterscheiden.

Der S t a m m der Lebermoose ist ähnlich gebaut wie jener der Laubmoose. Wie wir schon mehrfach betont haben, sind die Lebermoose dorsiventral gebaut. Der Stengel hat also trotz seines oft runden Querschnittes eine Ober- und eine Unterseite. Dies ist leicht zu erkennen; denn die Rhizoide, die am Stamm sitzen, entspringen nur auf einer Seite, der Unterseite. Sie dienen wie bei den Laubmoosen in erster Linie der Befestigung an der Unterlage; denn die beblätterten Lebermoose nehmen (wie die Laubmoose) das Wasser mit den Blättern auf. Ein Zentralstrang fehlt dem Lebermoosstamm. Oft aber finden wir an ihm Seitensprosse, die in die Unterlage eindringen. Sie sind besonders reich mit Rhizoiden besetzt, und wie bei *Riccardia* dienen auch sie der Nährstoffaufnahme.

Wir haben früher schon erwähnt, daß die B l ä t t e r der Lebermoose zweizeilig und in der Regel flach am Stengel stehen. Dadurch können aufeinanderfolgende Blätter sich überdecken. Dies kann in zweierlei Weise geschehen. Von oben betrachtet, ist entweder der obere, also der der Stengelspitze zugekehrte Blattrand zu sehen, weil er den unteren Rand des höher am Stengel sitzenden Blattes überdeckt, oder der obere Blattrand ist unter den unteren Rand dieses

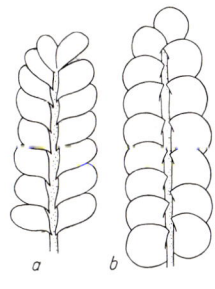

Blattes geschoben und deswegen von oben nicht zu erkennen. Im ersten Fall spricht man von o b e r s c h l ä c h t i g e r , im zweiten von u n t e r s c h l ä c h t i g e r Blattstellung (Abb. 29).

Auch die G e s t a l t der Blätter, die wie bei den Laubmoosen sehr vielfältig sein kann, liefert leicht erkennbare und für die Bestimmung brauchbare Merkmale. Ehe wir aber näher auf die Blattformen eingehen, wollen wir erwähnen, daß die Blätter der Lebermoose im Gegensatz zu denen der Laubmoose n i c h t mit einer Scheitelzelle wachsen. Zwar nehmen auch sie ihren Ursprung von einer Tochterzelle der Stammscheitelzelle, aber diese wird nicht zu einer zweischneidigen Scheitelzelle determiniert, sondern teilt sich in drei Zellen, deren innerste bei weiterer Teilung Stammgewebe erzeugt. Die beiden äußeren teilen sich ebenfalls, und zwar so, daß die dem Stengel am nächsten liegenden Zellen die Teilungsfähigkeit behalten. Das entstehende, meist einschichtige und stets r i p p e n l o s e Blatt, das also in der Anlage zweilappig ist, behält an seiner Basis eine teilungsfähige „meristematische" Schicht. Diese anfängliche Z w e i l a p p i g k e i t kann jedoch durch Zellteilungen so maskiert werden, daß sie am ausgewachsenen Blatt nicht mehr zu erkennen ist. In diesem Falle ist das Blatt abgerundet. Oft bleibt jedoch an der Blattspitze eine deutliche Zweilappigkeit erhalten, z. B. bei *Lophocolea bidentata*. Bei manchen Arten kann die Teilung noch verstärkt werden, so daß an der Spitze mehrfach und tief eingebuchtete Blätter entstehen oder die Blätter sogar in einzelne Zellfäden aufgelöst werden, z. B. bei *Trichocolea tomentella*. Bei anderen Gat-

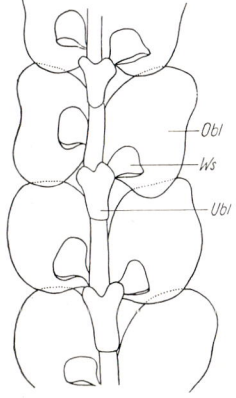

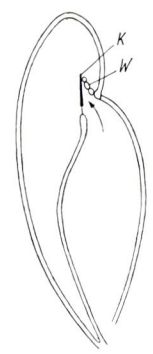

Abb. 31. Wassersack des Lebermooses *Colura Karsteni,* durch eine bewegliche Klappe verschließbar. K Klappe; W Widerlager. Stark vergrößert. (Aus K. v. Goebel 1915)

tungen, z. B. bei *Scapania* und *Diplophyllum,* bilden sich O b e r - und U n t e r l a p p e n. Allerdings dürfen diese nicht mit den Unterblättern, auf die wir nachher zu sprechen kommen, verwechselt werden. Bei den auch in Deutschland häufigen Vertretern der Gattung *Frullania* ist der Unterlappen helmförmig ausgebildet (Abb. 30). Offenbar dienen die Blattunterlappen bei diesen rinden- und gesteinsbewohnenden Lebermoosen zum Festhalten von Wasser. Sie heißen aus diesem Grunde auch W a s s e r s ä c k e. Noch vollkommener sind die Blattunterlappen bei den Angehörigen der vorwiegend tropischen Gattungen *Colura* und *Pleurozia* ausgebildet, von denen jedoch keine Art in Deutschland beheimatet ist. Bei diesen Lebermoosen sind die Wassersäcke nämlich durch bewegliche Klappen verschlossen (Abb. 31). Dadurch können in diesen Säcken mit dem aufgefangenen Wasser auch Kleinsttiere eingeschlossen werden. Obwohl die Verschlußeinrichtung wahrscheinlich nur den „Sinn" hat — sofern man überhaupt von einem Sinn reden darf —, das eingedrungene Wasser längere Zeit festzuhalten, ist hier eine Tierfalle vorgebildet, die nur deswegen nicht zum Nahrungserwerb verwendet wird, weil die Pflanze noch gar nicht die notwendigen Verdauungsfermente ausscheiden kann. Dennoch ist hier im Dienste einer ganz anderen Funktion, nämlich der Wasseraufnahme, eine derart vollkommene Vorstufe der „Fleischernährung" erreicht, daß wir die Wassersäcke von *Colura* und *Pleurozia* als eine Art Modell für die Entstehung so komplizierter Tierfallen ansehen dürfen, wie die Fangblasen des Wasserschlauchs *(Utricularia)* es sind.

Die U n t e r b l ä t t e r der Lebermoose entstehen in gleicher Weise wie die „Laubblätter". Wie wir oben bereits erwähnt haben, weichen sie in der Regel von den Laubblättern gestaltlich, zumindest aber in der Größe stark ab (Abb. 30). Nur bei wenigen Arten gleichen sie den übrigen Blattorganen so sehr, daß der Stengel nicht zwei-, sondern dreizeilig beblättert zu sein scheint. Bei vielen Arten werden die Unter-

Abb. 32. In den Blattzellen des Lebermooses *Nardia scalaris* liegen große Ölkörper. Stark vergrößert. Original

blätter zwar angelegt, wachsen jedoch nicht weiter. Dem erwachsenen Pflänzchen scheinen sie in solchen Fällen zu fehlen.

Die Zellen der Blätter sind meist rundlich oder vieleckig. Oft sind ihre Wände in den Ecken verdickt. Einige Arten, z. B. *Nardia (Alicularia) scalaris,* enthalten in den Blattzellen Ölkörper, die im Mikroskop schon bei schwacher Vergrößerung zu erkennen sind (Abb. 32).

Der Sporophyt

Der Sporophyt der Lebermoose entsteht wie der Sporophyt der Laubmoose aus einer befruchteten Eizelle, die hier wie dort in einem Archegonium eingeschlossen ist. Gegenüber dem Laubmoossporophyt ist er jedoch wesentlich anders gestaltet. Selbst die Sporophyten der drei Lebermoosgruppen weichen stark voneinander ab.

Bei den H o r n m o o s e n entwickelt sich nach der ersten Teilung der befruchteten Eizelle aus der oberen Tochterzelle die Kapsel, aus der unteren der Sporogonfuß, der bei allen Lebermoosen mehr oder weniger tief in das Gewebe des beblätterten Moospflänzchens bzw. des Thallus eindringt und diesem Nährstoffe entzieht, wie dies auch bei den Laubmoosen der Fall ist. Bei *Anthoceros* wird kein Kapselstiel ausgebildet; die eigenartige, schotenförmige Kapsel sitzt dem Sporogonfuß unmittelbar auf (Abb. 33). Sie wird bei *Anthoceros laevis* 3 cm lang, bei dem sehr seltenen *A. husnoti* sogar 7 cm. Wie die Sporogone mancher Laubmoose enthalten auch die Sporogone der *Anthoceros*-Arten in ihrer Außenhaut Spaltöffnungen, was sonst bei Lebermoosen nicht vorkommt. Eigenartig ist auch die Öffnungsweise des Sporogons. Es springt nämlich bei der Reife (ähnlich einer Schote) der Länge nach auf, wobei sich die Kapselwände verdrehen. Da es an der Basis lange Zeit wächst, die Sporogonspitze also den ältesten Teil der Kapsel darstellt, öffnet es sich in der Regel oben zuerst. Im oberen Kapselteil sind die Sporen dann schon reif, wogegen sie im unteren erst gebildet werden.

Bei den M a r c h a n t i a l e s ist meist ein Sporogonstiel ausgebildet. Er entsteht wie der Sporogonfuß aus der unteren der

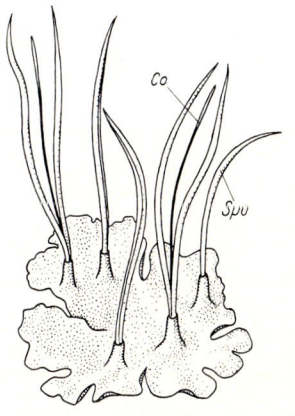

Abb. 33. Das Lebermoos *Anthoceros laevis.* Co Columella; Spo die eigenartigen, schotenförmigen Sporogone. (Nach H. Schenk aus „Strasburger" 1947, umgezeichnet)

beiden Tochterzellen, die aus der ersten Teilung der befruchteten Eizelle hervorgehen. Das Sporogon ist (wie auch bei den Jungermaniales) meist kugelig bis walzenförmig. Bei den Marchantiales ist die Sporogonwand wenigstens z. T. nur eine Zellschicht dick. Die Jungermaniales sowie die Hornmoose haben dagegen stets Sporogone, deren Wände aus mehreren Zellschichten bestehen. Die Öffnung der Kapsel erfolgt auf unterschiedliche Weise: Entweder verwesen die Kapselwände oder es springt ein vorgebildeter Deckel ab, und das Sporogon platzt anschließend in 4—8 Längsklappen auf.

Bei den J u n g e r m a n i a l e s entsteht der Sporogonstiel im Gegensatz zu den Marchantiales aus der oberen der beiden Tochterzellen der befruchteten Eizelle. Er ist in der Regel gut ausgebildet und kann z. B. bei *Pellia* sogar über 8 cm lang werden. Die Kapselform entspricht jener der Marchantiales. Bei den meisten Arten springt die Kapsel in 4 Klappen auf.

Bei den Laubmoosen wird der junge Sporophyt, besonders aber die Kapsel, durch die umhüllende Archegonwand (Haube) geschützt. Derartige S c h u t z e i n r i c h t u n g e n gibt es auch bei den Lebermoosen. Allerdings ist daran nicht nur das Archegon beteiligt, das bei vielen Arten durch Zellteilung vielschichtig, ja sogar zu einer den jungen Sporophyten umhüllenden Röhre werden kann, sondern der sich entwickelnde Embryo, genauer das Archegon, das ihn birgt, kann auch von Stamm- bzw. Thallusgewebe umwachsen werden; dies ist z. B. bei *Anthoceros* der Fall, wo nach der Befruchtung der Eizelle Thalluswucherungen eine kaminartige Hülle um das Archegon bilden. Eine Kalyptra wie bei den Laubmoosen tritt jedoch nie auf, weil der sich streckende Embryo das Archegon wie bei den Torfmoosen an der Spitze durchwächst oder — in einigen seltenen Fällen — von ihm ganz umhüllt bleibt.

Die Fortpflanzung der Moose
Generations- und Kernphasenwechsel

Als wir die Entwicklung der Laubmooskapsel kennenlernten, fiel uns auf, daß die Organe, die aus der befruchteten Eizelle hervorgehen, als besondere Pflanze aufgefaßt werden können. Dasselbe sahen wir bei den Lebermoosen. Doch wir hatten diese Annahme nicht näher begründet. Würden wir uns die Aufgabe stellen, besonders charakteristische Merkmale dieser „Pflanze" anzugeben, so müßten wir noch vor Erwähnung der ernährungsphysiologischen Abhängigkeit von der beblätterten Moospflanze bzw. vom Thallus zweifellos die Fähigkeit nennen, Sporen zu erzeugen. Wollten wir analog hierzu das beblätterte Laub- bzw. Lebermoospflänzchen und die thallösen Lebermoose charakterisieren, so würden wir ohne Zögern die Fähigkeit zur Archegon-, also zur Eizellenbildung und, damit unlöslich verbunden, zur Bildung von männlichen Geschlechtszellen anführen. Dies bedeutet aber nichts anderes, als daß beide „Pflanzen", das beblätterte Laub- bzw. das Lebermoospflänzchen oder der Lebermoosthallus auf der einen Seite und das „Kapselpflänzchen" auf der anderen Seite, eine grundsätzlich verschiedene Art der Fortpflanzung haben. Die beblätterten Moospflänzchen und die Thalli bilden nämlich Geschlechtszellen, G a m e t e n. Man nennt sie deswegen Geschlechtszellenpflanzen oder G a m e t o p h y t e n. Nach der Vereinigung eines männlichen mit einem weiblichen Gameten, der Befruchtung, bildet sich, wie wir gesehen haben, die sporenerzeugende Pflanze, der Sporophyt. Die Gametophyten pflanzen sich also g e - s c h l e c h t l i c h fort. Anders die S p o r o p h y t e n: Ihre Fortpflanzungszellen sind die S p o r e n. Bei deren Bildung sind keine geschlechtlichen Vorgänge beteiligt, ebensowenig bei ihrer Keimung. Diese führt stets zum Gametophyten. Die Sporophyten pflanzen sich also u n g e s c h l e c h t l i c h fort. Auffallend ist der strenge W e c h - s e l zwischen einer geschlechtlich und einer ungeschlechtlich sich fortpflanzenden „Generation" von Pflanzen. Diese Erscheinung nennen wir G e n e r a t i o n s w e c h s e l (Abb. 34). Einen weiteren wesentlichen Unterschied zwischen Gametophyt und Sporophyt finden wir, wenn wir ihre Chromosomen zählen. Die Chromosomen sind bekanntlich Träger von Erbanlagen. Ihre Zahl ist artspezifisch und artkonstant. Die Zählung der Chromosomen ergibt, daß der Sporophyt stets die doppelte Chromosomenzahl pro Zellkern hat wie der Gametophyt. Die Gametophyten sind also h a p l o i d, die Sporophyten d i - p l o i d. Bei der Verschmelzung der männlichen mit der weiblichen Geschlechtszelle bringt nämlich jede ihren (haploiden) Chromosomensatz mit; die befruchtete Eizelle und alle aus ihr

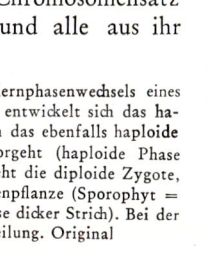

Abb. 34. Schema des Generations- und Kernphasenwechsels eines Laubmooses. Aus einer haploiden Spore entwickelt sich das haploide Protonema (oben rechts), aus dem das ebenfalls haploide Geschlechtspflänzchen des Mooses hervorgeht (haploide Phase dünner Strich). Durch Befruchtung entsteht die diploide Zygote, aus der sich die ebenfalls diploide Sporenpflanze (Sporophyt = Seta + Kapsel) entwickelt (diploide Phase dicker Strich). Bei der Sporenreife erfolgt Reduktionsteilung. Original

hervorgehenden Zellen erhalten also einen doppelten Chromosomensatz, werden also diploid. Wie verhält es sich aber bei den Sporen? Letzten Endes entstehen diese ja auch aus der befruchteten Eizelle, müßten also auch einen doppelten Chromosomensatz haben. Dies ist jedoch nicht der Fall; denn mit der Sporenbildung ist stets eine Verminderung der Chromosomenzahl auf den haploiden Wert verbunden, eine Reduktionsteilung. Mit dem Generationswechsel läuft also ein regelmäßiger Wechsel in der Chromosomenzahl, ein K e r n - p h a s e n w e c h s e l, parallel (Abb. 34).

Generationswechsel und Kernphasenwechsel sind a l l e n Moosen gemein. Das gilt im wesentlichen auch von dem Bau und der Entwicklung der Organe, welche die Fortpflanzungszellen erzeugen. Im einzelnen finden wir hier jedoch zwischen Laub- und Lebermoosen Unterschiede, von denen wir die interessantesten in den folgenden Abschnitten kennenlernen wollen.

Bau und Entwicklung der Geschlechtsorgane bei den Laubmoosen

Bei der Besprechung der K a p s e l s t e l l u n g am Moospflänzchen hatten wir lediglich gesagt, daß die Kapsel entweder aus der Stamm-

Abb. 35. Bei manchen Laubmoosen, so z. B. bei dem abgebildeten *Mnium undulatum*, unterscheiden sich „fruchtende" Pflänzchen von sterilen in der Wuchsform. Links ein aufrecht wachsendes, bäumchenartig verzweigtes Pflänzchen mit Sporogonen; rechts ein steriles, übergebogen wachsendes, unverzweigtes Pflänzchen. Aufn. Verf.

Abb. 36. Alter Antheridenstand von *Polytrichum formosum*. Die andersartigen Schutzblätter sind deutlich zu sehen. Aufn. Verf.

spitze oder aus den Spitzen winziger seitlicher Kurztriebe hervorwächst. Weshalb die Kapsel bzw. der Sporophyt gerade aus diesen Stellen hervorgeht, können wir jetzt erklären; denn an diesen Stellen werden die weiblichen Geschlechtsorgane, die Archegonien, gebildet. Die Anlage von Archegonien kann eine ganz andere Wuchsform der Moospflanze mit sich bringen, so z. B. bei *Mnium rostratum*, bei dem die sterilen Triebe flach, die fertilen dagegen allseitig abstehend beblättert sind. Bei *Mnium undulatum* sind die fruchtbaren Triebe aufrecht und bäumchenförmig verzweigt, die sterilen Triebe unverzweigt und wedelartig übergebogen (Abb. 35). Meist stehen an einer Stamm- oder Kurztriebspitze mehrere Archegonien in einem „Archegonienstand" zusammen. Allerdings entwickelt in der Regel nur eines der Archegonien einen Sporophyten. Betrachten wir solche archegonientragenden Ast- oder Stammspitzen genauer, so fällt auf, daß sie an der äußersten Spitze andersgestaltete Blätter haben. Diese Blätter, die den Archegonienstand schützend umgeben, nennt man Schutz- oder Perigynialblätter. Zwischen den Archegonien stehen normalerweise ein- oder mehrzellreihige, am oberen Ende verdickte Gebilde, die Paraphysen. Bei Moosen, bei denen die Schutzblätter nur Archegonien und Paraphysen umhüllen, stehen die männlichen Geschlechtsorgane, die Antheridien, entweder auf anderen Stämmchen derselben Pflanze, so z. B. bei *Funaria*, oder auf ganz anderen Pflanzen wie bei vielen *Grimmia*-Arten. In solchen Fällen sind die Antheridienstände meist ebenfalls von Schutzblättern umgeben; man nennt sie Perigonialblätter (Abb. 36). Wie zwischen den Archegonien, so finden wir auch zwischen den Antheridien Paraphysen (Abb. 37). Bei den meisten Moosen sind jedoch weibliche und männliche Geschlechtsorgane, die Gamet-

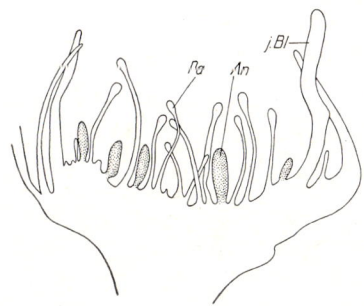

Abb. 37. Antheridienstand des Laubmooses *Mnium undulatum*. j.Bl junge Blätter; An Antheridien; Pa Paraphysen. Original

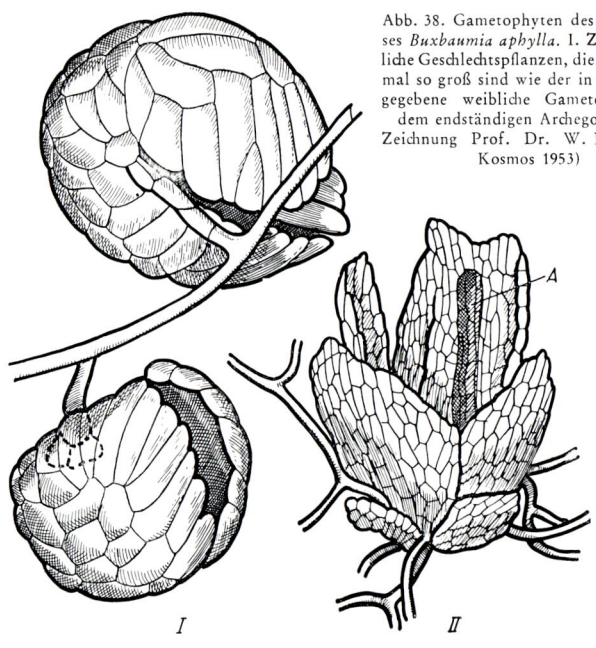

Abb. 38. Gametophyten des Laubmooses *Buxbaumia aphylla*. I. Zwei männliche Geschlechtspflanzen, die etwa drei-
mal so groß sind wie der in II wieder-
gegebene weibliche Gametophyt mit
dem endständigen Archegonium A.
Zeichnung Prof. Dr. W. Rauh (aus
Kosmos 1953)

A

I   *II*

angien, von e i n e r Hülle umgeben. Sie haben einen zwittrigen
Gametangienstand.

Eigenartig sind die Gametangienstände, treffender gesagt, die ganzen Gametophyten, beim Koboldmoos *(Buxbaumia)* gebaut (Abb. 38).
Die Gametophyten sind nämlich bei diesem Laubmoos winzig klein
und kurzlebig. Männliche und weibliche Gametangien kommen auf
verschiedenen Pflanzen vor, die sich gestaltlich unterscheiden; sie sind
also geschlechtsdimorph, was bei Moosen verhältnismäßig selten ist.
Das männliche Pflänzchen besteht eigentlich nur aus einem Protonemafaden, an dem ein gestieltes Antheridium sitzt, umhüllt von
dem schüsselförmigen, einzigen Blatt des männlichen Gametophyten,
der überdies chlorophyllfrei ist; denn das Moospflänzchen wird von
dem blattgrünführenden Vorkeim ernährt. Bei den weiblichen Pflänzchen ist dagegen ein Stengel ausgebildet, an dem mehrere chlorophyll-
lose, schuppige Blätter sitzen. An der Stammspitze wird nur ein
Archegonium angelegt.

Bei den Laubmoosen verläuft die E n t w i c k l u n g der keuligen
Antheridien (Abb. 39) und der flaschenförmigen Archegonien, die

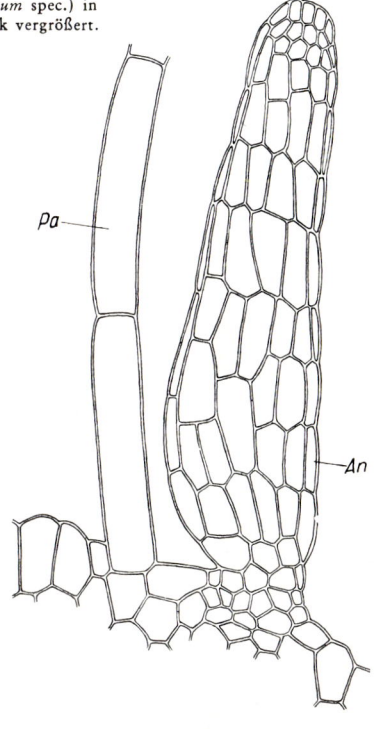

Abb. 39. Antheridium eines Laubmooses (*Mnium* spec.) in Aufsicht. Pa Paraphyse; An Antheridium. Stark vergrößert.
Original

beide gestielt sind, in den ersten Stadien gleich. Sie wachsen mit einer zweischneidigen Scheitelzelle. An den jungen A n t h e - r i d i e n erkennt man schon frühzeitig eine Sonderung in die einzellschichtige Wand und die Innenzellen, aus denen die männlichen Geschlechtszellen, die korkzieherartig gedrehten, mit zwei Geißeln versehenen Spermatozoiden, hervorgehen. Die Innenzellen nennt man daher auch spermatogene Zellen.

Die Entwicklung der A r c h e - g o n i e n ist komplizierter. Nach der Bildung des Stieles geht in dessen oberem Ende aus der zweischneidigen Scheitelzelle die Archegonmutterzelle hervor. Diese teilt sich durch schräge Wände in drei Wandzellen und eine innere

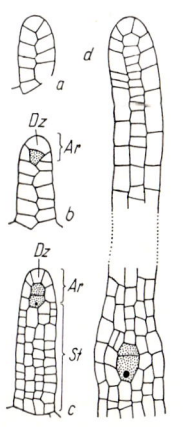

Zelle von Tetraëdergestalt. Die Tetraëderzelle gibt durch Teilung nach oben eine Deckelzelle ab, und nun entsteht durch weitere Teilungen, vor allem der Wandzellen, das Archegonium in seiner charakteristisch flaschenförmigen Gestalt. Im unteren, aufgebauchten Teil befindet sich die Eizelle, hervorgegangen aus der Tetraëderzelle. Diese liefert außerdem

Abb. 40. Entwicklung des Archegons des Laubmooses *Mnium undulatum* a Stiel noch ohne Archegoniumanlage. b Mit der Bildung der Zentralzelle (getüpfelt) ist das Archegonium (Ar) angelegt (Dz Deckelzelle). c Die Zentralzelle hat sich in die Eizelle (untere getüpfelte Zelle) und in die Bauchkanalzelle (obere getüpfelte Zelle) geteilt; der Stiel (St) hat sich gestreckt (Dz Deckelzelle). d Der Hals des Archegoniums hat sich gestreckt; die zahlreichen Halskanalzellen sind aus Teilungen der Deckelzelle hervorgegangen. (Nach K. v. Goebel aus „Strasburger" 1947, umgezeichnet)

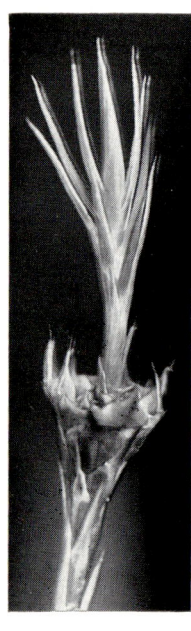

noch eine Zelle, die den Flaschenhals gegen den Bauchraum verschließt. Man nennt sie ihrer Lage wegen Bauchkanalzelle. Der Hals der Archegonien ist mit vielen Halskanalzellen angefüllt (Abb. 40).

Vor allem bei *Polytrichum*-Arten findet man häufig Pflanzen, bei denen aus den Schutzblättern ein neues Pflänzchen emporwächst. Es hat den Anschein, als sei eine Spore in einem Gametangienstand ausgekeimt. Es handelt sich hier jedoch um Pflanzen mit Antheridienständen, in denen eine Scheitelzelle neu angelegt worden ist. Aus dieser hat sich dann das junge Pflänzchen entwickelt (Abb. 41).

Bau und Entwicklung der Geschlechtsorgane bei den Lebermoosen

Die Entwicklung der Geschlechtsorgane geht bei den Lebermoosen von einer Oberflächenzelle des Stämmchens bzw. des Thallus aus. Entwickelt sich ein A n t h e r i d i u m (Abb. 42), so bildet sich zuerst ein kurzer Faden aus mehreren scheibenförmigen Zellen, von denen die oberen durch senkrecht aufeinanderstehende Wände in je

Abb. 42. Entwicklung des Antheridiums des Lebermooses *Conocephalum conicum* (Marchantiales). a Oberflächenzelle des Thallus, die zur Anlage des Antheridiums geworden ist. b Die Stielzelle (Sz) wurde von der Anlagenzelle basal abgetrennt. c Durch mehrere Querteilungen wird ein kurzer Faden aus scheibenförmigen Zellen gebildet. d Die oberen scheibenförmigen Zellen werden durch senkrechte, sich kreuzende Wände in je 4 Tochterzellen zerlegt. e Durch weitere senkrechte Zellwände wird im oberen Teil der Anlage eine einzellige Wandschicht (Wsch) abgetrennt. g (Längsschnitt), f (Querschnitt) eines halbreifen Antheridiums. Im Innern des Antheridiums bilden sich durch zahlreiche Teilungen die spermatogenen Zellen. Stark vergrößert. (Nach Bolleter aus „Strasburger" 1947, umgezeichnet)

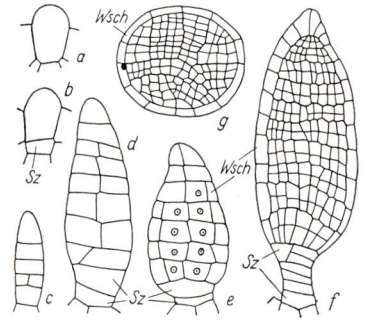

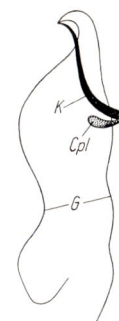

Abb. 43 (links). Spermatozoid des Lebermooses *Marchantia polymorpha*. K Zellkern; G Geißeln; Cpl Cytoplasma. Stark vergrößert. (Nach Ikeno aus „Strasburger" 1947, umgezeichnet)

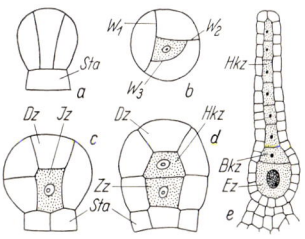

Abb. 44 (rechts). Entwicklung des Lebermoos-Archegoniums. Eine Oberflächenzelle hat sich zweigeteilt; die untere Zelle ist die Stielanlage (Sta). Aus der oberen sind durch 3 Teilungen (W₁, W₂ und W₃) eine zentrale Zelle (getüpfelt) und 3 Wandzellen entstanden. a zeigt einen Längsschnitt, b einen Querschnitt durch eine Archegonanlage dieses Stadiums. c Aus der zentralen Zelle sind durch Teilung die Innenzelle (Iz) und die Deckelzelle entstanden. d Die Innenzelle hat sich in die Zentralzelle (Zz) und die Anlage der Halskanalzellen (Hkz) geteilt. e Fertiges Archegon mit Bauchkanalzelle (Bkz) und Eizelle, die durch Teilung aus der Zentralzelle entstanden ist. Stark vergrößert. (a—d nach K. v. Goebel, e nach E. Strasburger aus „Strasburger" 1947, umgezeichnet)

vier Tochterzellen zerlegt werden. Aus den unteren Zellen des Fadens geht der Stiel hervor. Alsdann bilden sich im oberen Teil die Wandzellen und im Innern eine Vielzahl gleichartiger kleiner Zellen, aus denen die gewundenen Spermatozoiden entstehen (Abb. 43).

Bei den A r c h e g o n i e n (Abb. 44) teilt sich eine Oberflächenzelle in zwei übereinanderliegende Tochterzellen. Aus der unteren Zelle entwickelt sich der Archegonstiel. Die obere Zelle teilt sich in drei äußere Zellen und eine zentrale Zelle. Aus dieser gehen wie bei den Laubmoosen die Deckel-, die Bauchkanal- und die Eizelle hervor. Außerdem entstehen aus ihr (im Gegensatz zu den Laubmoosen) auch alle Halskanalzellen.

Bei den thallösen J u n g e r m a n i a l e n sowie bei den H o r n - m o o s e n stehen die Gametangien meist zerstreut auf der Oberfläche des Thallus (anakrogyn). Bei den beblätterten Jungermaniales entwickeln sich die Antheridien im Gegensatz zu den Laubmoosen in den Achseln der Laubblätter; die Archegonien dagegen stehen ebenfalls an der Sproßspitze (akrogyn). Eigenartig und vom Gewohnten abweichend sind die Gametangienstände der M a r c h a n t i a l e s. Männliche und weibliche Gametangienstände sind gestaltlich verschieden (Abb. 45). Eine Ausnahme macht hier nur *Riccia*, bei der Archegonien und Antheridien regellos in den Thallus eingesenkt sind. Bei der zweihäusigen *Marchantia* dagegen wächst aus dem Thallus ein langer Träger empor, an dessen oberem Ende sich eine sternförmige Platte entwickelt. In dieser entstehen die Antheridien. Der Träger der männlichen Gametangienstände fehlt einigen Arten der Marchantiales, so z. B. bei *Lunularia*; dagegen sind die weiblichen Gamet-

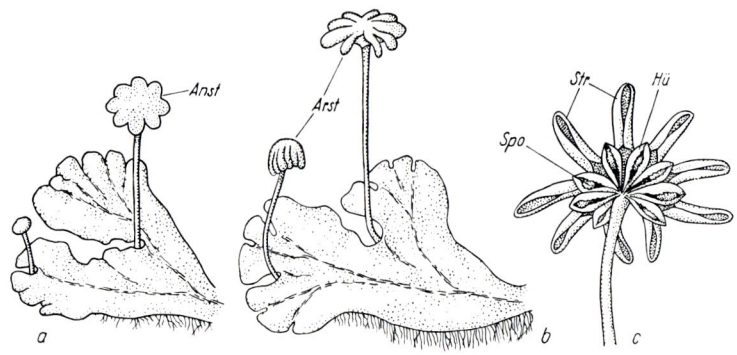

Abb. 45. a Pflanzen mit Antheridienstand (Anst), b mit Archegonienständen (Arst) des Lebermooses *Marchantia polymorpha.* c Archegonienstand des Lebermooses *Marchantia polymorpha,*
von unten gesehen. Str Strahlen; Hü Hülle; Spo aus den Hüllen hervordrängende Sporogone.
(a und b nach H. Schenk, c nach Kny aus „Strasburger" 1947, umgezeichnet)

angienstände stets gestielt. Der Träger ist ein Thallusstück, das auf
Querschnitten, z. B. bei *Marchantia,* zwei Rinnen erkennen läßt, in
denen Rhizoide entspringen. Der eigentliche Archegonienstand ist bei
Marchantia ein langstrahliger Stern. Dort, wo die Sternstrahlen miteinander verschmelzen, also nahe dem Zentrum, sitzen auf der Unterseite des Sternes die Archegonien in Gruppen beisammen, umgeben
von einer gemeinsamen Hülle, dem Kelch (Abb. 45). Die Form dieser
Hülle ist bei den einzelnen Lebermoosgruppen und -arten verschieden
und kann daher zur Bestimmung herangezogen werden.

Die Befruchtung bei den Laub- und Lebermoosen

Wie erfolgt nun aber die Befruchtung bei den Moosen, da Insekten
als Überträger der Geschlechtszellen nicht in Frage kommen und
auch der Wind ausscheidet, weil die begeißelten Spermatozoiden nur
im Wasser lebensfähig bleiben? Wasser muß also als Medium vorhanden sein, und in den engstehenden Hüllblättern um die Gametangienstände kann es nach einem Regen oder Taufall auch längere
Zeit festgehalten werden. Bei Moosen, deren Antheridien und Archegonien innerhalb einer Hülle stehen, ist die Übertragung der Spermatozoiden relativ einfach. Aus den reifen Antheridien, die sich
durch Verschleimung der Wandzellen öffnen, können sie leicht in
das Wasser gelangen. Mit Hilfe ihrer beiden Geißeln schwimmen sie

auf die Archegonien zu. Deren oberste Wandzellen sowie die Kanal-
zellen sind ebenfalls verschleimt; der Archegonhals ist also geöffnet
und der Weg zur Eizelle frei. Bei Moosen, deren Antheridien und
Archegonien in getrennten Ständen auf derselben Pflanze oder gar
auf verschiedenen Pflanzen stehen, werden die aus dem Antheridium
entlassenen Spermatozoiden durch aufprallende Regentropfen in die
Archegonienstände geschleudert; die Befruchtung ist also vom Zufall
abhängig. Allerdings ist die Wahrscheinlichkeit, daß Spermatozoiden
in die Archegonienstände gelangen, auch bei zweihäusigen Moosen
ziemlich groß; denn männliche und weibliche Pflanzen stehen oft
dicht beisammen, und die Spermatozoiden werden in großer Zahl
gebildet.

Wie findet aber das Spermatozoid in dem — verglichen mit seiner
eigenen Größe — riesigen Wassertropfen zur Eizelle hin? Bleibt auch
dies dem Zufall überlassen, oder gibt es eine Einrichtung, die das
Spermatozoid steuert? Diese Frage ist wohl die interessanteste, die
wir hinsichtlich der Befruchtung stellen können. Sie ist heute gelöst.
Man hat nämlich gefunden, daß die reifen Archegonien bestimmte
Stoffe absondern, und zwar die Archegonien der Laubmoose Rohr-
zucker, die der Lebermoose Eiweißstoffe. In dem die Archegonien
umgebenden Wasser bildet sich ein Konzentrationsgefälle dieser Sub-
stanzen, und die Spermatozoiden sind zu diesem Gefälle positiv
chemotaktisch orientiert, d. h. sie schwimmen auf den Ort stärkster
Konzentration und damit auf den geöffneten Archegonhals zu.

Die Fortpflanzung durch Sporen

Bei der Beschreibung der Sporogone sowohl der Laub- als auch der
Lebermoose hatten wir uns auf äußere Merkmale beschränkt, da die
Besprechung des Innenbaues, die ja die Sporenbildung einschließen
muß, sich besser in die Darstellung der Fortpflanzungsverhältnisse
einfügt.

Der innere Bau der Laubmooskapsel und die Sporenentwicklung
bei den Laubmoosen

In jenem Teil des jungen Laubmoossporophyten, der später zur
Kapsel wird, tritt schon frühzeitig eine Sonderung in Außen- und
Innengewebe, Amphithecium und Endothecium, ein. Aus der äußersten Schicht des Innengewebes bildet sich das Sporenmuttergewebe,
und aus dessen Zellen entstehen durch Reduktionsteilungen Sporen.

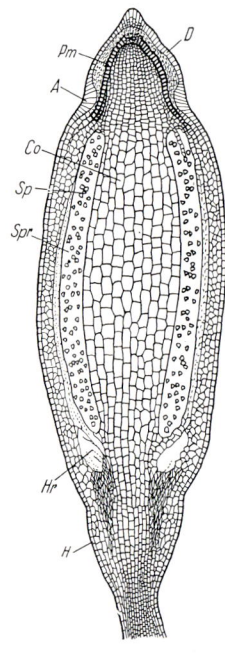

Abb. 46. Längsschnitt durch das halbreife Sporogon des Laubmooses *Mnium hornum*. D Deckel; Pm Peristom; A Anulus; Co Columella; Sp Sporen; Spr Sporenraum; Hr ringförmiger Hohlraum; H Hals. (Nach E. Strasburger aus „Strasburger" 1947, umgezeichnet)

Die Zellen des Innengewebes, die nicht zu Sporenmutterzellen werden, bilden einen Strang sterilen Gewebes, der im Mittelpunkt der Kapsel, von Sporenmuttergewebe oder Sporen umgeben, einer Säule gleicht. Das ist die C o l u - m e l l a , zu deutsch: das Säulchen. Die Columella hat eine Verbindung mit dem Zentralstrang in der Seta. Sie versorgt das Sporenmuttergewebe und die sich bildenden Sporen mit Nährstoffen und Wasser. Aber die jungen Sporen sind in der Nahrungsversorgung nicht allein auf die Columella angewiesen, sondern sie bekommen ihre Nährstoffe auch von den plasmareichen Zellen, die den „Sporenraum" nach außen hin abschließen; denn in den vielschichtigen Wänden der Sporogone ist ja außerhalb des Sporenraumes ein wohlentwickeltes Assimilationsgewebe vorhanden. Allerdings reicht dessen Stoffproduktion nicht aus, um die Kapsel oder gar den ganzen Sporophyten mit dem Lebensnotwendigen zu versorgen (Abb. 46).

Der innere Bau der Lebermooskapsel und die Sporenentwicklung bei den Lebermoosen

Trotz des einfachen Innenbaues der Lebermoossporogone — nur die Hornmoose haben eine Columella — ist die Sporenbildung bei den Lebermoosen interessanter als bei den Laubmoosen, und zwar deshalb, weil in der Regel zugleich mit den Sporen Zellen gebildet werden, welche die Verbreitung der Sporen besorgen. Die ein- oder mehrschichtige Wand der jungen Lebermoossporogone umschließt ein Gewebe aus anfänglich gleichartigen Zellen. Durch eine inäquale Teilung wird jede dieser Zellen in zwei Tochterzellen zerlegt, von denen sich die eine — oft die kleinere — nicht mehr teilt. Die andere Zelle dagegen macht sofort oder nach weiteren Äquationsteilungen eine Reduktionsteilung durch und bildet Sporen (Abb. 47). Die kleinen Zellen differenzieren sich zu Schleuderfäden, E l a t e r e n , die ganz verschieden aussehen können. Oft sind sie wurmförmig (Abb. 47 b); manchmal gleichen sie einem Bumerang. In der Regel ist ihre Wand mit spiralförmigen Verdickungen versteift. Bei manchen Gattungen sind sie an dem einen Ende mit den Kapselklappen verwachsen; andere, z. B. die der *Riccardia*-Arten, haben spezielle Elaterenträger, an welche die Elateren angeheftet sind. Während der Sporenbildung versorgen die Elaterenzellen die jungen Sporen mit Nährstoffen. Dabei wird ihr Plasma weitgehend aufgebraucht. Mit dem Rest werden die Wandverdickungen angelegt. Dann sterben die Elateren ab. Da sie zwischen den Sporen liegen, verhindern sie, daß sich diese verklumpen: Sie dienen also der Auflockerung der Sporenmasse. Nach der Öffnung der Kapsel verdunsten die Wasserreste, die sich noch im Innern der Elateren oder in deren Wänden befinden. Dadurch verkürzt sich die Membran, und diese zieht die Spiralbänder enger zusammen, bis die Spannung im Innern der Elaterenwände so groß geworden ist wie die Kräfte, welche die Wasserteilchen zusammenhalten. Geht die Verdunstung noch weiter, dann reißt die Kette der Wasserteilchen plötzlich, die Spannung der Wand wird schlagartig aufgehoben, die Verdrehung der Elateren schlagartig rückgängig gemacht, und diese nehmen ihre ursprüngliche Gestalt wieder an. Durch diese ruckartige Bewegung werden die Sporen, die in der Nähe der Elateren liegen, aus der Kapsel herausgeschleudert. K. M ü l l e r gibt an, daß Sporen auf diese Weise 4 bis 5 cm weit fortgeschnalzt werden können. Diese Entfernung erscheint, nach ihrer absoluten Größe gemessen, nur gering zu sein; setzt man sie aber in Beziehung zur Dicke der Sporen, wie es C. M e y l a n getan hat, so ergibt sich, daß die Wurfstrecke das 5000fache der Sporendicke betragen kann. Verglichen mit der Wurfleistung der wohl bekanntesten „schießenden" Blütenpflanze, dem Springkraut *(Impatiens nolitangere)*, ist die Schleuderleistung des Lebermooselaters sehr groß; denn das Springkraut schießt seine Samen nur etwa 1200mal so weit, wie sie dick sind.

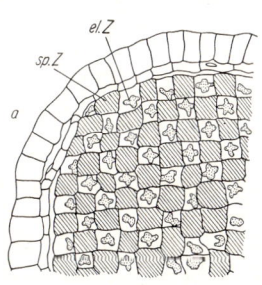

Abb. 47. a Spor-Elaterteilung bei dem Lebermoos *Frullania dilatata*. Von der quer geschnittenen Kapsel ist nur ein Quadrant gezeichnet. sp.Z Sporenbildende Zellen; el.Z elaterbildende Zellen. Stark vergrößert. (Nach v. Goebel-Suessenguth aus Bünning 1948, umgezeichnet). b Einzelner Elater des Lebermooses *Marchantia polymorpha.* Stark vergrößert. (Nach Kny aus „Strasburger" 1947, umgezeichnet)

Die vegetative Vermehrung der Moose

Neben der geschlechtlichen Vermehrung und der ungeschlechtlichen Fortpflanzung durch Sporen spielt die vegetative Vermehrung bei den Moosen eine sehr große Rolle. Von vegetativer Vermehrung sprechen wir bekanntlich, wenn die Fortpflanzung nicht durch Fortpflanzungszellen, sondern durch Organe, Organteile oder besondere Gewebeverbände erfolgt. Manche Moosarten, z. B. *Leucobryum glaucum*, bilden nur sehr selten Kapseln, und bei *Lunularia cruciata* ist in Mitteleuropa nur die weibliche Pflanze bekannt, so daß in diesem Raum eine Sporogonbildung und damit eine Fortpflanzung durch Sporen nicht erfolgen kann. Vergegenwärtigt man sich, wie abhängig vom Zufall die Befruchtung der Eizelle und damit auch die Sporenbildung ist, so versteht man, warum es bei vielen Moosen „Einrichtungen" gibt, die der vegetativen Vermehrung dienen. Diese Einrichtungen, die im einzelnen sehr vielgestaltig sind, wollen wir als B r u t k ö r p e r bezeichnen. Bei den L a u b m o o s e n ist grundsätzlich jeder Teil des Moospflänzchens in der Lage, Protonema und damit ein neues Moospflänzchen zu bilden. Allerdings müssen bestimmte Voraussetzungen erfüllt sein. Wir haben früher schon erwähnt, daß Gewebe, das von der Scheitelzelle isoliert wurde, sich nicht wieder zum Moospflänzchen ergänzt, sondern Protonema entwickelt. Dieser Fall ist in der Natur gar nicht selten verwirklicht, ja, manche Moose sind so gebaut, daß der Isolierung von Gewebestücken geradezu „Vorschub geleistet" wird. Damit ist natürlich zugleich die Möglichkeit zu vegetativer Vermehrung gegeben. So finden wir z. B. bei manchen *Dicranum*-Arten leicht brüchige Stämmchen, „Bruchstämmchen", und bei *Dicranum flagellare* sind es die Seitenäste, die sich als „Bruchäste" vom Stämmchen ablösen. Auch kommt es vor, daß nur die Astspitzen besonders leicht abbrechen. Bei *Dicranum viride* sind die Blätter brüchig, und bei *Dicranodontium denudatum* lösen sich die Blätter schon beim leichten Darüberstreichen in großer Zahl vom Stengel. Außer diesen Organen oder Organteilen bilden viele Moose noch besondere Brutkörper, indem eine Zelle zu einem Protonemafaden auswächst, zum Brutkörperträger, an dem sich eine, meist aber mehrere Knospenanlagen befinden. Das Aussehen dieser Brutkörper im engeren Sinne ist für gewisse Arten charakteristisch, so daß es bei der mikroskopischen Bestimmung verwendet werden kann.

Auch bei den L e b e r m o o s e n sind Brutkörper weit verbreitet. Manchmal bestehen sie nur aus 1—2 Zellen, die vor allem an den Spitzen der Blätter, z. B. bei *Lophozia ventricosa*, gebildet werden und leicht abfallen. Andere Brutkörper bestehen aus vielen Zellen, von denen eine bereits zur Scheitelzelle geworden ist (Abb. 48). Bei *Metzgeria* entwickeln sich derartige Brutkörper aus beliebigen Zellen am Thallusrand. Wie bei Laubmoosen können auch bei Lebermoosen brüchige Organe im Dienst der vegetativen Vermehrung stehen, so z. B. die Blätter von *Frullania fragilifolia*, oder vom Thallus werden Lappen abgeschnürt, die sich zu neuen Pflanzen entwickeln, z. B. bei *Pellia fabbroniana* (Abb. 49). Bei *Marchantia* und *Lunularia* werden die Brutkörper auf der Oberseite des Thallus in besonderen „Brutbechern" gebildet (Abb. 50). Nach dem Abfallen vom Moospflänzchen verhalten sich vor allem die wenigzelligen Brutkörper der Lebermoose ähnlich wie Sporen. Sie keimen nur, wenn sie genügend Licht bekommen. Durch die Belichtung wird bei *Marchantia* zugleich die Dorsiventralität festgelegt, die den Brutkörperchen eigentümlicherweise nicht schon von der ja dorsiventral gebauten Mutterpflanze aufgeprägt worden ist. Die dem Licht zugewandte Seite des Brutkörpers wird zur Oberseite, die dem Licht abgekehrte zur Unterseite. Die Richtung der Schwerkraft spielt bei der Festlegung der Dorsiventralität eine untergeordnete Rolle.

Man könnte nun auf die Idee kommen, Moose künstlich zu vermehren, indem man sie zerhackt und ihre Teile aussät. H. V ö c h - t i n g hat dieses Experiment mit *Lunularia* gemacht, und obwohl er den Thallus so fein zerkleinert hatte, daß die Teilchen kaum 1 mm³ groß waren, erhielt er aus ihnen neue Thalli. So leicht es ist, aus Teilen des Gametophyten — nur an ihm finden wir ja Brutkörper — neue Pflanzen zu ziehen, so schwierig ist es, diese aus dem Sporophyten zu erhalten; denn hier ist die doppelte Chromosomenzahl der Sporophyten ein Hemmnis.

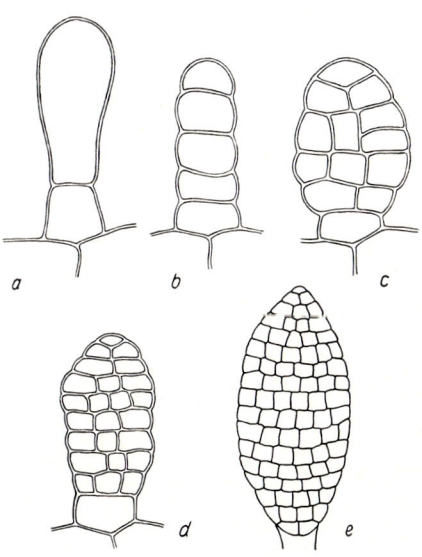

a   *b*   *c*   *d*   *e*

Abb. 48. Verschiedene Stadien der Brutkörperentwicklung bei dem Lebermoos *Marchantia polymorpha* Stark vergrößert. Original

Abb. 49. Das Lebermoos *Pellia fabbroniana*. Die dichotom verzweigten Brutsprosse sind deutlich zu erkennen. Aufn. Verf.

Abb. 50. Thallus des Lebermooses *Marchantia polymorpha* mit Brutbechern. In den Brutbechern sind deutlich die Brutkörper zu sehen. Die hell umrandeten schwarzen Punkte sind Luftspalten. Aufn. Verf.

Die Vorkeime gehen ja normalerweise aus den haploiden Sporen oder aus den haploiden Zellen des Gametophyten hervor, haben also nur einen einfachen Chromosomensatz: Sie sind ein Teil des Gametophyten. Was geschieht aber, wenn wir den am Gametophyten von *Lunularia* gemachten Versuch am Sporophyten wiederholen, also Teile des Sporophytengewebes an der Scheitelzelle isolieren? Derartige Versuche wurden vor allem von E l. und E m. M a r c h a l sowie von F. v o n W e t t s t e i n und seinen Mitarbeitern gemacht. Es wurden Vorkeime erhalten, die den doppelten statt des einfachen Chromosomensatzes aufwiesen. Auf diesen Vorkeimen entwickelten sich Gametophyten mit ebenfalls doppeltem Chromosomensatz; sie bildeten Geschlechtszellen, die Befruchtung gelang, und das Ergebnis waren Sporophyten, die anstatt des doppelten einen vierfachen Chromosomensatz hatten, also tetraploid waren. Die diploiden Gametophyten und die tetraploiden Sporophyten hatten jedoch ungefähr dasselbe Aussehen wie die normalen haploiden Gametophyten und die diploiden Sporophyten. Damit konnte gezeigt werden, daß das verschiedene Aussehen von Gametophyt und Sporophyt nicht in ursächlichem Zusammenhang mit der Zahl der Chromosomensätze steht; denn anderenfalls hätte sich aus dem diploiden Protonema, das aus einem Sporophyten gewonnen wurde, wiederum ein Sporophyt entwickeln müssen. Daß die Anzahl der Chromosomensätze trotzdem auf das Aussehen der Moospflanze beeinflussen kann, hat W. R i n k an künstlich diploid gemachten Thalli von *Anthoceros* gezeigt. Diese hatten eine wesentlich andere Gestalt als die normalen haploiden Gametophyten, glichen jedoch nicht den Sporophyten. Bei den Lebermoosen ist es dagegen bis jetzt noch nicht gelungen, künstlich diploid gemachte Gametophyten zur Kapselbildung zu bringen.

Die Standortsverhältnisse der Moose

Moose sind sehr viel weiter verbreitet, als man gemeinhin annimmt. Fast auf allen unseren Wanderungen, sei es im Wald, auf Acker und Wiese, Heide und Moor, im Gebirge, sei es der See, begegnen wir ihnen, ja, sogar in der Großstadt, wo man sie am wenigsten vermutet, besiedeln sie Ritzen an Wegeinfassungen und selbst die Ziegel auf den Dächern. Kaum ein Lebensraum, den die Pflanzenwelt erobert hat, ist nicht auch Standort einer oft extrem an die jeweiligen Lebensbedingungen angepaßten Moosart. Es wäre ein müßiges Unterfangen, die Bedeutung der Moose im Haushalt der Natur und deren Daseinsbedingungen in allen Lebensräumen zu schildern. Wir beschränken uns daher auf einen kurzen Überblick über die Wirkungen einiger Standortsfaktoren auf Moose und über die Bedeutung, die das Vorkommen bestimmter Moose für die Charakterisierung eines Standortes hat.

Die relative Luftfeuchtigkeit, d. h. der Wasserdampfgehalt der Luft, bezogen auf den Sättigungswert, ist vor allem bei vielen Lebermoosen entscheidend für ihr Gedeihen an einem bestimmten Standort. Im Gegensatz zu vielen Laubmoosen ertragen sie Austrocknung meist verhältnismäßig schlecht. So stirbt das Lebermoos *Pellia fabbroniana* schon ab, wenn die Luftfeuchtigkeit unter 96% des Sättigungswertes sinkt. Lebermoose sind darum vor allem in regenreichen Wäldern verbreitet, und zwar dort, wo die Schwankungen der Luftfeuchtigkeit im Verlauf des Jahres am geringsten sind. Das sind neben Schluchten bei uns vor allem die Nordseiten der Berghänge. In solchen Bergwäldern treten in der Regel auch keine extrem hohen T e m p e - r a t u r e n auf; denn Hitze und — meist damit verbunden — intensive Sonnenbestrahlung ertragen die meisten Moosarten nicht. Dagegen wachsen manche Arten auch dann noch gut, wenn die Temperaturen im Verlauf des Jahres nur wenig über 0° C ansteigen. Moose, die stark besonnte Felsen oder Hänge bewohnen, sind an die Standortsverhältnisse gut angepaßt, indem sie trockenresistent sind, wie z. B. *Andreaea,* oder eine zu rasche Wasserabgabe durch Glashaare verhindern. Marchantien, die an Südhängen vorkommen, rollen den Thallus nach oben ein, wodurch nicht nur die Wasserabgabe in dem über der Oberseite entstehenden Hohlraum herabgesetzt wird, sondern auch die Intensität des Lichtes geschwächt wird, das auf die Assimilatoren auftrifft, da die Lichtstrahlen ja erst die Bauchschuppen und das Grundgewebe durchdringen müssen. Die meisten Moose sind ausgesprochene Schattenpflanzen. Sie entwickeln sich daher am üppigsten im Dämmerlicht der Wälder und in tief eingeschnittenen Schluchten. Manche Moose sind geradezu Spezialisten in der Ausnutzung geringster Lichtmengen. So kann das höhlenbewohnende Leuchtmoos mit $1/_{600}$ des vollen Tageslichts noch ausreichend assimilieren. *Plagiothecium depressum* soll nach W. M ö n k e m e y e r in der Drachenhöhle bei Mixnitz in der Steiermark sogar an einer Stelle stehen, an der es nur noch $1/_{1380}$ des vollen Tageslichtes erhält. Auch die Wassermoose können oft bei geringer Beleuchtung und daher in großer Tiefe gedeihen. So kann *Fontinalis* in 18 m Wassertiefe gerade noch so viel Nahrung durch Assimilation aufbauen, wie es zur Aufrechterhaltung des Lebens braucht, und *Thamnium alopecurum* wurde im Genfer See sogar noch in einer Tiefe von 60 m gefunden.

Von praktischer Bedeutung ist, daß das Vorkommen der Moose — wie der Landpflanzen allgemein — nicht nur durch klimatische Faktoren bestimmt wird, sondern auch, ja, eher in noch höherem Grade, durch die Art des Bodens. Vor allem sind es die Humusart, der Humusgehalt und der Säuregrad des Bodens, die für das Gedeihen der Moose eine Rolle spielen. Aus diesem Grunde werden die Moose — neben höheren Pflanzen — zur pflanzensoziologischen Charakterisierung eines Standortes herangezogen. Allerdings ist hier eine gewisse Vorsicht am Platze; denn aus dem Vorkommen der Moose können nur Schlüsse über den Zustand der obersten Bodenschichten gezogen werden. So ist das eine Versauerung anzeigende Ordenskissen oder Weißmoos (*Leucobryum glaucum*) manchmal auch in alten Kiefernbeständen, die auf kalkreichem Untergrund stehen, reichlich zu finden. Das Zersetzungsprodukt der Nadelstreu, also der Teil des Bodens, auf dem das Weißmoos in einem solchen Wald wächst, hat einen ganz anderen Säuregrad als der Boden in 20 oder 30 cm Tiefe, der in diesem Falle durchaus neutral oder sogar basisch reagieren kann. Andererseits sind an manchen lichtarmen Standorten, z. B. in dichten Fichtenanpflanzungen, Moose oft die einzigen Pflanzen, die noch gedeihen können. Dann sind sie uns als Zeigerpflanzen besonders willkommen; denn in solchen Fällen kann man schon aus der Zusammensetzung der Moosflora Schlüsse auf die Güte des Bodens ziehen und daraus ersehen, ob die Bepflanzung mit Fichten standortsgemäß war. Eine standortsgemäße Bebauung wird vom Forstmann immer mehr angestrebt, hat er doch längst erkannt, daß er damit auf die Dauer am besten wirtschaftet.

Es soll nicht vergessen werden zu erwähnen, daß die Moose im Lebenshaushalt des Waldes eine bedeutende Rolle spielen, vor allem weil ausgedehnte Moosrasen einen Teil des Regenwassers lange Zeit festhalten und den Rest nur langsam in den Boden einsickern lassen. Dadurch wird die Gefahr der Bodenerosion — vor allem an Hängen — sehr gemindert.

Das Bestimmen der Moose und das Anlegen eines Moosherbars

Das Bestimmen von Pflanzen ist für den Anfänger oft mit so vielen Mühen und Beschwernissen verbunden, vor allem, wenn er an schwierige Gattungen gerät, daß er nach einigen mißglückten Versuchen beschließt, es nie wieder zu tun. Das Bestimmen verlangt nämlich genauestes Beobachten und — viel Geduld. Besonders bei den Moosen sind die für eine Unterscheidung wichtigen Merkmale nicht sehr auffällig. Trotzdem gibt es eine Anzahl Moosarten, die der Kundige auf den ersten Blick erkennt. Diese Arten — glücklicherweise sind darunter die häufigsten unserer Flora — haben wir in unser Buch aufgenommen. Leider mußten wir in diesem nach der „Bilderbuchmethode" aufgebauten Naturführer auf einen richtigen Bestimmungsschlüssel verzichten. Dafür haben wir in einem kurzen dichotomen Schlüssel Angaben zusammengestellt, die es dem Naturfreund erleichtern, aus der Vielzahl der Abbildungen und Beschreibungen der Moosarten diejenigen, herauszufinden, die auf das Original, das er in Händen hält, zutreffen.

Für das Identifizieren ist es wichtig, nicht nur die Merkmale eines Pflänzchens zu berücksichtigen, sondern die mehrerer Pflanzen derselben Art, am besten eines ganzen Rasens; denn manchmal sind an einem Pflänzchen n i c h t alle wesentlichen Merkmale gut ausgeprägt. Das eindeutige Erkennen ist nämlich nur dann geglückt, wenn die in den Beschreibungen erwähnten und die an den Habitusbildern erkennbaren Merkmale, wenigstens die des Gametophyten, auch an dem Räschen festgestellt worden sind. Man sammelt daher am besten kleine Stücke eines Moosrasens, schlägt sie in Papier ein und notiert die wichtigsten Besonderheiten über Vorkommen und Standort. Will oder kann man das Identifizieren nicht am Standort selbst vornehmen, so weicht man den Moosrasen zu Hause in Wasser auf; dadurch erhält er seine natürliche Gestalt wieder. Nur die thallösen Lebermoose sollte man nach dem Einsammeln möglichst rasch bestimmen, da sie ihre ursprüngliche Gestalt selbst nach längerem Liegenlassen in Wasser nicht wieder zeigen. Die Blattgestalt und Einzelheiten des Blattbaues, wie z.B. der Verlauf der Rippe, lassen sich am sichersten erkennen, wenn man die Blätter zwischen zwei Glasscheiben, am besten Objektträgern, in einem Wassertropfen flachdrückt. Zum Betrachten bedient man sich einer guten, etwa 10mal vergrößernden Lupe. Die Blätter lassen sich meist gut vom Stengel lösen, indem man das Stämmchen von der Stammspitze gegen die Basis durch eine leicht zusammengedrückte Pinzette zieht.

Rasen, die bestimmt worden sind, werden zweckmäßigerweise für ein M o o s h e r b a r präpariert; denn ein Moosherbar leistet unschätzbare Dienste für das Aneignen einer soliden Formenkenntnis; auch gestattet es den Vergleich mit sicher bestimmtem Material, wodurch bei unsicherer Bestimmung eine eindeutige Entscheidung ermöglicht wird. Das Anlegen eines Moosherbars ist erfreulicherweise einfach. Die gesammelten Moosrasen werden von anhaftendem

Schmutz und eventuell mitgebrachten andersartigen Moosen befreit und unter schwachem Druck zwischen Fließpapier in einer Pflanzenpresse getrocknet und flachgedrückt. Sollen mehrere Rasen gleichzeitig für das Herbar aufbereitet werden, so genügt es, besonders bei zarten Moosen, also bei den meisten Lebermoosen, sie zwischen Fließpapier übereinanderzuschichten. So werden die untersten Moose genügend gepreßt, und man braucht den Fließpapierstuß nur nach einem oder zwei Tagen umzuschichten, damit auch die Rasen, die oben gelegen haben, die erwünschte flache Form bekommen. Zu starker Druck verändert das Aussehen der Moosrasen in unvorteilhafter Weise. Die getrockneten Räschen werden in Tüten oder kleinen Schächtelchen aufbewahrt. Für spätere Untersuchungen können einzelne Pflänzchen nach Belieben entnommen werden. Wer Wert darauf legt, daß das Herbar auch das Auge erfreut, klebt einzelne, möglichst kapseltragende Pflänzchen auf dünnen Karton. Für die thallösen, erdbewohnenden Lebermoose, wie z. B. *Riccia glauca,* und für polsterbildende Arten, die sich nur schwer vom Erdreich lösen lassen, ist diese Methode ohnehin vorzuziehen. Als Herbarblätter eignen sich vor allem die überall käuflichen, postkartengroßen Karteikarten, die überdies zum Schutze der aufgeklebten Pflänzchen in passende Hüllen aus Cellophan oder Pergamentpapier gesteckt werden können.

Da herbarisierten Moosen keine Blätter für Vergleichsuntersuchungen abgezupft werden sollten, empfiehlt es sich, von den Blättern D a u e r p r ä p a r a t e anzufertigen. Dazu besorgt man sich am besten Glyzeringelatine nach K a i s e r . Die abgestreiften Moosblätter läßt man etwa eine Stunde in Glyzerin liegen. Dann schneidet man von der Glyzeringelatine ein kleines Stückchen ab, legt es auf einen gereinigten Objektträger und erwärmt, bis es sich verflüssigt hat. Nun legt man die Moosblätter mit einer Pinzette in den Gelatinetropfen. Treten Luftblasen auf, so zerstört man diese mit einer heißen Nadel. Ehe die Gelatine erstarrt, legt man ein sauberes, angehauchtes Deckglas auf. Durch das Anhauchen wird die unerwünschte Blasenbildung an der Berührungsfläche von Deckglas und Gelatine vermieden. Jetzt braucht das Präparat nur noch ruhig zu liegen, bis die Gelatine fest geworden ist. Eventuell umrahmt man das Deckglas noch mit Deckglaskitt. So erhält man ein jahrzehntelang haltbares Vergleichsobjekt, an dem auch mikroskopische Untersuchungen gemacht werden können. Auf diese Weise lassen sich auch Kapselzähne, ja, sogar kleine Lebermoospflänzchen konservieren.

Herbarproben und Dauerpräparate sollten pünktlich beschriftet werden, so daß man sich stets über Funddatum, Fundort und die Besonderheiten des Standortes, Begleitpflanzen usw. orientieren kann. Daß der Name des betreffenden Mooses angeführt wird, ist selbstverständlich. Auf diese Weise gewinnt man mit der Zeit nicht nur einen Überblick über die Wuchsorte der verschiedenen Moose, sondern auch einen Einblick in die Pflanzengesellschaften, die deren Standorte charakterisieren.

Bau und Entwicklung der Farnpflanzen

Die Organisationsmerkmale der Farnpflanzen

Schon im 1. Kapitel erwähnten wir Gemeinsamkeiten zwischen Moosen und Farnpflanzen und erfuhren, daß sie durch den Besitz von Archegonien charakterisiert sind; aber wir stellten auch fest, daß sie sich in vielen wesentlichen Merkmalen unterscheiden. Vor allem sind die Farnpflanzen höher organisiert und klingen in vielem an die Blütenpflanzen an. An diese Feststellungen wollen wir jetzt anknüpfen und in einem kurzen Überblick die wesentlichen Organisationsmerkmale der Farnpflanzen kennenlernen, ehe wir uns den Besonderheiten der eigentlichen Farne, der Bärlappe und der Schachtelhalme zuwenden.

Gleich den Moosen haben auch die Farnpflanzen einen G e n e - r a t i o n s - und K e r n p h a s e n w e c h s e l. Der h a p l o i d e G a - m e t o p h y t entwickelt sich aus der Spore. Im Gegensatz zum Gametophyten der Moose ist er jedoch meist klein und kurzlebig, in der Regel ein lappiges, lebermoosähnliches Gebilde. Hinsichtlich der kurzen Lebensdauer gleicht er dem Vorkeim der Moose. Man hat ihn deswegen auch „Vorthallus" oder P r o t h a l l i u m genannt. Diese Ähnlichkeit der Bezeichnung darf jedoch nicht dazu verleiten, Protonema und Prothallium gleichzusetzen. Das Protonema ist nur eine V o r s t u f e des Gametophyten, also ein Vorkeim im strengen Sinne des Wortes, das Prothallium dagegen die G e s c h l e c h t s g e n e - r a t i o n der Farne; es trägt Archegonien und Antheridien. Aus der befruchteten Eizelle entwickelt sich die diploide Sporenpflanze, die ungeschlechtliche Generation. Im Gegensatz zu den Sporophyten der Moose ist der Sporophyt der Farnpflanzen mächtig entwickelt; er ist, was wir als Farn, Bärlapp oder Schachtelhalm kennen. Aber nicht nur seine Größe unterscheidet ihn vom Sporophyten der Moose, sondern auch die Art, wie er sich ernährt. Bei den Moosen ist der Sporophyt in der Ernährung vom Gametophyten abhängig; er schmarotzt auf ihm. Bei den Farnen ist dies nur in den allerersten Entwicklungsstadien der Fall; dann wird der Sporophyt „Selbstversorger". Er ist dazu befähigt, weil er weitaus differenzierter gebaut ist als der Moossporophyt. Im typischen Fall hat der Sporophyt der Farnpflanzen W u r z e l n , S t a m m und B l ä t t e r . Diese Organe sind in vielem ebenso gebaut wie die entsprechenden Organe der Blütenpflanzen. Gleich diesen sind sie von einem Netzwerk besonderer N ä h r s t o f f - und W a s s e r l e i t u n g s z e l l e n durchzogen, den Siebröhren und Gefäßen. Sie liegen in Gruppen beieinander und bilden Leitbündel. Vor allem die Leitbündel ermöglichen es den Farnpflanzen, zu bedeutender Größe heranzuwachsen. Kennen wir doch von den Farnen im engeren Sinne sogar Arten mit Baumwuchs, und die Bärlappe und Schachtelhalme, in der heutigen Pflanzenwelt nur noch durch verhältnismäßig kleine, krautige Pflanzen vertreten, beherrschten die Flora längst vergangener Erdzeitalter mit vielen Meter hohen, baumförmigen Arten. Ja, die Entwicklung ist in diesen drei Klassen der Farnpflanzen so weit gegangen, daß die Sporen für die männlichen und weiblichen Prothallien bei einigen Arten mit getrenntgeschlechtlichen Gametophyten in verschiedenen Sporangien angelegt werden und männliche und weibliche Sporen sich in der Größe unterschieden. Doch weshalb ist diese anscheinend unbedeutende Eigentümlichkeit für uns so wichtig, daß wir sie sogar in einem Überblick über die Organisationsmerkmale der Farnpflanzen anführen? Nun, sie stellt den ersten Schritt auf dem Wege zur Pollen- und Samenbildung dar, ein Weg, den wir an den Versteinerungen heute ausgestorbener Farngruppen und -arten in den Grundzügen fast lückenlos verfolgen können. Das heißt aber, daß die Blütenpflanzen, die wir einleitend als Angehörige einer ganz anderen Organisationsstufe als die der Moose und Farne herausgestellt hatten, sich vor Hunderten von Jahrmillionen aus Farnen im weitesten Sinne entwickelt haben. Damit ist die Brücke zwischen der Organisationsstufe der Archegoniaten und der der Blütenpflanzen geschlagen. Jetzt wird uns auch die Lücke zwischen diesen beiden Stufen verständlich: Sie ist nur scheinbar vorhanden; denn die vermittelnden Glieder sind ausgestorben. Ungeklärt geblieben ist bis jetzt allerdings die in der Einleitung gestellte Frage, ob die Moose als „Vorläufer der Farnpflanzen" aufgefaßt werden dürfen, also die Frage: Sind Moose und Farne miteinander verwandt? Dürfen wir den gemeinsamen Besitz von Archegonien als Hinweis auf eine Verwandtschaft deuten, oder haben Moose und Farne diese Organe unabhängig voneinander entwickelt? Können wir über die vermutete gemeinsame Ahnenform irgendwelche Aussagen machen? Eine Lösung dieses Problems ist nur möglich, wenn wir uns eingehender mit dem Bau und der Entwicklung der Farnpflanzen beschäftigen.

Der Gametophyt der Farnpflanzen

Bei den eigentlichen F a r n e n (F i l i c i n a e) sind die Sporen noch nicht in kleinere männliche und größere weibliche differenziert: Die Farne sind gleichsporig, i s o s p o r. Nur die Wasserfarne, eine eigentümliche Untergruppe der Farne, sind verschiedensporig, h e t e r o - s p o r. Normalerweise keimen die Sporen zu einem kurzen, nur aus wenigen Zellen bestehenden Faden, an dessen Ende eine keilförmige Scheitelzelle gebildet wird. Diese ist die Ursprungszelle des lebermoosartigen, oft herzförmigen Gametophyten (Abb. 51). An der Unterseite des Prothalliums entspringen zahlreiche Rhizoide, die den Thallus wie bei den Lebermoosen am Substrat befestigen und ihm auch Nährstoffe zuführen. Die Farne haben meist zwittrige Gametophyten. Archegonien und Antheridien stehen also auf derselben Pflanze. Sie werden an der Seite des Thallus ausgebildet, die am wenigsten Licht erhält, in der Regel also an der Unterseite.

Abb. 51. Prothallium des Farnes *Dryopteris austriaca*. Aufn. Verf.

Bei den S c h a c h t e l h a l m e n sind die Sporen stets gleichartig. Keimen sie, so wird schon bei der ersten Teilung durch eine gewölbte Wand eine kleine Zelle abgetrennt, die zum ersten Rhizoid wird. Die Lage der gewölbten Wand wird durch die Einfallsrichtung des Lichtes beeinflußt. Das Rhizoid entsteht nämlich stets an der dem Licht abgewandten Seite und damit in unmittelbarer Nähe des Bodens. Das Prothallium der Schachtelhalme ist wie das der Farne lappig, aber im Gegensatz zu diesem reich verzweigt.

Besonders interessant sind die Gametophyten der Bärlappe. Schon die Keimung der Sporen ist eigenartig; denn sie erfolgt erst, nachdem diese 6—7 Jahre im Boden gelegen haben. Dann erst entwickelt sich ein nur wenigzelliger Keimling. Dieser wächst jedoch nur weiter, nachdem Pilzfäden in ihn eingedrungen sind. Die Pilzfäden liefern ihm offenbar Nährstoffe, die er selbst nicht aufbauen kann; denn er hat kein Chlorophyll, mit dessen Hilfe er organische Stoffe bilden könnte. Auch der erwachsene Gametophyt ist in der Regel blattgrünfrei, und seine äußersten Zellschichten sind reich mit Pilzfäden durchzogen. Er lebt unterirdisch nahe der Bodenoberfläche. Die Gestalt der Gametophyten ist bei den einzelnen Bärlapparten verschieden. Doch alle haben Rhizoide, welche die Pflanze mit Wasser versorgen. Das Prothallium erhält die Nährstoffe jedoch größtenteils von symbiontischen Pilzen. Im Gegensatz zu den Gametophyten der Farne und Schachtelhalme leben die der Bärlappe mehrere Jahre. Erst nach 10—15 Jahren sind sie geschlechtsreif und bilden dann Antheridien und Archegonien.

Bei einer Gruppe der Bärlappgewächse, den S e l a g i n e l l e n, sind die Gametophyten sehr stark rückgebildet; denn bei diesen Pflanzen, die getrenntgeschlechtliche Gametophyten besitzen, entwickeln sich die Prothallien innerhalb der Sporen, und zwar die männlichen Prothallien in den kleineren M i k r o s p o r e n, die weiblichen in den größeren M a k r o s p o r e n. Die Selaginellen sind also heterospor. Die männlichen Prothallien bestehen praktisch nur aus einer Rhizoidzelle und einem Antheridium; bei den weiblichen Prothallien sitzen einige Archegonien auf einem kleinen Prothalliumgewebe.

Die G e s c h l e c h t s o r g a n e sind bei den einzelnen Gruppen der Farnpflanzen etwas verschieden gebaut. Alle Formen hinsichtlich Bau und Entwicklung zu beschreiben, würde hier zu weit führen. Bei der Mehrzahl unserer heimischen Farne entstehen die A n t h e r i d i e n aus einer kuppelförmigen Vorwölbung einer Prothalliumzelle, die vom Thallus durch eine Zellwand abgegrenzt wird. In der so entstandenen kugelförmigen Zelle werden durch mehrere Teilungen

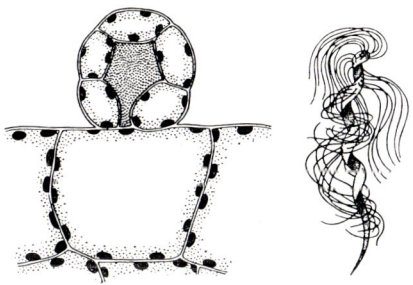

Abb. 52 (links). Antheridium eines Farnes (*Pteris* spec.). Stark vergrößert. Original

Abb. 53 (rechts). Spermatozoid des Farnes *Nephrodium thelipteris* kurz vor der Befruchtung. Die Farn-Spermatozoiden sind im Gegensatz zu jenen der Moose vielgeißelig. Stark vergrößert. (Nach Dracinschi aus „Strasburger" 1947, umgezeichnet)

Wände eingezogen, und zwar indem eine innere Zelle seitlich von zwei Ringzellen und — am oberen Ende des Antheridiums — von einer Deckelzelle umgeben wird (Abb. 52).

In der inneren Zelle entstehen durch weitere Teilungen die Spermatozoidmutterzellen, in denen sich je ein korkzieherartig gewundenes Spermatozoid bildet. Dieses ist jedoch im Unterschied zu den zweigeißeligen Spermatozoiden der Moose stets vielgeißelig (Abb. 53).

Wie die Antheridien gehen auch die A r c h e g o n i e n aus einer Oberflächenzelle des Prothalliums hervor, die in der Regel im mittleren Teil des Gametophyten liegt. Der Hals des Archegoniums der Farne ist kurz und mit nur einer Halskanalzelle ausgefüllt. Im unteren Teil des Archegoniums, der sekundär wieder von Prothalliumgewebe umwachsen wird, befinden sich die Eizelle und die Bauchkanalzelle (Abb. 54).

Das Öffnen der Geschlechtsorgane und die B e f r u c h t u n g können — ähnlich wie bei den Moosen — nur erfolgen, wenn die Geschlechtsorgane von Wasser umgeben sind. Bei der Reife öffnen sich die Antheridien, indem die Ringzellen aufquellen und die Deckelzelle absprengen. Dabei werden die Spermatozoidmutterzellen herausgequetscht und gelangen in das Wasser. Dort

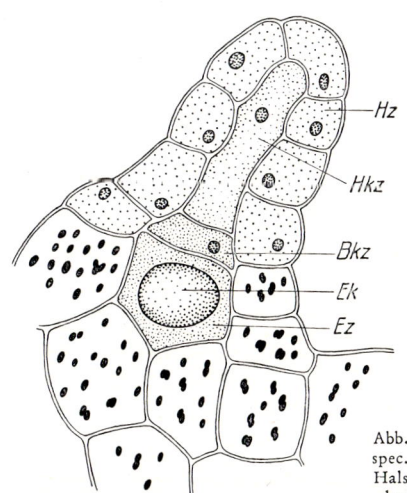

— Hz
— Hkz
— Bkz
— Ek
— Ez

Abb. 54. Archegonium eines Farnes (*Blechnum* spec.). Hz Wandzellen des Archegonhalses; Hkz Halskanalzelle; Bkz Bauchkanalzelle; Ek Eikern; Ez Eizelle. Stark vergrößert. Original

Abb. 55. Das junge Farnpflänz-chen *(Dryopteris austriaca)* ist aus dem Archegon herausgewach-sen, und das erste, oft noch dichotom verzweigte Blättchen hat sich entwickelt (oben), dem bald die nächsten, schon deutlich fiederig verzweigten folgen wer-den (unten). Aufn. Verf.

quellen sie, platzen und entlassen ihr Spermato-zoid. In den reifen Ar-chegonien werden Bauch-und Halskanalzelle auf-gelöst. Ihre Überreste, eine schleimige, stark quellbare Substanz, er-füllen den Halsteil des Archegoniums. Bei Be-netzung dehnt sich die Substanz aus, und das Archegonium öffnet sich an der Spitze. Wie die Spermatozoiden der Moose reagieren auch die der Farnpflanzen posi-tiv chemotaktisch auf Stoffe, die von der Eizelle ausgeschieden wer-den. Bei den Bärlappen konnte als Reizstoff Zitronensäure, bei den übrigen Farnpflanzen Apfelsäure nachgewiesen werden.

Der Sporophyt der Farnpflanzen

Der Sporophyt der Farne

Aus der befruchteten Eizelle entwickelt sich der diploide Sporo-phyt. Noch im Archegonium bildet sich durch fortgesetzte Teilung der aus der befruchteten Eizelle entstandenen Tochterzellen ein ellip-senförmiges Gewebe, der E m b r y o. Sein an der Archegonbasis lie-gender Teil wirkt als Haustorium; es entzieht also dem Gameto-phyten die zur Entwicklung des jungen Sporophyten notwendigen Nährstoffe. An der Seite des Embryos werden zwei S c h e i t e lz e l l e n angelegt, die Bildungszellen für Wurzel und Stamm. Die Wurzelscheitelzelle ist stets gegen den Hals des Archegoniums gerichtet, aus dem Sproß- und Wurzelspitze herauswachsen. Da sich die Archegonien auf der Unterseite des Gametophyten befinden, muß sich das herauswachsende „Stämmchen" aufrichten. Nachdem die Wurzel den Erdboden erreicht hat, stirbt das Prothallium ab. Inzwischen haben sich am Stamm die ersten Blättchen der Farnpflanze gebildet, so daß der junge Farn genügend assimilieren kann, um sich unabhängig vom Prothallium zu ernähren (Abb. 55). In der Regel stirbt auch die Keimwurzel bald ab; sie wird durch zahlreiche „sproßbürtige" Wurzeln ersetzt, die aus dem Stamm entspringen.

Zwei Dinge sind es vor allem, die uns an Farnen auffallen: Die Blätter und die Sporenbildung; denn Wurzeln und Stamm stecken bei den einheimischen Farnen im Erdreich.

Die Farnblätter, auch Wedel genannt, sind meist deutlich ein- bis mehrfach gefiedert; doch gibt es auch Arten, bei denen sie ganzrandig sind, so z.B. bei der Hirschzunge *(Phyllitis scolopendrium)* und bei der Natternzunge *(Ophioglossum vulgatum).* Beim Nordischen Streifenfarn *(Asplenium septentrionale)* sind die Blätter gabelig verzweigt. Für die Bestimmung ist es wichtig, ob die Blätter in Gruppen beieinanderstehen und eine Rosette bilden oder ob sie einzeln vom unterirdischen Stamm abzweigen. Eigentümlich ist die Gestalt der jungen Farnblätter: Sie sind stets ein-

Abb. 56. Bei den jungen Farnblättern wächst die Unterseite stärker als die Oberseite; charakteristische Einrollungen sind die Folge. Die Aufnahme zeigt die Spitze eines jungen Wedels von *Dryopteris filix-mas.* Aufn. Verf.

gerollt. In der Knospe wächst nämlich die Unterseite des Blattes stärker als die Oberseite. Dieses unterschiedliche Wachstum gleicht sich erst bei der Entfaltung des Blattes aus. Trotzdem bleiben die Spitzen der erst halb ausgewachsenen Wedel noch lange Zeit eingerollt (Abb. 56); die Farnblätter wachsen nämlich im Gegensatz zu den Blättern der Blütenpflanzen an der Blattspitze. Bei vielen Arten ist vor allem der Blattstiel stark mit meist braunen, breiten Schuppenhaaren, den Spreuschuppen, besetzt. Das Vorhandensein oder Fehlen der Spreuschuppen ist ein wichtiges Bestimmungsmerkmal.

Abb. 57. Bei manchen Farnen unterscheiden sich die fertilen und sterilen Wedel, so auch bei *Blechnum spicant*, von dem oben ein fertiler, unten ein steriler Wedel abgebildet ist (gleicher Abbildungsmaßstab). Aufn. Verf.

Noch wesentlicher für das Erkennen der Arten ist jedoch die Art der S p o r e n b i l d u n g. In der Regel sitzen die „Sporenhäufchen" an der Unterseite der Blätter. Die oft verwendete Bezeichnung „Sporenhäufchen" ist eigentlich unkorrekt. Wir wollen sie deshalb durch das Wort S o r u s ersetzen. Nur bei wenigen heimischen Arten haben die sporenerzeugenden Blätter eine andere Gestalt als die assimilierenden Blätter. Dies ist unter anderem der Fall bei der Natternzunge *(Ophioglossum vulgatum)*, bei der Mondraute *(Botrychium lunaria)* und beim Straußfarn *(Struthiopteris filicastrum)*. Bei dem auf sauren Waldböden häufigen Rippenfarn *(Blechnum spicant)* sind die sporentragenden Blätter den übrigen zwar in der Fiederung sehr ähnlich, im Gegensatz zu ihnen jedoch nur sommergrün (Abb. 57). Bei Farnen, welche die Sori auf der Unterseite der Assimilationsblätter tragen, stellt deren Form ein wichtiges Merkmal zur Artunterscheidung dar. Bei den Streifenfarnen *(Asplenium)* und beim Frauenfarn *(Athyrium filix-femina)* sind sie länglich, beim Wurmfarn *(Dryopteris filix-mas)* und Tüpfelfarn *(Polypodium vulgare)* rundlich, und beim Adlerfarn *(Pteridium aquilinum),* der in Deutschland gebietsweise sehr selten fruchtet, sitzen sie unter dem eingerollten Rand der Blattfiedern. Auffällig ist weiterhin, daß die Sori bei vielen Farnen von einem feinen Häutchen, dem S c h l e i e r oder I n d u s i u m , überdeckt sind. Beim Bruchfarn *(Cystopteris filix-fragilis)* ist es z. B. rundlich, beim Wurmfarn *(Dryopteris filix-mas)* nierenförmig (Abb. 58).

Betrachten wir einen Schnitt durch einen Sorus unter dem Mikroskop, so sehen wir, daß an einer Vorwölbung des Blattgewebes, der „Plazenta", an der z. B. beim Wurmfarn auch das Indusium angehef-

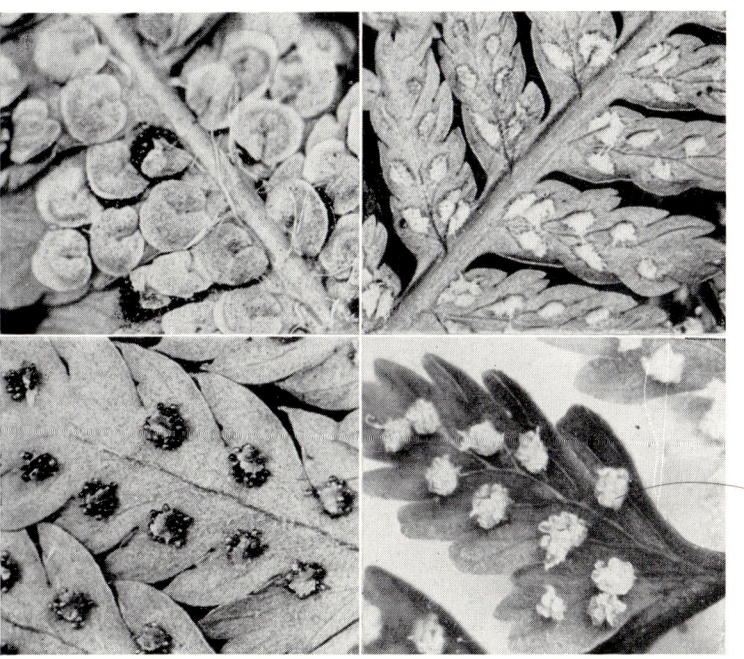

Abb. 58. Links oben: Fieder mit Sori vom Wurmfarn *(Dryopteris filix-mas);* links unten: Fieder mit Sori vom Dornfarn *(Dryopteris austriaca);* rechts oben: Fieder mit Sori vom Frauenfarn *(Athyrium filix-femina);* rechts unten: Fieder mit Sori vom Bruchfarn *(Cystopteris filix-fragilis).* Aufn. Verf.

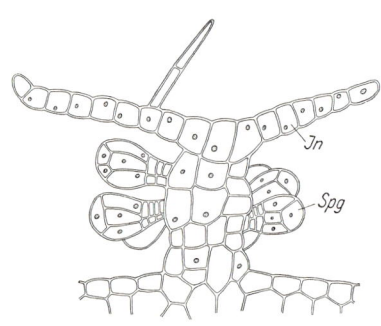

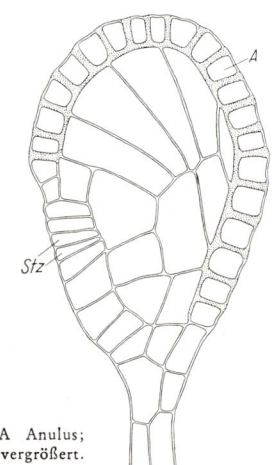

Abb. 59. Querschnitt durch einen jungen Sorus des Farnes *Aspidium serra*. In Indusium; Spg Sporangien. Stark vergrößert. Original

tet ist, zahlreiche gestielte, mehr oder weniger kugelige Gebilde sitzen (Abb. 59). Schon ihr komplizierter Bau — sie sind vielzellig — besagt, daß es sich hierbei nicht um Sporen handeln kann. Das, was der Laie oft für Sporen hält, sind nämlich die S p o - r e n b e h ä l t e r, die S p o r - a n g i e n.

Nach dem Bau der Sporangien kann man drei Untergruppen von Farnen unterscheiden. Bei den e u s p o r - a n g i a t e n F a r n e n, zu denen die Natternzungengewächse gehören, besteht die Sporangienwand stets aus vielen Zellschichten. Dagegen haben die Sporangien der l e p t o s p o r a n g i a t e n F a r n e, zu denen die Tüpfelfarngewächse (Polypodiaceae) gehören, stets nur einschichtige Wände. Die 3. Gruppe, die W a s s e r f a r n e (H y - d r o p t e r i d e s), von denen die Gattung *Salvinia* wohl die bekannteste ist, da deren Angehörige gern zur Bepflanzung von Aquarien verwendet werden, sind h e t e r o s p o r. Ihre dünnwandigen Makro- und Mikrosporangien sitzen nicht an Blättern, sondern sind von Gewebe umwachsen, das einen „Sporangienbehälter" bildet. In den Sporangien werden die Sporen erzeugt, und zwar durch Reduktionsteilungen.

Besonders interessant ist der Ö f f - n u n g s m e c h a n i s m u s der Sporangien bei den Tüpfelfarngewächsen. Wir wollen ihn am Sporangium des Wurmfarns *(Dry- opteris filix-mas)* erläutern. Wie schon erwähnt, haben die Sporangien der leptosporangiaten Farne (Abb. 60) eine einschichtige Wand. Allerdings müssen wir ergänzen, daß nicht alle Zellen der Sporangienwand gleichartig sind. Gleich einer Helmraupe

Abb. 60. Sporangium eines Farnes *(Aspidium serra)*. A Anulus; Stz Stomazellen, an denen das Sporangium aufreißt. Stark vergrößert. Original

zieht sich nämlich vom Stiel des Sporangiums bis über den Scheitel eine Kette von Zellen, deren Innen- und Seitenwände sehr stark verdickt sind; die äußeren Wände dieser Zellen sind dagegen hauchdünn. Man nennt diese Zellkette A n u l u s. Unterhalb des Anulus, an der Bauchseite des Sporangiums, befinden sich einige langgestreckte Zellen, die noch dünnwandiger sind als die übrigen unregelmäßig gestalteten Wandzellen (Abb. 60). Beim reifen Sporangium sind die Anuluszellen tot und mit Wasser gefüllt, das auch die feinen Räume zwischen den Zellulosefibrillen ihrer Zellwände füllt. In trokkener Luft verdunstet dieses Wasser langsam. Da die Wasserteilchen durch Molekülkräfte aneinander und an den Zellwänden haften und zudem nur durch starke Spannungen (etwa 350 at) auseinandergerissen werden können, müssen die Anuluszellen ihren Innenraum bei der Austrocknung verringern. Dies erfolgt, indem die unverdickten Außenwände nach innen gezogen werden und die verdickten Seitenwände einander mit ihren äußeren Enden nähern. Dadurch entsteht in der Wand des Sporangiums eine Zugspannung, die parallel zur Richtung des Anulus verläuft. Sie bewirkt, daß das Sporangium an den besonders dünnwandigen, langgestreckten Zellen der Bauchseite platzt. Bei weiterer Austrocknung krümmt sich der Anulus langsam zurück und reißt das Sporangium immer weiter auf, und zwar so lange, bis die nunmehr entstandenen Spannungen größer sind als jene Kräfte, welche die Wasserteilchen zusammenhalten. Dann zerreißt nämlich der Verband der Wasserteilchen, und infolge der Wandelastizität der Anuluszellen schnellt der Anulus ruckartig etwa in die Lage zurück, die er beim reifen, noch nicht geplatzten Sporangium hatte. Dadurch werden die noch im Innern des Sporangiums befindlichen Sporen herausgeschleudert. Dieser Vorgang kann sich bei entsprechendem Wechsel der Außenbedingungen wiederholen.

Der Sporophyt der Bärlappe

Am Sporophyten der Bärlappe fällt besonders auf, daß die Blätter im Gegensatz zu den meist unterteilten Blättern der Farne ungeteilt und schuppen- oder nadelförmig sind. Eigenartig ist auch die Verzweigung der Bärlappe; sie ist gabelig, dichotom. Selbst die Wurzeln verzweigen sich dichotom. Auch sind die sporenerzeugenden Blätter meist anders gestaltet als die Assimilationsblätter. Bei manchen Arten stehen sie am Ende der Triebe in dichten, ährigen „Sporophyllständen" (Abb. 61), bei anderen sitzen sie im oberen Teil des Triebes, flach an den Stengel angedrückt (Abb. 62). Jedes Sporenblatt

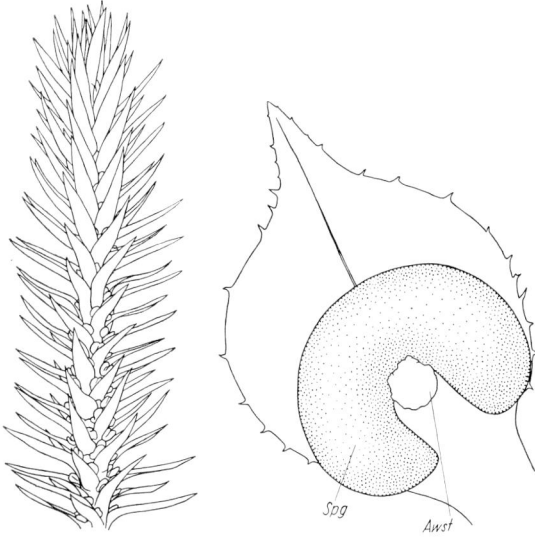

Abb. 62 (links). Sporophyllstand vom Tannen-Bärlapp (*Lycopodium selago*). Der Tannen-Bärlapp hat im Gegensatz zum Keulen-Bärlapp und Sprossenden Bärlapp keinen deutlich abgesetzten Sporophyllstand. Original von W. Söllner

Abb. 63 (rechts). Sporophyll von *Lycopodium* spec. Spg Sporangium; Anwst Anwachsstelle. Original

Abb. 61. Links: Sporophyllstand vom Keulen-Bärlapp (*Lycopodium clavatum*); rechts: Sporophyllstand vom Sprossenden **Bärlapp** (*Lycopodium annotinum*). Aufn. Verf.

Abb. 64. Tannen-Bärlapp (*Lycopodium selago*) mit Brutsprossen. Aufn. Verf.

trägt nur e i n nierenförmiges Sporangium (Abb. 63), in dessen Innern durch Reduktionsteilungen viele gleichartige Sporen entstehen. Die Bärlappe sind also isospor. Ähnlich wie viele Laubmoose vermehren sich auch manche Bärlappe außerdem noch vegetativ durch Bruchäste, so z. B. der Tannen-Bärlapp *(Lycopodium selago)*. Diese Bruchästchen werden vor allem an den Stengelspitzen gebildet (Abb. 64).

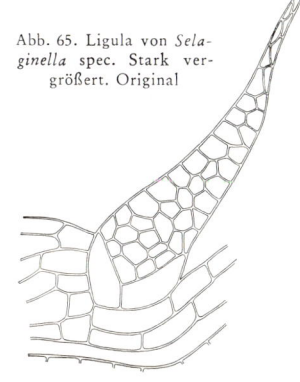

Abb. 65. Ligula von *Selaginella* spec. Stark vergrößert. Original

Eine Untergruppe der Bärlappgewächse sind die Selaginellen oder Moosfarne, von denen in Deutschland nur zwei Arten vorkommen, nämlich *Selaginella helvetica* und *Selaginella selaginoides;* jedoch sind tropische Arten der Gattung als Gewächshauspflanzen beliebt. Die Selaginellen sind im Unterschied zu den Bärlappen heterospor. Meist sind sie dorsiventral gebaut. Interessant ist, daß sie ein besonderes Organ zur Wasseraufnahme haben, ein kleines Häutchen (Abb. 65), das auf der Oberseite der Blätter in Stengelnähe entspringt. Die Zellen dieses Häutchens haben in ihren Wänden keine feuchtigkeitsisolierende Substanz. Infolgedessen können die am Stengel herablaufenden Regentropfen rasch aufgefangen und der Pflanze zugeführt werden.

Der Sporophyt der Schachtelhalme

Die Schachtelhalme haben ihren Namen wegen des eigenartigen Aufbaues der oberirdischen Teile ihres Sporophyten bekommen. An ihren Stengeln kann man K n o t e n und G l i e d e r unterscheiden. An den Knoten sitzt eine Hülle aus teilweise verwachsenen Schuppenblättern. Zwischen den einzelnen Blättern entspringen in einem Quirl die Seitenäste. Die Glieder wachsen an ihrer Basis, also dort, wo sie von den Schuppenblättern schützend umhüllt werden. Zieht man an einem Trieb, so bricht er an dieser Stelle ab; denn das Wachstumsgewebe ist verhältnismäßig zart. Die Glieder scheinen also an der Blatthülle der Knoten nur „ineinandergeschachtelt" zu sein. Da die schuppenartigen Blätter viel zu klein sind, um die ganze Pflanze zu ernähren, ist das Assimilationsgewebe vor allem in den grünen S t e n g e l n ausgebildet. Diese sind im ausgewachsenen Zustand

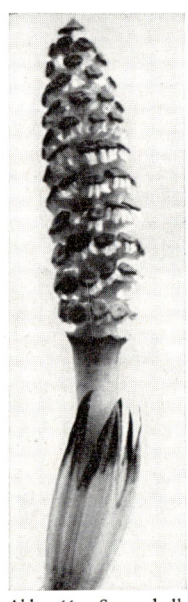

Abb. 66. Sporophyll-
stand des Acker-Schach-
telhalmes *(Equisetum
arvense)*

außerordentlich starr; denn in dem Zellulose-
gerippe der Zellwände ist bei den Schachtelhalmen Kieselsäure (SiO$_2$) eingelagert, das dem Stengel nicht nur eine gewisse Festigkeit verleiht, sondern ihn auch rauh macht. Daher benützte man
Schachtelhalme früher zum Putzen zinnernen Ge-
schirrs, und von dieser Art der Verwendung hat
sich im Volksmund der Name Z i n n k r a u t erhalten.

Interessant bei den Schachtelhalmen ist die
S p o r e n b i l d u n g. Bei zwei einheimischen Arten,
nämlich beim Acker-Schachtelhalm *(Equisetum arvense)* und beim Riesen-Schachtelhalm *(E. maximum)*, entwickeln sich aus dem rhizomartigen
Erdsproß im Frühjahr braune, chlorophyllfreie
Triebe, die an ihrer Spitze eine zapfenartige Ähre
aus dicht stehenden, sporenerzeugenden Blättern
tragen (Abb. 66). Sie sehen sehr merkwürdig aus
und erinnern an einbeinige, sechseckige Tischchen,
an deren Unterseite die länglichen, sackförmigen
Sporangien hängen (Abb. 67). Die Sporangien
öffnen sich beim Austrocknen durch einen Längs-
riß auf der Seite, die dem Tischfuß zugewendet
ist, und geben die höchst eigenartig aussehenden
Sporen frei. Unter dem Mikroskop erkennt man
an den rundlichen Sporen zwei lange Bänder, die sich nur scheinbar
treffen und mit der Sporenwand verwachsen sind. Ihr freies Ende ist
keulenförmig verbreitert. Diese Bänder nennt man H a p t e r e n. Ihr
Feinbau ermöglicht — wie bei den Kapselzähnen der Moose — eine

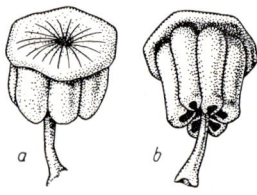

Abb. 67. Sporophylle mit Sporangien des Acker-Schachtelhalms
(Equisetum arvense).
(Nach H. Schenk aus „Strasburger"
1947, umgezeichnet)

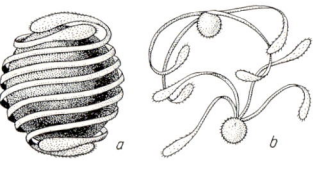

Abb. 68. Sporen des Acker-Schachtelhalms
(Equisetum arvense). a In feuchter Luft le-
gen sich die Spiralbänder an die Spore an;
in trockener Luft (b) spreizen sie. (Nach
H. Schenk aus „Strasburger" 1947, umgezeichnet)

Aufnahme von Wasserteilchen zwischen die Zellulosefibrillen und durch den Wechsel von Austrocknung und Wiederanfeuchtung eine Bewegung der Hapteren. In feuchter Luft sind sie spiralförmig um die Spore gewickelt, in trockener weit abgespreizt (Abb. 68). Die Hapteren lockern vermutlich das „Sporenpulver" so stark auf, daß es vom Wind erfaßt und fortgetragen werden kann. Andererseits verketten die Hapteren mehrere Sporen miteinander. Diese fallen dann am gleichen Ort nieder, keimen aus und bilden mehrere nebeneinanderliegende Prothallien. Zumindest bei getrenntgeschlechtlichen Arten wird auf diese Weise die Wahrscheinlichkeit einer Befruchtung erhöht.

Beim Acker- und Riesen-Schachtelhalm verwelken die fruchtbaren Triebe nach der Sporenreife. Dann entwickeln sich aus dem Kriechstamm die bereits beschriebenen grünen Assimilationstriebe. Bei den übrigen einheimischen Arten werden an diesen Trieben die Sporen in einer endständigen, im wesentlichen wie beim Ackerschachtelhalm gebauten Ähre gebildet. Bei den meisten unserer Schachtelhalme sterben die Assimilationstriebe im Winter ab; nur die Erdsprosse überdauern die kalte Jahreszeit. Eine Ausnahme hiervon macht unter anderem der Winter-Schachtelhalm *(Equisetum hiemale)*. Dessen Assimilationstriebe sind überdies im Gegensatz zu denen der meisten einheimischen Arten unverzweigt.

Die stammesgeschichtliche Entwicklung der Moose und Farne

In einem gedrängten Überblick haben wir Bau und Entwicklung der Moos- und Farnpflanzen kennengelernt sowie das ihnen Gemeinsame und das sie Unterscheidende besprochen. Es ist nun an der Zeit, die Frage zu beantworten, die wir eingangs gestellt haben, ob nämlich beide auf gemeinsame Ahnen zurückgehen, ob sie also miteinander verwandt sind, oder ob sie ihre gemeinsamen Merkmale im Laufe der stammesgeschichtlichen Entwicklung unabhängig voneinander erworben haben. Blättern wir hierzu noch ein wenig in dem „Buche der Erde" und suchen wir in den Gesteinsschichten, die vor vielen Jahrmillionen abgelagert worden sind, nach Fossilien, die wir als Moos- oder Farnpflanzen erkennen können.

Bei den M o o s e n, besonders bei den Laubmoosen, sind die bisher gemachten Funde spärlich. Die ältesten Fossilien, die wir mit Sicherheit als Laubmoose ansprechen können, kennen wir nämlich erst aus dem jüngst vergangenen Erdzeitalter, dem Tertiär, die Torfmoose sogar erst aus der unmittelbaren Vergangenheit, dem Diluvium, der diluvialen Eiszeit. Diese begann ja bekanntlich erst vor etwa einer Million Jahren. Aus den Gesteinen, die während dieses Zeitraumes abgelagert wurden, sind uns auch viele Laubmoose bekannt geworden, die sich von den heute lebenden nicht oder nur unwesentlich unterscheiden. Wir müssen daher annehmen, daß sich die Laubmoose schon viel früher herausgebildet haben, aber infolge ungünstiger Umstände nicht versteinert erhalten geblieben sind. Etwas günstiger liegen die Verhältnisse bei den Lebermoosen; denn thallöse Formen wurden schon im Unteren Karbon gefunden. Diese Lebermoose haben also schon vor etwa 300 Millionen Jahren gelebt. Im großen und ganzen waren sie jedoch noch nicht so hoch organisiert wie die heutigen Lebermoose. Beblätterte Lebermoose kennen wir erst aus dem Oberen Karbon.

Über die stammesgeschichtliche Entwicklung der F a r n p f l a n - z e n sind wir besonders gut unterrichtet; doch würde es zu weit führen, wollten wir sie hier im einzelnen erörtern. Wir haben bereits erwähnt, daß sich an den fossilen Farnpflanzen die Herausbildung der S a m e n p f l a n z e n verfolgen läßt. Mehr interessiert uns die Frage, ob die ersten Farnpflanzen schon v o r den Moosen aufgetreten sind. Träfe dies zu, so wäre es unmöglich, daß sich die Farnpflanzen z. B. aus thallösen Lebermoosen entwickelt hätten. Diese Ansicht wäre nämlich vertretbar, wenn man nur die heute lebenden Formen miteinander vergleicht; denn die Thalli der Lebermoosgametophyten und der Farngametophyten sind einander äußerlich recht ähnlich. In silurischen und devonischen Gesteinen hat man Pflanzen gefunden, die nur aus stengelartigen Trieben bestehen, an deren Ende keulige Sporangien sitzen. Eine Gliederung in flächige Blätter und einen aufrechten Stamm hatte mindestens ein Teil dieser Pflanzen, die vor rund 350 Millionen Jahren lebten, noch nicht. Auf den ersten Blick könnte man meinen, die Sporophyten eines Mooses vor sich zu haben, vor allem, weil bei einer Art dieser Pflanzen im Sporangium offenbar ein steriler Gewebestrang ausgebildet war, ähnlich der Columella in den Sporogonen der Laubmoose. Andererseits vermittelt der Bau der übrigen Arten so deutlich zu den „sicheren" Farnpflanzen, daß man die ganze Gruppe mit Recht als deren Vorläufer ansieht und sie als „Nacktfarne" zu den Farnpflanzen stellt. Da die Moose anscheinend erst ungefähr 50 Millionen Jahre später aufgetreten sind, kann man wohl mit Sicherheit annehmen, daß sich die Farnpflanzen n i c h t aus den Moosen entwickelt haben. Auch der umgekehrte Weg wurde mit größter Wahrscheinlichkeit nicht beschritten. Wie aber sind dann die Gemeinsamkeiten zwischen Moosen und Farnpflanzen zu erklären? Da die Nacktfarne die ältesten Landpflanzen sind, die wir kennen, müssen ihre Vorfahren im Wasser lebende Algen gewesen sein. Nehmen wir nun an, diese Algen hätten einen Generationswechsel gehabt — die am höchsten entwickelten heutigen Algen haben ihn — und ihre Geschlechtsorgane seien primitive Antheridien und Archegonien gewesen, so dürfen wir vermuten, daß sich aus dieser gemeinsamen Urform Farnpflanzen und Moose entwickelt haben, und zwar z u e r s t die Farnpflanzen und s p ä t e r die Moose. Das bedeutet aber, daß die Pflanzen das Land als Lebensraum z w e i m a l und u n a b h ä n g i g voneinander erobert haben. Daß A l g e n die V o r - f a h r e n sowohl der Moose als auch der Farnpflanzen waren, dafür sprechen mehrere Gründe. Vor allem kennen wir aus Gesteinen, die älter als das Silur sind, an versteinerten Pflanzen nur Algen. Auch wissen wir, daß die am einfachsten gebauten Nacktfarne in der Übergangszone zwischen Meer und Land lebten. Zudem kommen bei einer Gruppe der Moose, nämlich bei den Hornmoosen, noch Chromatophoren mit Pyrenoiden vor (S. 35), die wir sonst nur bei Algen finden. Und schließlich ist die Befruchtung sowohl bei Moosen als auch bei Farnpflanzen nur bei Anwesenheit von Wasser möglich. Wenn wir daher Moose und Farnpflanzen als Archegoniaten zusammenfassen, so geschieht dies nicht nur, weil beide Archegonien haben, sondern auch, weil vor allem der Besitz von Archegonien auf eine gemeinsame Ahnenform hinweist.

Hinweise zur Identifizierung der abgebildeten Moos- und Farnpflanzen

Die Bestimmungsschlüssel verfahren nach der dichotomischen Methode. Bei dieser werden jeweils zwei Gegensätze einander gegenübergestellt. Der Bestimmer hat zu entscheiden, ob die eine oder die andere Aussage zutrifft, z. B. 1. Kleine Pflanzen ohne echte Wurzeln oder — Große Pflanzen mit echten, kräftigen Wurzeln. Die in der Tabelle rechts stehende Ziffer verweist den Bestimmer auf die entsprechende Ziffer am linken Rand der Tabelle. Hier werden weitere Gegensätze aufgeführt. In dieser Weise geht es weiter, bis der Name einer Pflanzengruppe, einer Gattung oder Art erscheint. Alsdann schlage man auf der dort angeführten Seite nach und vergleiche mit dem nebenstehenden Habitusbild sowie mit der entsprechenden photographischen Aufnahme.

Bestimmungsschlüssel zum Auffinden der Hauptgruppen

1. Kleine Pflanzen ohne echte Wurzeln, höchstens mit haarartig feinem Wurzelfilz: M o o s e 2
— Große Pflanzen mit echten, kräftigen Wurzeln: F a r n p f l a n z e n . . . 7
2. Pflanze deutlich in Stengel und Blätter gegliedert. Wenn nur gestielte Mooskapsel vgl. *Buxbaumia aphylla* (S. 28) oder *B. viridis* (S. 92) 3
— Pflanze nicht in Stengel und Blätter gegliedert: T h a l l ö s e L e b e r m o o s e (S. 146—150)
3. Sprosse zweizeilig, flach oder verflacht beblättert 4
— Sprosse allseitig (spiralig) oder wenigstens dreizeilig beblättert: L a u b m o o s e (S. 84)
4. Blätter nur mit einer Spitze oder vorn abgerundet 5
— Blätter 2- bis mehrspitzig oder zweilappig (zuweilen beide Lappen aufeinandergeklappt und dann scheinbar ungeteilt) oder Blätter ganz in fadenförmige Zipfel gespalten: B e b l ä t t e r t e L e b e r m o o s e (S. 86)
5. Blätter abgerundet. Mittelrippe mit bloßem Auge oder mit der Lupe nicht sichtbar . 6
— Blätter spitz. Wenn abgerundet mit deutlich sichtbarer Rippe: L a u b m o o s e (S. 84)
6. Blätter mit breitem Grund dem Stengel ansitzend: B e b l ä t t e r t e L e b e r m o o s e (S. 86)
— Blätter mit verschmälertem Grund dem Stengel ansitzend: L a u b m o o s e (S. 84)
7. Stengel ungegliedert. Blätter nie zu einer Scheide verwachsen. Äste nie quirlständig 8
— Stengel gegliedert. Die einzelnen Stengelabschnitte schachtelartig ineinandersteckend. Äste quirlständig, gegliedert. Blätter quirlständig, schuppenartig, zu einer Scheide verwachsen: S c h a c h t e l h a l m e (S. 160—162)
8. Blätter ca. 1 cm lang oder kleiner, nadelförmig: B ä r l a p p g e w ä c h s e (S. 162—164)
— Blätter groß, oft mit geteilter Spreite, über 3 cm lang; F a r n e (S. 86)

Bestimmungsschlüssel zum Auffinden der Laubmoose

1. Stengel unverzweigt, gabelig, fiederig, unregelmäßig verzweigt oder bäumchenartig, d. h. mit e i n e m mehr oder weniger deutlichen Astquirl an der Stengelspitze . . 2
— Stengel mit mehreren Astquirlen. Ästchen z. T. abstehend, z. T. hängend und dem Stengel anliegend: T o r f m o o s e (S. 92—96)
2. Stengel unverzweigt oder gabelig verzweigt. Moose aufrecht: G i p f e l f r ü c h t i g e L a u b m o o s e (S. 85)
— Stengel fiederig, unregelmäßig oder bäumchenförmig verzweigt. Moose meist nieder-

liegend. (Zuweilen nur der Hauptstengel niederliegend, unbeblättert und daher nicht leicht zu sehen. Diese Moose kommen vorwiegend an Bäumen oder Steinen vor): S e i t e n f r ü c h t i g e L a u b m o o s e (S. 85)

A. Gipfelfrüchtige Laubmoose

1. Moos ohne Glashaar 2
— Moos mit Glashaar oder Glasspitze: *Polytrichum piliferum* (S. 90), *Tortula muralis* S. 104), *Syntrichia ruralis* (S. 106), *Grimmia pulvinata* (S. 108), *Racomitrium canescens* (S. 108), *Schistidium apocarpum* (S. 110), *Hedwigia albicans* (S. 11)
2. Stengel spiralig beblättert 3
— Stengel flach beblättert: *Fissidens taxifolius* (S. 102), *Mnium rostratum* (S. 112), *Mnium cuspidatum* (S. 114)
3. Moose nicht an ausgesprochen nassen Standorten 4
— Moose an nassen Standorten (Hochmoore, Bachfluren, Sümpfe): *Diobelon squarrosum* (S. 96), *Dicranum bergeri* (S. 98), *Racomitrium aciculare* (S. 108), *Mnium punctatum* (S. 114), *Aulacomnium palustre* (S. 116), *Philonotis fontana* (S. 116)
4. Blätter glatt oder nur längswellig 5
— Blätter querwellig: *Catharinaea undulata* (S. 88), *Dicranum undulatum* (S. 98), *Mnium undulatum* (S. 114)
5. Blätter ohne weiße Scheide (Lupe!) oder ohne röhrig eingerollte Blattspitze . . . 6
— Blätter derb und starr, mit weißen Scheiden, stengelumfassend: *Pogonatum aloides* (S. 88), *Polytrichum attenuatum* und *P. commune* (S. 90), oder Blätter bleichgrün und in der Spitze röhrig: *Leucobryum glaucum* (S. 100)
6. Blätter nicht einseitswendig, bei leichtem Darüberstreichen sich nicht vom Stengel lösend 7
— Blätter einseitswendig: *Dicranum scoparium* (S. 98), *Dicranella heteromalla* (S. 100), *Bartramia halleriana* (S. 116), oder sich beim Darüberstreichen leicht vom Stengel lösend: *Dicranodontium denudatum* (S. 96)
7. Erd- und Felsmoose 8
— Rindenmoose: *Ulota bruchii* (S. 118), *Orthotrichum speciosum* (S. 118)
8. Blätter in eine lange oder feine Spitze ausgezogen: *Diphyscium sessile* (S. 92), *Tortella tortuosa* (S. 102), *Bryum capillare* (S. 112)
— Blätter nicht in eine lange oder feine Spitze ausgezogen: *Andreaea petrophila*, schwarzrotes Felsmoos (S. 88), *Ceratodon purpureus* (S. 100), *Weisia viridula* (S. 102), *Barbula fallax* (S. 104), *Barbula unguiculata* (S. 104), *Syntrichia subulata* (S. 106), *Funaria hygrometrica* (S. 110), *Rhodobryum roseum* (S. 110), *Bryum argenteum* (S. 112). Vgl. auch *Schistidium apocarpum* (S. 110)

B. Seitenfrüchtige Laubmoose

1. Stengel locker fiederästig, unregelmäßig oder büschelig verzweigt 2
— Stengel entweder bäumchenartig verzweigt: *Climacium dendroides* (S. 120), *Thamnium alopecurum* (S. 122), vgl. auch *Philonotis fontana* (S. 116) und *Eurhynchium striatum* (S. 132), oder 2—3fach gefiedert: *Thuidium tamariscinum* (S. 126), *Hylocomium splendens* (S. 146), oder einfach, aber dann so dicht gefiedert, daß sich die einzelnen Fiederästchen beinahe berühren: *Cratoneurum commutatum* (S. 128), *Ptilium cristacastrensis* (S. 140), *Ctenidium molluscum* (S. 142)
2. Sprosse spiralig oder mindestens dreizeilig beblättert. B l ä t t e r trocken vom Stengel a b s t e h e n d oder zumindest in den Zweigspitzen hakig gekrümmt 3
— Sprosse entweder verflacht beblättert: *Homalia trichomanis* (S. 122), *Neckera crispa* (S. 124), *Hookeria lucens* (S. 124), *Hygrohypnum ochraceum* (S. 130), *Plagiothecium denticulatum* (S. 138), *Plagiothecium undulatum* (S. 138), oder aber dachziegelig a n l i e g e n d b e b l ä t t e r t, so daß die trockenen Äste drehrund und glatt erscheinen. Meist auf Erde: *Abietinella abietina* (S. 128), *Camptothecium lutescens* (S. 132), *Cirriphyllum piliferum* (S. 136), *Pleurozium schreberi* (S. 136), *Scleropodium purum* (S. 136), *Entodon orthocarpus* (S. 138). Meist an Steinen oder Bäumen: *Isothecium myurum* (S. 124), *Leucodon sciuroides* (S. 120), *Platygyrium repens* (S. 140)
3. Blätter in feuchtem Zustand nicht sichelig einseitswendig 4
— Blätter selbst in feuchtem Zustand sichelig einseitswendig oder zumindest in den

85

Zweigspitzen hakig. Moose in Bächen oder Sümpfen: *Drepanocladus aduncus* (S. 130), *Hygrohypnum ochraceum* (S. 130), oder in Trockenrasen: *Rhytidium rugosum* (S. 146), und in Wäldern: *Hypnum cupressiforme* var. *cupressiforme* (S. 142), *Rhytidiadelphus loreus* (S. 144)

4. Erdmoose. Rasen nur gelegentlich auf Steine übergreifend 5
— Wassermoose: *Fontinalis antipyretica* (S. 122), *Acrocladium cuspidatum* (S. 130), *Brachythecium rivulare* (S. 132), oder Moose auf Rinde, Holzwerk, seltener auch an Felsen und auf Steinen: *Antitrichia curtipendula* (S. 120), *Anomodon attenuatus* (S. 126), *A. viticulosus* (S. 126), *Brachythecium rutabulum* (S. 134), *Dolichotheca silesiaca* (S. 140), *Hypnum cupressiforme* var. *filiforme* (S. 142)

5. Blätter weniger als 2 mm lang: *Amblystegium juratzkanum* (S. 128), *Brachythecium velutinum* (S. 134)
— Blätter entweder 2—3 mm lang: *Acrocladium cuspidatum* (S. 130), *Eurhynchium striatum* (S. 132), *Brachythecium rutabulum* (S. 134), *B. salebrosum* (S. 134), oder über 3 (bis 6) mm lang: *Rhytidiadelphus squarrosus* (S. 144), *Rhytidiadelphus triquetrus* (S. 144)

Bestimmungsschlüssel zum Auffinden der beblätterten Lebermoose
(Lupe benützen!)

1. Blätter in 2 oder mehr Lappen geteilt. Bei tief zweispaltigen Blättern oft beide Lappen, die sich meist in der Größe unterscheiden, aufeinandergeklappt, so daß bei oberflächlicher Betrachtung das Blatt ungeteilt erscheint. Der Unterlappen ist zu einem krugförmigen Wasserbehälter umgebildet (Lupe!): *Frullania tamarisci* (S. 158) . . 2
— Blätter ungeteilt: *Plagiochila asplenioides* (S. 150), *Alicularia scalaris* (S. 152), *Calypogeia trichomanis* (S. 154); vgl. auch *Lophocolea heterophylla* (S. 154) und Gegensatz von 3.

2. Blattlappen aufeinandergeklappt 3
— Blatt nicht gefaltet. Entweder in 2—4 Lappen oder Zähne geteilt: *Lophocolea heterophylla*, *Bazzania trilobata* (S. 154), *Lepidozia reptans* (S. 154), oder in viele haarartige Zipfel gespalten; Pflanze dann wollig aussehend: *Trichocolea tomentella* (S. 156), *Ptilidium pulcherrimum* (S. 156)

3. Oberlappen kleiner als der Unterlappen. Bei der Betrachtung von oben daher beide sichtbar. Erdmoose, seltener an Felsen: *Diplophyllum albicans* (S. 152), *Scapania nemorosa* (S. 152)
— Oberlappen größer als der Unterlappen. Moos von oben betrachtet scheinbar mit ungeteilten Blättern. Rinden- oder seltener Felsmoose: *Madotheca platyphylla* (S. 158), *Radula complanata* (S. 158).

Bestimmungsschlüssel zum Auffinden der Farne

1. Blätter gefiedert 2
— Blätter ganzrandig: *Phyllitis scolopendrium* (S. 164), *Ophioglossum vulgatum* (S. 164)
2. Blätter mindestens doppelt, oft 3—4fach gefiedert 3
— Blätter einfach gefiedert. Große Erdfarne: *Blechnum spicant* (S. 166), *Polypodium vulgare* (S. 166), oder kleine Felsfarne: *Asplenium trichomanis* (S. 168), *A. viride* (S. 168)
3. Blätter in Rosetten oder Büscheln am gestauchten Wurzelstock 4
— Blätter einzeln am kriechenden Wurzelstock. Pflanzen oft in ausgedehnten Herden: Farn über 1 m hoch: *Pteridium aquilinum* (S. 166). Kleinere Farne: *Phegopteris dryopteris*, *P. robertianum*, *P. polypodoides* (S. 174)
4. Kleine Farne an Mauern, Felsen oder Gestein. Blätter in Büscheln. Höchstens 40 cm hoch. Blattstiel bis 2 mm Durchmesser: *Cystopteris filix-fragilis* (S. 170), *Asplenium ruta-muraria* (S. 170)
— Große Waldbodenfarne. Blätter 30—150 cm lang, in deutlichen Rosetten angeordnet. Blattstiel über 2 mm dick. Fiederchen stachelspitzig: *Polystichum lobatum* (S. 170), *Dryopteris austriaca* (S. 172`, oder stumpf gekerbt. Blattstiel dann entweder mit 6 bis 8 seilartigen Leitbündeln: *Dryopteris filix-mas* (S. 172), oder aber mit 2 bandartigen Leitbündeln: *Athyrium filix-femina* (S. 170), *Dryopteris oreopteris* (S. 172)

Beschreibung und bildliche Darstellung der wichtigsten Farn- und Moospflanzen

Alle Zeichnungen auf den Tafeln sind nach angefeuchteten Pflanzen angefertigt worden. Die Länge des Maßstriches entspricht jeweils 3 mm. Von den Farnen wurde in der Regel ein Fiederchen erster Ordnung gezeichnet.

Übersicht über die Hauptgruppen der Moose im Bilderteil

Klaffmoose 88
Gipfelfrüchtige Laubmoose . . . . 88—92, 96—118
Torfmoose . . . . 92—96
Seitenfrüchtige Laubmoose . . . . 120—144
Thallöse Lebermoose . . . . 146—150
Beblätterte Lebermoose . . . . 150—158
Schachtelhalme . . . . 160—162
Bärlappgewächse . . . . 162—164
Farne . . . . 164—174

TAFEL 1

Laubmoose

Stein-Klaffmoos, *Andreaea petrophila* Ehrh.

Gametophyt: Pölsterchen locker, braunrot bis schwärzlich, mattglänzend. Stengel aufrecht bis niederliegend, büschelig oder gabelig verästelt, 1—2 cm lang. Blätter spiralig angeordnet dicht allseitig, seltener einseitswendig stehend, etwa 1 mm lang, schief gespitzt oder abge-stumpft, eiförmig, schwach hohl

Sporophyt: Kapselstiel höchstens 1 mm lang, aus den Spitzen des Stämmchens und der Seitenäste entspringend. Kapsel aufrecht, länglich eiförmig, dunkelbraun, ohne Deckel, mit 4 Längsrissen aufspringend. Die Kapselklappen bleiben am Grund und an der Spitze mitein-ander verbunden. Sporenreife Frühling bis Sommer

Mikroskopische Kennzeichen: Blätter ganzrandig, gegen die Spitze etwas eingeschlagen, rip-penlos, mit hellen, großen Warzen auf dem Rücken.

Ökologie: Kalkscheu und lichtbedürftig, in Silikat-Felsspalt-Gesellschaften und Silikat-Schutthalden (Androsacetalia), im Flachland auf eiszeitlichen Findlingsblöcken. Stets dem nackten Gestein aufsitzend (daher schwer abhebbar). Zusammen mit Flechten oft der einzige Besiedler. Hauptverbreitung zwischen 1000 und 3000 m

Welliges Katharinenmoos, *Catharinaea undulata* (L.) Web. et Mohr.

Gametophyt: Polster locker, dunkelgrün. Stengel aufrecht, meist unverzweigt, 2—8 cm lang Blätter spiralig angeordnet, 5—8 mm lang, feucht abstehend und stark querwellig, trocken zer-knittert und kraus, zungenförmig, zugespitzt, flach

Sporophyt: Kapselstiel 2—5 cm lang, rot, aus der Spitze des Stengels entspringend. Kapsel schwach geneigt bis waagrecht, langzylindrisch, 4—5 mm lang, schwach gekrümmt, rotbraun. Deckel langgeschnäbelt. Mündung durch eine Paukenhaut verschlossen. Sporenreife Herbst bis Frühling

Mikroskopische Kennzeichen: Blätter fast bis zum Grunde scharf gesägt, am Rand schwach gesäumt. Rippe mit 4 Längslamellen. Blattzellen oberwärts rundlich-sechseckig, gegen den Blattgrund verlängert. Zahnbesatz der Kapsel einfach, aus vielen zungenförmigen Zähnen, die aus ganzen Zellen bestehen und daher hufeisenförmig gestreift erscheinen

Ökologie: Auf trockenen bis frischen, schwach basischen bis schwach sauren, lehmigen Wald-böden. Charakterart des Eichen-Hainbuchen-Waldes (Querceto-Carpinetum). Vom Tiefland bis etwa 2000 m

Aloë-Filzmützenmoos, *Pogonatum aloides* (Hedw.) Beauv.

Gametophyt: Lockere Rasen oder kleine Herden bildend, dunkelgrün. Stengel aufrecht, meist unverzweigt, 1—2 cm lang. Blätter spiralig angeordnet, feucht abstehend, trocken eingekrümmt und locker anliegend, weißscheidig, 4—7 mm lang, lanzettlich zugespitzt, nicht faltig, etwas rinnig

Sporophyt: Kapselstiel 2—4 cm lang, rot, aus der Spitze des Stengels entspringend. Kapsel aufrecht bis schwach geneigt, walzlich, gelbbraun. Deckel geschnäbelt. Mündung durch eine Paukenhaut verschlossen. Haube länger als die Kapsel, dicht filzig behaart. Sporenreife Sommer bis Winter

Mikroskopische Kennzeichen: Blätter bis zur Scheide stark gesägt, Rippe mit vielen Lamellen auf der Oberseite, dadurch gegen die Blattspitze verbreitert. Blätter bis auf den hellen Schei-denteil undurchsichtig. Zahnbesatz der Kapsel einfach, aus vielen zungenförmigen Zähnen be-stehend, die aus ganzen Zellen gebildet sind und daher hufeisenförmig gestreift erscheinen. Kapselwand stark warzig

Ökologie: Säurezeiger auf unbeschatteten, trockenen bis mäßig feuchten Waldböden, an Waldrändern und Hohlwegen. Als unstetiger Begleiter der Gesellschaften von lichten Moos-Kiefernwäldern (Dicrano-Pinetum) bis zum Grasnelken-Schaf-Schwingel-Rasen (Armerio-Festucetum). Vom Tiefland bis über 2000 m

TAFEL 2
Laubmoose

Schönes Widertonmoos, *Polytrichum formosum* Hedw. (*P. attenuatum* Menz.)

Gametophyt: Polster locker, oft ausgedehnt, satt- bis bräunlichgrün. Stengel aufrecht, meist unverzweigt, 5—15 cm lang, unterwärts wurzelfilzig. Blätter spiralig angeordnet, waagrecht bis sparrig abstehend, trocken verbogen, aufrecht abstehend bis locker anliegend, 8—12 mm lang, weißscheidig, länglich-lanzettlich, scharf, aber kurz gespitzt, flach bis schwach rinnig, nicht faltig, Spitze braun

Sporophyt: Kapselstiel 4—8 cm lang, gelbrot, aufrecht, aus der Spitze des Stengels entspringend. Kapsel aufrecht bis geneigt, stumpf 4- (6-) kantig, gelb bis gelbbraun, mit undeutlich abgesetztem, halbkugeligem Hals. Mündung durch eine Paukenhaut verschlossen. Deckel kurzkegelig mit aufgesetztem Schnabel. Sporen braun. Sporenreife Frühling bis Sommer

Mikroskopische Kennzeichen: Blätter bis zum hellen Scheidenteil scharf gesägt, Rippe vorhanden, durch Längslamellen verbreitert, Blätter daher bis auf den Scheidenteil und einen Randsaum undurchsichtig. Lamellenrandzellen kaum ausgerandet. Kapsel mit einfachem Zahnbesatz aus vielen zungenförmigen Zähnen, die von ganzen Zellen gebildet sind und hufeisenförmig gestreift erscheinen

Ökologie: Moos des schattigen, trockenen bis mäßig feuchten Waldbodens. Guter Zeiger für schwach sauren Untergrund. Ordnungscharakterart der säureliebenden Wälder und subalpinen Zwergstrauchheiden (Betuleto-Pinetalia), doch keineswegs auf diese Gesellschaften beschränkt. So z. B. als Differentialart des bodensauren Buchenwaldes (Fagetum silvaticae, Hauptsubassoziation von *Polytrichum attenuatum*) sowie des bodensauren Eichen-Hainbuchen-Waldes (Querceto-Carpinetum, Hauptsubassoziation von *Polytrichum attenuatum*) weit häufiger. Vom Tiefland bis über 2000 m

Gemeines Widertonmoos oder Goldenes Frauenhaar, *Polytrichum commune* L.

Gametophyt: Rasen locker, dunkel- bis blaugrün. Stengel aufrecht, 10—40 cm lang, meist unverzweigt. Blätter spiralig angeordnet, feucht waagrecht abstehend, trocken anliegend, aus scheidigem Grund lineal-lanzettlich, flach, 8—12 mm lang. Spitze braun

Sporophyt: Kapselstiel 6—12 cm lang, gelbrot, aus der Spitze des Stengels entspringend. Kapsel aufrecht bis geneigt, länglich, scharf vierkantig, gelb- bis rotbraun. Hals scheibenförmig, deutlich von der Urne abgesetzt. Deckel flach, Schnabel kurz und scharf. Mündung durch eine Paukenhaut verschlossen. Haube über die Kapsel reichend, goldgelb. Sporen grün. Sporenreife Frühling bis Sommer

Mikroskopische Kennzeichen: Blätter bis zur Scheide herab scharf gezähnt. Auf der Oberseite der kräftigen Rippe viele Lamellen, Lamellenrandzellen zweispitzig. Rippe die Blattspitze fast ausfüllend. Zahnbesatz der Kapsel einfach. Zähne zungenförmig, aus ganzen Zellen bestehend

Ökologie: Säurezeiger auf oft etwas feuchten Wald- und Heideböden. Differentialart des feuchten Fichtenwaldes (Piceetum excelsae, Hauptsubassoziation von *Sphagnum*); auch in feuchten Borstgrasrasen (Nardetum strictae, Hauptsubassoziation von *Sphagnum*); lokal Charakterart des Moor-Birkenwaldes (Betuletum pubescentis). Vom Tiefland bis etwa 2000 m

Glashaar-Widertonmoos, *Polytrichum piliferum* Schreb.

Gametophyt: Rasen locker, bräunlichgrün, grauschimmernd. Stengel aufrecht, unverzweigt oder gegabelt, 2—4 cm lang. Blätter spiralig angeordnet, steif aufrecht abstehend, trocken fast dachziegelig anliegend, gelbscheidig, langlanzettlich, mit umgeschlagenem Rand, 4—6 mm lang, mit langem, weißem Glashaar, nicht faltig

Sporophyt: Kapselstiel 2—4 cm lang, rot, aus der Spitze des Stengels entspringend. Kapsel geneigt bis waagrecht, eiförmig, hellbraun, mit 4 schwachen Rippen und kaum abgeschnürtem, rotem Hals. Deckel kurzkegelig. Mündung durch eine Paukenhaut verschlossen. Haube bis zum Hals reichend, schmutzigbraun. Sporenreife Frühling bis Sommer

Mikroskopische Kennzeichen: Blätter ganzrandig, nur das Glashaar gesägt. Rippe mit Lamellen, relativ schmal, nach oben nicht verbreitert. Kapsel mit einfachem Zahnbesatz aus vielen zungenförmigen Zähnen, die aus ganzen Zellen bestehen

Ökologie: Sandzeiger auf trockenen und sonnigen Standorten. Ordnungscharakterart der Silbergras-Fluren (Corynephoretalia), jedoch nicht an diese gebunden und z. T. sogar auf Sandsteinfelsen. Vom Tiefland bis 3500 m

TAFEL 3

Laubmoose

Blasenmoos, *Diphyscium sessile* (Schmid.) Lindb.

Gametophyt: In kleineren Gruppen oder Herden wachsend. Stengel verkürzt, höchstens 1 cm lang, unverzweigt. Blätter spiralig-rosettig angeordnet, 4—6 mm lang, eilanzettlich, mit langer Granne, nach unten in nadelförmige, 1—2 mm lange, grannenlose, bald verwitternde Schuppen übergehend.

Sporophyt: Kapselstiel kaum 1 mm lang, stets einzeln aus der Mitte der Blattrosette entspringend. Kapsel 0,8—1,5 cm lang, bleichgelb bis bräunlich, schief eikugelig aufgeblasen, auf der einen Seite bauchig aufgetrieben, sehr engmündig. Deckel spitzkegelig, abgestumpft. Sporenreife im Sommer.

Mikroskopische Kennzeichen: Blätter ganzrandig oder nur in der Spitze gezähnt. Rippe als schwach gezähnte Granne austretend. Zahnbesatz der Kapselmündung doppelt, die äußere Reihe sehr kurz, aus 16 dreieckigen, z. T. verwachsenen Zähnen gebildet, die innere Reihe zu einer weißen, kurzen, kegeligen Röhre verschmolzen

Ökologie: Erdmoos auf trockenen, sauren Waldböden, zu starke Beschattung meidend. Hauptverbreitung auf nackter Erde (Hohlwege, Hangrutsche). Begleiter der Eichen- und Buchenwälder stark saurer Böden (Quercion roboris-sessiliflorae). Vom Tiefland bis 2500 m

Grünes Koboldmoos, *Buxbaumia viridis* (Moug.) Brid.

Gametophyt: Einzeln wachsend oder zu mehreren in Gruppen. Stengel stark verkürzt, höchstens 5 mm lang, unverzweigt. Blätter kleine, rippenlose und blattgrünfreie Schuppen, schon vor der Sporenreife absterbend, Moos daher scheinbar nur aus Kapselstiel und Kapsel bestehend

Sporophyt: Kapselstiel 1—2 cm hoch, dick, gelbgrün oder schwach rötlich. Kapsel 0,5—1 cm lang, gelbgrün, schief eiförmig, die Unterseite bauchig aufgetrieben, die Oberseite nur flach gewölbt und kurz vor der Sporenreife mit einem dünnen Schleier bedeckt, der in der Mitte einreißt und sich nach dem Rande zu umrollt. Mündung der Kapsel an der obersten Spitze, sehr verengt. Deckel klein, leicht abfallend, fingerhutförmig. Sporenreife Frühling bis Sommer

Mikroskopische Kennzeichen: Kapselmündung mit 4 Zahnreihen, hinter denen sich noch eine bleiche, faltige Röhre befindet, die als 5. Zahnreihe gedeutet wird

Ökologie: Auf morschem Nadelholz, meist auf halbvermoderten Baumstümpfen. Begleiter des Fichtenwaldes (Piceetum excelsae) in der Bergstufe, aber auch außerhalb des natürlichen Verbreitungsgebietes der Fichte an Standorten der Edel-Laubwälder (Fagetalia) vorkommend, die mit Fichtenkulturen bepflanzt wurden. Häufig auch im Moos-Kiefernwald (Dicrano-Pinetum). Feuchtigkeit und Schatten ertragend. Hauptverbreitung zwischen 500 und 1500 m

Spitzblättriges Torfmoos, *Sphagnum acutifolium* Ehrh.

Gametophyt: Rasen ausgedehnt, schwammig weich, im tiefen Schatten bleichgrün, meist jedoch rötlich bis tiefrot. Stengel aufrecht, 5—15 cm lang, mit rötlicher Rinde, an der Spitze schopfig, unterwärts quirlästig verzweigt. Blätter spiralig angeordnet, dachziegelig bis schwach abstehend, 1—2 mm lang, hohl, nicht faltig, Astblätter eiförmig, in eine gestutzte Spitze zusammengezogen; Stammblätter dreieckig, zugespitzt

Sporophyt: Kapselstiel etwa 1 cm lang, aus dem Schopf und dem ersten Astquirl entspringend. Kapsel kugelig, dunkelbraun bis schwärzlich, ohne Zahnbesatz; Deckel flach kuppelförmig

Mikroskopische Kennzeichen: Blätter ganzrandig, höchstens in der Spitze gezähnelt, rippenlos. Blattzellen von zweierlei Gestalt: Neben schmalen Blattgrünzellen große Wasserzellen mit Wandverdickungen und Poren. Im Querschnitt zwischen den großen Wasserzellen die kleinen Blattgrünzellen nur auf der Innenseite frei liegend. Rindenzellen ohne Spiralfasern, an den Ästchen mit Flaschenzellen

Ökologie: Säureliebendes Moos feuchter Wälder, Heiden und Moore. Ordnungscharakterart der Zwergstrauch-Gesellschaften saurer Torfböden (Ericeto-Sphagnetalia), jedoch auch Differentialart des feuchten Moos-Kiefernwaldes (*Molinia*-Hauptsubassoziation des Dicrano-Pinetums) und des feuchten Fichtenwaldes (*Sphagnum*-Hauptsubassoziation des Piceetum excelsae.) Vom Tiefland bis über 2500 m

TAFEL 4

Laubmoose

Sparriges Torfmoos, *Sphagnum squarrosum* Crome

Gametophyt: Polster locker, schwammig weich, weit ausgedehnt, bleich bis hellgrün, nie rötlich. Stengel aufrecht, schwärzlich, an der Spitze schopfig, unterwärts quirlig verzweigt. 10—20 cm lang. Blätter spiralig angeordnet, dachziegelig, mit sparrig abstehender Spitze, 2—3 mm lang, sehr hohl, nicht faltig. Stengelblätter zungenförmig, Astblätter eilänglich, plötzlich in die umgebogene Spitze verschmälert

Sporophyt: Kapselstiel etwa 1 cm lang, aus dem Schopf und dem ersten Astquirl entspringend. Kapsel kugelig, dunkelbraun bis schwarz, ohne Zahnbesatz. Deckel flach kuppelförmig

Mikroskopische Kennzeichen: Blätter ganzrandig oder nur in der abgestutzten Spitze gezähnt, rippenlos. Blattzellen von zweierlei Gestalt: Schmale blattgrünführende Zellen umgeben große Wasserzellen mit Wandverdickungen und Poren. Die Blattgrünzellen auf der Innenseite des Blattes von den Wasserzellen fast überdeckt, auf der Außenseite (seltener auf beiden Seiten) deutlich frei. Rindenzellen ohne Spiralfasern, an den Ästchen mit Flaschenzellen

Ökologie: Nie in Hochmooren. Moos der nassen, quelligen Waldsümpfe mit schwach saurer Reaktion. Begleiter der feuchten Subassoziationen der Kiefern- und Fichtenwälder (Dicrano-Pinetum und Piceetum excelsae) stets an den nassesten Stellen. Ferner in Quellflur-Gesellschaften (Cardamineto-Montion) der Bergwälder. Hauptverbreitung zwischen 500 und 1500 m

Sumpf-Torfmoos, *Sphagnum palustre* L.

Gametophyt: Rasen ausgedehnt, schwammig weich, blaßgrün bis weißlich, sehr selten rötlich-braun überlaufen. Stengel aufrecht, 10—25 cm lang, mit grau abblätternder Rinde, an der Spitze schopfig, nach unten quirlästig verzweigt. Blätter spiralig angeordnet, dachziegelig bis aufrecht abstehend, breit eiförmig, abgerundet zugespitzt, kapuzenförmig, sehr hohl, nicht faltig

Sporophyt: Kapselstiel etwa 1 cm lang, aus dem Schopf und den ersten Astquirlen entspringend. Kapsel kugelig, schwarzbraun, ohne Zahnbesatz. Deckel flach kuppelförmig

Mikroskopische Kennzeichen: Blätter ganzrandig, rippenlos. Blattzellen von zweierlei Gestalt: Schmale Blattgrünzellen umgeben große Wasserzellen mit Wandverdickungen und Poren. Im Blattquerschnitt liegen die Blattgrünzellen auf der Oberseite des Blattes frei. Ihre Gestalt ist schmaldreieckig. Eine Spitze des Dreiecks zeigt nach der Unterseite des Blattes. Rindenzellen der Stengel und Äste mit Spiralfasern und Poren

Ökologie: Schattenliebendes Moos in feuchten, sauren Wäldern und in Mooren. Begleiter der Zwergstrauch-Gesellschaften saurer Torfböden (Ericeto-Sphagnetalia), der nassen Kiefernwälder (Molinia-Hauptsubassoziation des Dicrano-Pinetums) und der nassen Fichtenwälder (*Sphagnum*-Hauptsubassoziation des Piceetum excelsae). Vom Tiefland bis über 2000 m

Dichtes Torfmoos, *Sphagnum compactum* DC.

Gametophyt: In oft lockeren, weichen, gelb- bis dunkelbraunen oder bräunlich-grünen Rasen. Stengel aufrecht oder aufsteigend, dunkelbraun oder grünlich, ringsum sehr dicht mit kurzen Ästchen besetzt, 5—10 cm lang. Blätter spiralig angeordnet, dachziegelig, mit anliegender oder leicht abstehender Spitze; Astblätter 2—2,5 mm lang, eiförmig, an der Spitze abgestutzt, Stammblätter bis 1 mm lang, dreieckig, die Spitze abgeschnitten, sehr hohl, nicht faltig

Sporophyt: Kapselstiel kaum 1 cm lang, aus dem Ästchenschopf entspringend. Kapsel kugelig, schwärzlich, ohne Zahnbesatz; Deckel flach kuppelförmig

Mikroskopische Kennzeichen: Blätter ganzrandig, in der abgestutzten Spitze gezähnelt, rippenlos. Blattzellen von zweierlei Gestalt: Schmale blattgrünführende Zellen umgeben große Wasserzellen mit Wandverdickungen und Poren. Im Querschnitt die Blattgrünzellen elliptisch, klein, der Außenseite des Blattes genähert, doch ringsum von den Wasserzellen eingeschlossen. Rindenzellen des Stämmchens und der Äste ohne Spiralfasern und ohne Flaschenzellen

Ökologie: Charakterart der Glockenheide-Gesellschaft (Ericetum tetralix), die auf sauren Torfböden in Norddeutschland verbreitet ist. Vom Tiefland bis über 2500 m

TAFEL 5

Laubmoose

Spieß-Torfmoos, *Sphagnum cuspidatum* Ehrh.

Gametophyt: Rasen sehr locker, weich, oft flutend oder untergetaucht, gelblich bis blaß-grün. Stengel aufsteigend, 5—10 cm lang, grün, an der Spitze schopfig, unterwärts quirlästig verzweigt; Ästchen schlaff, weich, bei flutenden Formen federartig, sonst pinselförmig zu-sammenneigend. Blätter spiralig angeordnet, dachziegelig, 1—4 mm lang, hohl, nicht faltig; Stengelblätter länglich dreieckig, Astblätter schmal lanzettlich

Sporophyt: Kapselstiel etwa 1 cm lang, aus dem Schopf entspringend. Kapsel kugelig, dunkelbraun bis schwärzlich, ohne Zahnbesatz; Deckel flach kuppelförmig

Mikroskopische Kennzeichen: Blätter ganzrandig, rippenlos. Blattzellen von zweierlei Ge-stalt: Neben schmalen Blattgrünzellen große Wasserzellen mit Wandverdickungen und Poren. Im Querschnitt die kleinen, trapezförmigen Blattgrünzellen von den großen Wasserzellen um-geben, jedoch auf beiden Seiten frei, gegen den Außenrand verschoben, die breitere Seite nach außen zeigend. Rindenzellen ohne Spiralfasern, in den Ästchen mit Flaschenzellen

Ökologie: Moos der Schlenken in stark sauren Mooren. Ordnungscharakterart der Hoch-moorschlenken und Torfrasen (Scheuchzerietalia palustris), die flutende Form (var. *plumosum*) als Charakterart der Gesellschaft des Kleinen Wasserschlauches (Sparganieto-Sphagnetum obesi). Vom Tiefland bis über 1500 m

Bruchblattmoos, *Dicranodontium denudatum* (Brid.) Hagen

Gametophyt: Polster dicht, gelblich- bis braungrün, glänzend. Stengel aufrecht, einfach oder gabelig verzweigt, 2—5 cm lang, mit starkem, rotem Wurzelfilz. Blätter spiralig angeord-net, allseitig abstehend oder schwach einseitswendig, aus eiförmigem Grunde lang pfriemlich zugespitzt, 5—7 mm lang, nicht faltig, leicht hohl, sehr leicht sich vom Stengel ablösend

Sporophyt: Kapselstiel 2—5 cm lang, feucht schwanenhalsartig gebogen, aus der Spitze des Stengels entspringend. Kapsel zylindrisch, braun, mit lang geschnäbeltem Deckel. Sporenreife Frühling bis Sommer

Mikroskopische Kennzeichen: Blätter gegen die Spitze und vor allem an der Pfrieme fein gesägt, mit sehr breiter, etwa $1/3$ des Blattgrundes einnehmender, unscharf abgegrenzter Rippe, die die Pfrieme ganz ausfüllt. Zellen im ganzen Blatt verlängert, ausgenommen in den deut-lich abgesetzten Blattflügeln am Grunde des Blattes. Kapselzähne bis zum Grunde in faden-förmige Schenkel gespalten

Ökologie: Kalkmeidendes Moos auf Torf und Humus, auch auf morschem Holz und faulen-den Baumstrünken, in Bergwäldern und Mooren in vielen kalkfeindlichen Gesellschaften, z. B. im Fichtenwald (Piceetum excelsae), aber meist auf frischen bis mäßig feuchten Böden. Vom Tiefland bis über 2000 m

Zweispießmoos, *Diobelon squarrosum* (Starke) Hampe

Gametophyt: Dichte, gelb- bis hellgrüne Rasen. Stengel aufrecht, meist unverzweigt, selte-ner gabelig verzweigt, 2—10 (selten bis 20) cm lang. Blätter spiralig angeordnet, sehr weich, 3—3,5 mm lang, feucht sparrig abstehend, trocken zusammenfallend, zungenförmig bis eilan-zettlich mit abgerundeter Spitze, flach, nicht faltig

Sporophyt: Kapselstiel 1—3 (selten bis 5) cm lang, rot, aus der Spitze des Stengels entsprin-gend. Kapsel geneigt, hochrückig, glatt, rotbraun, zuweilen mit sehr schwacher kropfiger Ver-dickung am Hals. Deckel schwach geschnäbelt. Sporenreife im Herbst

Mikroskopische Kennzeichen: Blätter ganzrandig (höchstens mit gekerbter Spitze), mit deutlicher Rippe, die jedoch vor der Spitze erlöscht. Blattzellen locker, rautenförmig bis sechs-eckig, unregelmäßig und spärlich warzig. Kapselzähne in 2—3 Schenkel gespalten, dunkelrot und gegen die Spitze warzig

Ökologie: Kalkmeidendes Wassermoos kalter Quellen und Bäche der Gebirge. Erst ab etwa 1000 m bis 2500 m verbreitet. In Quellflur-Gesellschaften (Cardamineto-Montion) häufig anzutreffen, vor allem als Charakterart der Bach-Montienflur (Bryetum schleicheri) in großen Beständen. Reicht aber in der Verbreitung bis in die Kleinseggen-Wiese (Cariceto-Agrostide-tum caninae), vor allem dort, wo diese Gesellschaft am Uferstreifen der kalkarmen Bäche gut ausgebildet ist

L a u b m o o s e

Welliges Gabelzahnmoos, *Dicranum undulatum* Ehrh.

Gametophyt: Rasen dicht, gelbgrün bis grün, schwach glänzend. Stengel aufrecht, unverzweigt oder nur gabelig verzweigt, 10—20 cm lang, mit starkem, braunem Wurzelfilz. Blätter spiralig angeordnet, abstehend, oft die obersten zusammengeneigt und schwach einseitswendig, 7—10 mm lang, schmal dreieckig, lang zugespitzt, am Grunde halbscheidig, flach, querwellig

Sporophyt: Kapselstiel 3—4 cm lang, bräunlich, mehrere aus der Spitze des Stengels entspringend. Kapsel geneigt, schwach gestreift, hellbraun, trocken stark gekrümmt. Deckel lang geschnäbelt; Schnabel so lang wie die Kapsel. Sporenreife Sommer bis Herbst

Mikroskopische Kennzeichen: Blätter am Rand scharf gesägt, Rippe dünn, vor der Spitze endend, mit gezähnten Lamellen auf der Oberseite. Blattzellen lineal. Blattflügel deutlich abgesetzt, mit lockeren, rechteckigen bis quadratischen Zellen. Kapselzähne 2—4spaltig, trübrot, oben etwas warzig

Ökologie: Humuspflanze auf trockenen bis staunassen Waldböden, meist auf Sand. Charakterart der schlechtwüchsigen Moos-Kiefernwälder, jedoch auch in anderen Waldarten verbreitet und dort schwache oberflächliche Versauerung anzeigend. Im Bergland Differentialart des trockenen Fichtenwaldes (Piceetum excelsae, Hauptsubassoziation von *Pinus silvestris*). Vom Tiefland bis etwa 1500 m

Besen-Gabelzahnmoos, *Dicranum scoparium* (L.) Hedw.

Gametophyt: In lockeren, glänzenden, grünen bis bräunlichgrünen Rasen. Stengel aufrecht, unverzweigt oder gabelig verzweigt, 5—10 cm lang, mit spärlichem, braunem Wurzelfilz. Blätter spiralig angeordnet, alle (selten nur die obersten) einseitswendig, 5—8 mm lang, aus eiförmigem Grunde in eine lange, pfriemenförmige Spitze ausgezogen, flach, nicht faltig, am Grunde scheidig

Sporophyt: Kapselstiel 2—4 cm lang, rot, aus der Spitze des Stengels entspringend. Kapsel geneigt, länglich-zylindrisch, braun, glatt. Deckel geschnäbelt. Sporenreife Frühling bis Herbst

Mikroskopische Merkmale: Blätter am Rande scharf gesägt, Rippe schwach entwickelt, oberseits mit gezähnten Lamellen, in der Spitze endend. Blattzellen lineal, in den Blattecken am Grund deutlich abgesetzte, lockere, rechteckige bis quadratische Zellen. Kapselzähne rötlich, zweispaltig, oben etwas warzig

Ökologie: Formenreiches und anpassungsfähiges Waldbodenmoos, das sauren Humus bevorzugt. Nicht selten wächst es auch auf Baumstämmen und Steinen; eine besondere Standortsform kommt in Sümpfen vor. Charakterart der säureliebenden Wälder und subalpinen Zwergstrauchheiden (Betuleto-Pinetalia), doch findet sich das Besen-Gabelzahnmoos auch als unsteter Begleiter in Beständen des typischen kalkliebenden Buchenwaldes (Fagetum silvaticae), noch häufiger aber im Eichen-Hainbuchen-Wald (Querceto-Carpinetum), und zwar vor allem in dessen sauren Assoziationen. Vom Tiefland bis gegen 3000 m

Moor-Gabelzahnmoos, *Dicranum bergeri* Bland.

Gametophyt: Rasen mehr oder weniger dicht, dunkelgrün, schwach glänzend. Stengel aufrecht, unverzweigt oder nur gabelig verzweigt, 5—20 cm lang, mit braunem Wurzelfilz. Blätter spiralig angeordnet, aufrecht oder schwach abstehend, die obersten leicht sichelförmig einseitswendig, 6—8 mm lang, schmal zungenförmig zugespitzt, am Grunde etwas scheidig, flach, stark querwellig

Sporophyt: Kapselstiel gelb, 3—4 cm lang, mehrere (1—3) aus der Spitze des Stengels entspringend. Kapsel geneigt, bräunlich, schwach gestreift. Deckel lang geschnäbelt. Sporenreife Sommer bis Herbst

Mikroskopische Kennzeichen: Blätter bis zur Mitte stark gesägt. Rippe dünn, in der Blattspitze endend. Blattzellen in der Mitte des Blattes lineal, gegen die Spitze zu unregelmäßig, quadratische, rundliche, ovale und lineale gemischt. Blattflügel mit scharf abgesetzten, lockeren, rechteckigen Zellen. Kapselzähne zweispaltig, rötlich

Ökologie: Charakterart der Moosbeeren-Gesellschaft (Oxycocco-Sphagnetum), jedoch auch in die Hochmoorschlenken-Gesellschaften (Scheuchzerietalia palustris) übergehend. Teilweise Wasserbedeckung gut ertragend. Vom Tiefland bis gegen 2500 m

Laubmoose

Einseitswendiges Kleingabelzahnmoos, *Dicranella heteromalla* (L.) Schimp.

Gametophyt: Rasen dicht, hellgrün, stark glänzend. Stengel aufrecht, unverzweigt oder seltener gabelig verzweigt, 1—2 (seltener bis 3) cm lang. Blätter spiralig angeordnet, die unteren allseitig abstehend, die oberen stark sichelförmig einseitswendig, alle lanzettlich bis borstenförmig und mit langer, pfriemenartiger Spitze, 2,5—3,5 mm lang, schwach rinnig, nicht faltig

Sporophyt: Kapselstiel 1—4 cm lang, stroh- bis rötlichgelb, aus der Spitze des Stengels entspringend. Kapsel geneigt, eiförmig, oft mit Längsfurchen, rotbraun, schiefmündig, entleert unter der Mündung verengt. Deckel langgeschnäbelt. Sporenreife Herbst bis Frühling

Mikroskopische Kennzeichen: Blätter oft weit herab gesägt. Rippe breit, die Pfrieme ganz ausfüllend, Blattzellen lang und schmal

Ökologie: Kalkfliehend; daher als Säurezeiger Ordnungscharakterart der Eichen- und Buchenwälder stark saurer Böden (Quercion roboris-sessiliflorae). Als Begleiter fast regelmäßig auch in Fichtenwäldern (Piceetum excelsae) der Mittelgebirge. Vom Tiefland bis über 2000 m

Purpur- oder Hornzahnmoos, *Ceratodon purpureus* (L.) Brid.

Gametophyt: Ausgedehnte, lockere, rötlich bis braungrüne Polster. Stengel aufrecht, einfach oder gabelig verzweigt, 2—3 cm lang. Blätter spiralig angeordnet, vom Stengel abstehend, lanzettlich, scharf zugespitzt, nicht faltig, Rand umgerollt

Sporophyt: Kapselstiel 1—3 cm lang, glänzend purpurrot, aus der Spitze des Stengels entspringend. Kapsel rotbraun, geneigt, länglich-oval, bis 3 mm lang, stark gestreift bis (trocken) längsfurchig, am Grunde mit kleiner, kropfartiger Erweiterung (Lupe!). Deckel kurzkegelig. Sporenreife Frühling bis Sommer

Mikroskopische Kennzeichen: Blätter ganzrandig, mit rundlichen, gegen den Grund rechteckigen Zellen und gut ausgebildeter, in der Spitze verschwindender Rippe. Zähne der Kapsel 2schenklig, mit gelbem Saum

Ökologie: Formenreiches Allerweltsmoos, von Afrika bis Sibirien in allen Höhenlagen anzutreffen. Gesellschaftsvag — aber vielleicht doch kalkarmen Boden etwas bevorzugend — auf Sand- und Humusböden in Wäldern, auf Brandstellen, in Wiesen und Heiden, aber auch an Mauern und Felsen sowie auf alten Dächern

Ordenskissen oder Weißmoos, *Leucobryum glaucum* (L.) Schimp.

Gametophyt: Polster dicht, oft ausgebreitet, weißlich bis bläulichgrün, innen weiß. Stengel aufrecht, gabelig bis büschelig verzweigt, 5—15 cm lang, ohne Wurzelfilz. Blätter spiralig angeordnet, etwas abstehend, aus eiförmigem Grunde lanzettlich in der Spitze eingerollt, 3 bis 5 mm lang, hohl, nicht faltig

Sporophyt: Kapselstiel 3—7 cm lang, aus der Spitze des Stämmchens entspringend. Kapsel sehr klein, 1—2 mm lang, geneigt und gekrümmt, schwach dunkelbraun glänzend, mit 8 Längsfurchen, am Hals mit sehr deutlichem Kropf. Deckel geschnäbelt. Sporenreife im Herbst, sehr selten

Mikroskopische Kennzeichen: Blätter ganzrandig, scheinbar ohne Rippe, jedoch mit mehrschichtiger Spreite, die von zwei Zellarten gebildet wird: Kleine, rundliche blattgrünführende Zellen umschließen die Mittelschicht, die aus großen, blattgrünfreien Zellen gebildet wird, die der Wasserspeicherung dienen (Rippe). Kapselzähne bis zur Mitte gespalten, grubig

Ökologie: Typischer Säurezeiger. Regionale Charakterart des Eichen-Birken-Waldes (Verband der Eichen- und Buchenwälder auf stark sauren Böden, Quercion roboris-sessiliflorae), jedoch auch häufig in Fichtenwäldern (Piceetum excelsae) aller Feuchtigkeitsgrade sowie in offenen Heiden auf Torfboden; in den Alpen in Krähenbeer-Gesellschaften (Linnaeeto-Empetretum). Vom Tiefland bis 2500 m

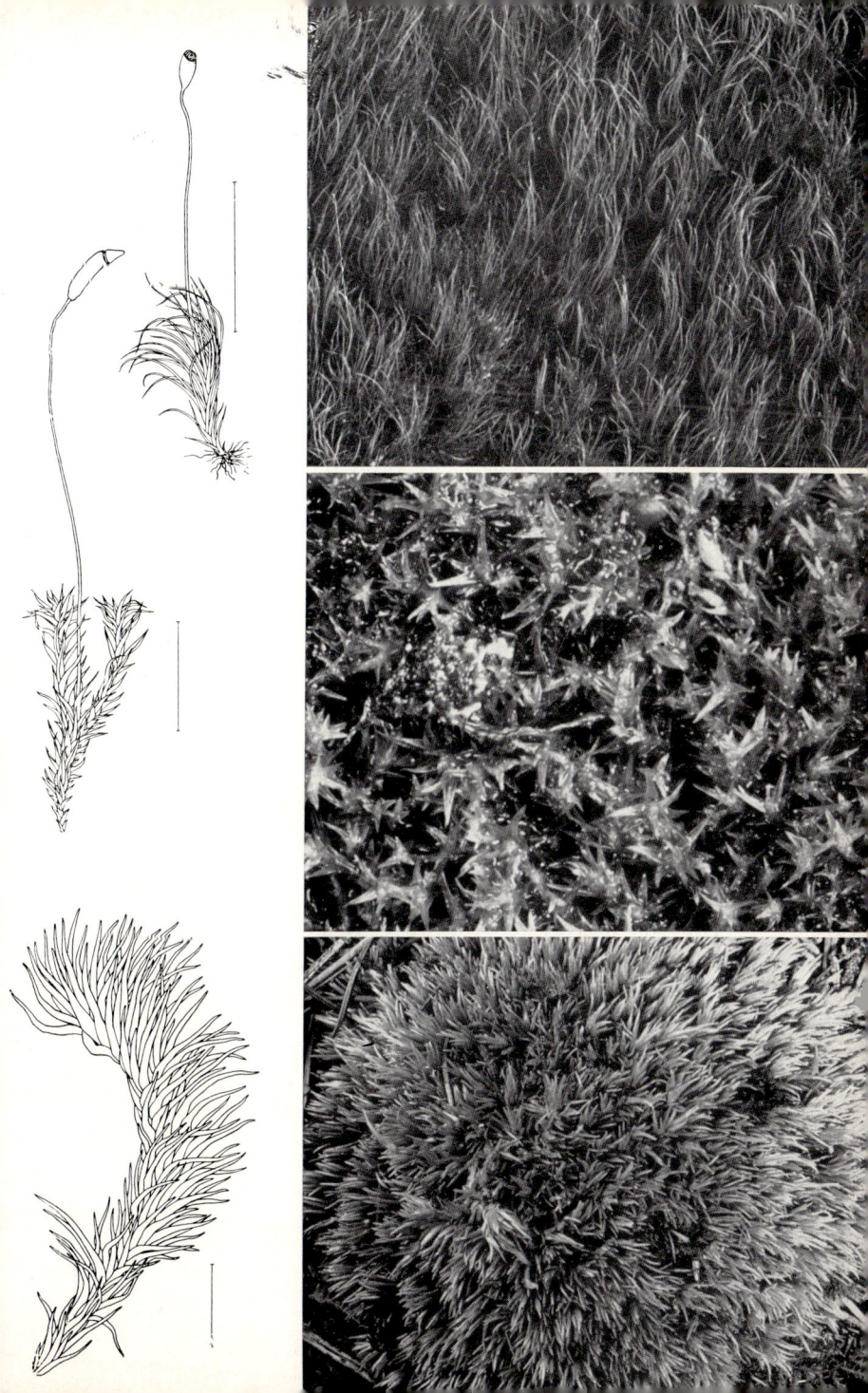

TAFEL 8

Laubmoose

Eiben-Spaltzahnmoos, *Fissidens taxifolius* (L.) Hedw.

Gametophyt: In sehr lockeren, niederliegenden bis schwach aufsteigenden, frisch- bis dunkelgrünen Rasen. Stengel unverzweigt, 1—5 (selten bis 10) cm lang. Blätter zweizeilig angeordnet, 1,5—2,5 mm lang, eiförmig, an der Spitze abgerundet, flach, nicht faltig, am Grunde sich gegenseitig berührend

Sporophyt: Kapselstiel 3—6 cm lang, am Grunde des Stengels entspringend. Kapsel geneigt bis waagrecht. Deckel kurz und stumpf gespitzt. Sporenreife vorwiegend im Winter

Mikroskopische Kennzeichen: Blätter an der abgerundeten Spitze (oft bis zum Grunde) gesägt, mit hellem, saumartigem Randstreif. Rippe gut entwickelt, kurz austretend. Auffällig ist der Rückenflügel, der sich auf dem Rücken des Blattes von der Rippe nach einer Seite hin entwickelt, größer ist als die dazugehörige Blattspreitenhälfte und unter den sich das nächsthöhere Blatt mit seinem Rande einschiebt, so daß die Blätter aufeinander reiten

Ökologie: Feuchtigkeitsliebendes und Schatten ertragendes Moos, das mit Vorliebe auf kalkarmen Waldböden, seltener auf Gestein wächst. Hauptverbreitung in Eichen-Hainbuchen-Wald (Querceto-Carpinetum), aber auch in nährstoffreichen Buchenwäldern (Fagetum silvaticae). Vom Tiefland bis über 2000 m

Echtes Kräuselmoos, *Tortella tortuosa* (L.) Limpr.

Gametophyt: Polster dicht, gelbgrün oder gebräunt, innen stark rotfilzig. Stengel aufrecht, höchstens gabelig verzweigt, 2—6 (selten bis 10) cm lang. Blätter spiralig angeordnet, feucht verbogen abstehend, trocken sehr stark gekräuselt, 4—8 mm lang, lineal bis lanzettlich, mit pfriemenförmiger Spitze, nicht faltig, leicht gekielt

Sporophyt: Kapselstiel 1—3 cm lang, aus der Spitze des Stengels entspringend. Kapsel aufrecht, eiförmig bis zylindrisch, zuweilen schwach gekrümmt, rötlichbraun. Deckel geschnäbelt. Sporenreife Frühling bis Sommer

Mikroskopische Kennzeichen: Blätter am Rande schwach gekerbt. Rippe als kurze Stachelspitze austretend. Blattzellen warzig, rundlich bis rechteckig, am Grunde rechteckig verlängert und wasserhell. Die wasserhellen Zellen sind scharf von den blattgrünführenden abgesetzt, erfüllen nahezu das untere Blattdrittel und ziehen sich als Randsaum bis weit über die Blattmitte hinauf. Kapselzähne 3mal gewunden, rötlich, mit langen Warzen

Ökologie: Kalkliebendes Moos auf Erde und Gestein, in lichten Wäldern, besonders in Edel-Laubwäldern (Fagetalia) und wärmeliebenden Eichenmischwäldern (Quercetalia pubescentis-sessiliflorae), Kalk-Kahlschlag-Gesellschaften (Atropetum belladonnae), Steinschutt-Gesellschaften (vor allem Dryopteridetum robertianae und alpine Thlaspietalia rotundifolii) und in Trockenrasen (Xerobrometum). Tiefen Schatten und starke Belichtung meidend. Hauptverbreitung im Hügelland. In den Alpen bis 3000 m. Im Tiefland selten

Grünes Perlmoos, *Weisia viridula* (L.) Hedw.

Gametophyt: Räschen sehr locker, hellgrün. Stengel aufrecht, 0,5—1 cm lang, meist unverzweigt. Blätter spiralig angeordnet, feucht etwas abstehend, trocken verbogen bis gekräuselt, 2—3 mm lang, schmallanzettlich bis zungenförmig, an der langen Spitze abgerundet, nicht faltig; Blattrand an der Blattspitze eingerollt

Sporophyt: Kapselstiel 3—10 mm lang, gelblich, aus der Spitze des Stengels entspringend. Kapsel aufrecht, eiförmig bis zylindrisch, rötlich, mit spitzkegeligem Deckel. Sporenreife Frühling bis Sommer

Mikroskopische Kennzeichen: Blätter ganzrandig, Rippe entweder in der Spitze verschwindend oder selten stachelspitzig austretend. Blattzellen rundlich bis vieleckig, klein und warzig, am Blattgrund wasserhell. Kapselzähne 16, orange, die Kapselöffnung nur sehr wenig überragend

Ökologie: Gesellschaftsvag. Auf nackter Erde mit vorwiegend neutraler Reaktion, z. B auf Waldblößen, in Ackerunkraut-Gesellschaften, an Wegen und als Pionier auf frisch aufgeworfenem Erdreich. Hauptverbreitung im Tiefland, bis 2000 m aufsteigend

TAFEL 9

Laubmoose

Falsches Bärtchenmoos, *Barbula fallax* Hedw.

Gametophyt: Polster locker, starr, oft ausgedehnt, schmutziggrün bis bräunlich. Stengel aufrecht, 2—4 cm lang, ohne Wurzelfilz, einfach oder gabelig verzweigt. Blätter spiralig angeordnet, feucht sparrig zurückgebogen, trocken gedreht und einwärts gebogen, 1—2 mm lang, aus eiförmigem Grunde scharf zugespitzt, nicht faltig, schwach gekielt, Blattrand nahezu auf der ganzen Länge umgerollt

Sporophyt: Kapselstiel 1—1,5 cm lang, rot, aus der Spitze des Stengels entspringend. Kapsel aufrecht, zylindrisch, selten schwach gekrümmt, braun, Deckel geschnäbelt. Sporenreife Herbst bis Winter

Mikroskopische Kennzeichen: Blätter ganzrandig, Rippe in der scharfen Blattspitze endend, Blattzellen warzig, am Blattgrund wasserhell und quadratisch bis kurz-rechteckig, im übrigen Blatt undurchsichtig und rundlich. Kapselzähne 32, 3—4mal linksgewunden, warzig, gelbbraun, auf wenig hervortretender Grundhaut stehend

Ökologie: Feuchtigkeitsliebendes und vorzugsweise kalkholdes Moos auf Erde und vor allem an Gestein in vielen Gesellschaften. Auf Steinschutt, Felsen und Mauern, an Hohlwegen, Grabenrändern und auf Äckern oft ausgedehnte Bestände bildend. Halbschatten bevorzugend, daher selten in Wäldern und an stark besonnten Felsen und Mauern, dagegen gern in der Gesellschaft des Storchschnabelfarns (Dryopteridetum robertianae) und in der alpinen Stengelfingerkraut-Flur (Potentilletalia caulescentis) an Ost- oder Nordhängen. Vom Tiefland bis über 2000 m

Gemeines Bärtchenmoos, *Barbula unguiculata* (Huds.) Hedw.

Gametophyt: Rasen dicht, weich, oft ausgedehnt, schmutziggrün bis grün. Stengel aufrecht, unverzweigt oder gabelig verzweigt, 0,5—3 cm lang, ohne Wurzelfilz. Blätter spiralig angeordnet, feucht aufrecht abstehend, trocken nach innen gekrümmt, 1,5—2,5 mm lang, aus eiförmigem Grunde lanzettlich bis zungenförmig, mit abgerundeter Spitze, nicht faltig, Blattrand in der Mitte des Blattes umgerollt

Sporophyt: Kapselstiel 1—2 cm lang, rot, aus der Spitze des Stengels entspringend. Kapsel aufrecht, zylindrisch, braun, Deckel geschnäbelt. Sporenreife Winter bis Frühling

Mikroskopische Kennzeichen: Blätter ganzrandig. Rippe als kurze Stachelspitze austretend. Blattzellen warzig, am Blattgrund verlängert und wasserhell, jedoch nicht scharf von den rundlich-vieleckigen Blattgrünzellen abgesetzt. Kapselzähne 32, trübrot, dichtwarzig, 3—4mal linksgewunden, auf einer wenig hervortretenden Grundhaut stehend

Ökologie: Etwas feuchtigkeitsliebend und kalkhold, an Felsen, Mauern, auf Äckern und an Grabenrändern weit verbreitet, jedoch nur selten in Wäldern, da lichtbedürftig. Gesellschaftsvag. Vom Tiefland bis über 2500 m

Mauer-Drehzahnmoos, *Tortula muralis* (L.) Hedw.

Gametophyt: Pölsterchen mehr oder wenig locker, bläulich- bis hellgrün, grau schimmernd. Stengel aufrecht, 0,5—1,5 cm lang, meist unverzweigt, seltener gabelig, wurzelfilzig. Blätter spiralig angeordnet, feucht aufrecht bis waagrecht abstehend, trocken anliegend, gefaltet und etwas gedreht, 3—4 mm lang, zungenförmig, abgestumpft oder kurz gespitzt, mit langem, farblosem Glashaar, nicht faltig, Rand gelblich und stark eingerollt

Sporophyt: Kapselstiel 1—2 cm lang, gelblich bis braunrot, aus der Spitze des Stengels entspringend. Kapsel aufrecht, walzlich, schwach gekrümmt, braunrot. Deckel geschnäbelt. Sporenreife im Frühling

Mikroskopische Kennzeichen: Blätter ganzrandig, Rippe in das glatte Glashaar übergehend. Blattzellen warzig, vieleckig und locker, unterhalb der Blattmitte wasserhell. Kapselzähne 32, 2—3mal linksgewunden, auf kaum hervortretender Grundhaut stehend

Ökologie: Weitverbreitetes Moos an Mauern, Felsen und auf Dächern. Vielleicht kalkhaltige Unterlage bevorzugend und daher gern an Mörtelmauern. Vom Tiefland bis etwa 2000 m

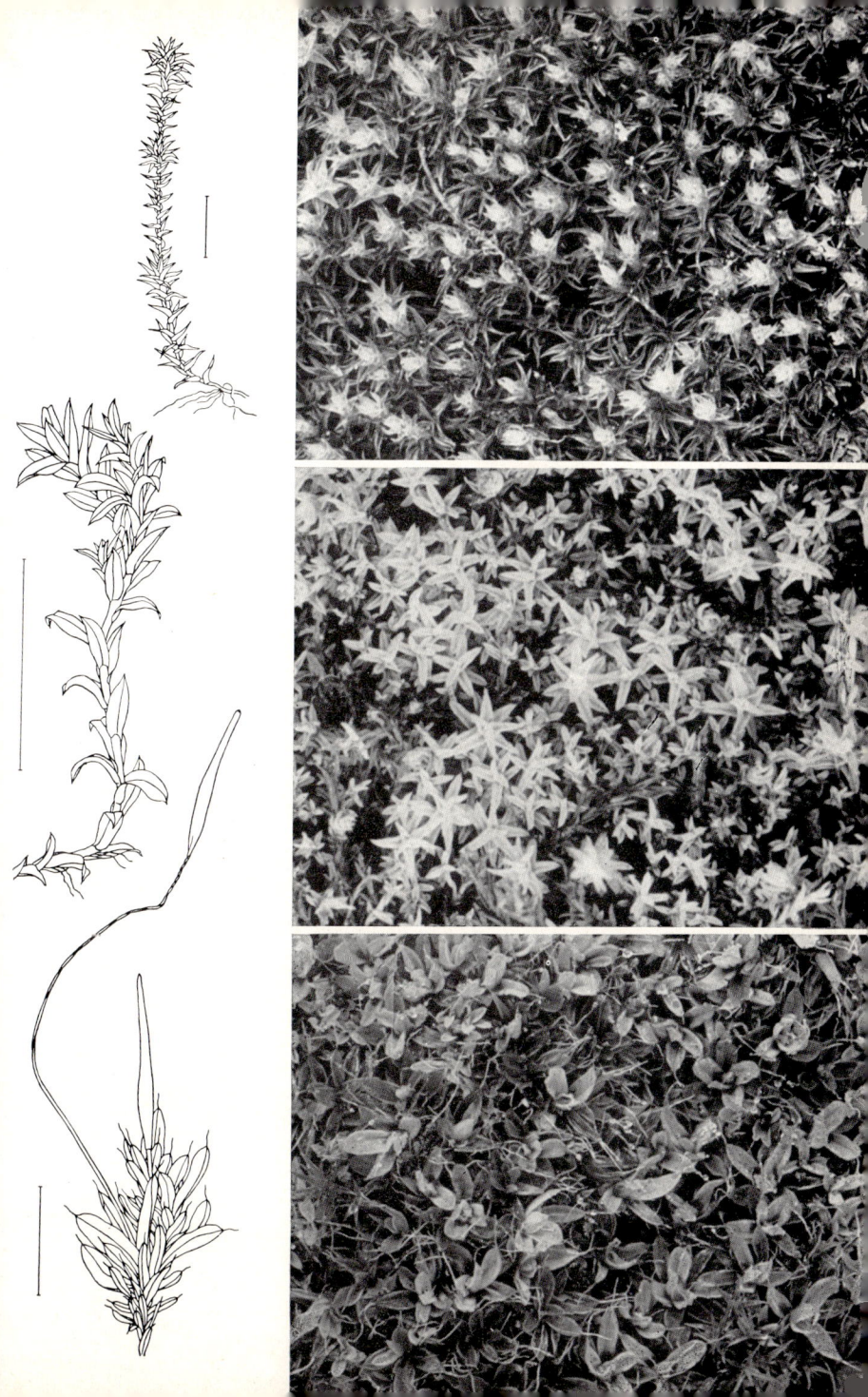

Laubmoose

Stachelspitziges Bartmoos, *Syntrichia subulata* (L.) Web. et Mohr

Gametophyt: Polster locker, grün, innen rostgelb, oft ausgedehnt. Stengel aufrecht, 0,5—1 (selten bis 2) cm lang, gabelig oder ungeteilt, wurzelfilzig. Blätter spiralig angeordnet, aufrecht abstehend, trocken verdreht und einwärts gebogen, 4—6 mm lang, verkehrt-eilänglich bis zungenförmig, scharf zugespitzt, nicht faltig, schwach hohl

Sporophyt: Kapselstiel 1—3 cm lang, purpurrot, aus der Spitze des Stengels entspringend. Kapsel aufrecht, etwa 5 mm lang, zylindrisch, z. T. schwach bogig gekrümmt, braun. Kapseldeckel spitzkegelig. Sporenreife Frühling bis Sommer

Mikroskopische Kennzeichen: Blätter ganzrandig; Rippe als kurze, kräftige Stachelspitze austretend. Blattrand gelblich gesäumt. Blattzellen warzig, dicht und klein, vieleckig bis rundlich, am Grunde etwas verlängert und durchsichtig. Kapselzähne 32, 1—2mal linksgewunden, tiefrot, warzig, von der blaßroten Grundhaut weit über die Mündung emporgehoben

Ökologie: Kalkhold, aber auch auf schwach sauren Böden noch gedeihend. Gesellschaftsvag, auf Erde, Baumwurzeln, Mauern und Felsen. Mäßig feuchte Standorte bevorzugend. Vom Tiefland bis über 2000 m

Erd-Bartmoos, *Syntrichia ruralis* (L.) Brid.

Gametophyt: Polster locker, oft ausgedehnt, gelblich grün bis braunrot. Stengel aufrecht oder niederhängend, 3—7 (selten bis 10) cm lang, meist gabelig verzweigt, schwach wurzelfilzig. Blätter spiralig angeordnet, beim Anfeuchten sich rasch sparrig zurückkrümmend, trokken zusammengefaltet und verdreht, trocken anliegend, 5 mm lang, aus breitem Grund verlängert bis elliptisch, mit abgerundeter oder etwas vorgezogener und ausgerandeter Spitze und langem, weißem Glashaar, nicht faltig, gekielt, Rand zurückgerollt

Sporophyt: Kapselstiel 1—2 cm lang, rötlich, aus der Spitze des Stengels entspringend. Kapsel aufrecht, langzylindrisch, braun. Kapseldeckel spitzkegelig, Sporenreife im Frühling

Mikroskopische Kennzeichen: Rippe scharf gesägt, sich in das dornig gezähnte Glashaar fortsetzend. Blattzellen warzig, klein und dicht, am Grunde etwas lockerer, größer und wasserhell. Kapselzähne 32, warzig, rot, 2mal linksgewunden, von der etwa gleichlangen Grundhaut weit über die Kapselmündung emporgehoben

Ökologie: Viele ökologische Rasen, u. a. in der Schild-Ampfer-Gesellschaft (Rumicetum scutati), der Storchschnabelfarn-Gesellschaft (Dryopteridetum robertianae), der Gesellschaft des Rundblättrigen Hellerkrautes (Thlaspietalia rotundifolii), in trockenen Steppenheiden (Xerobrometum), aber auch an feuchtschattigen Felsen in Schluchtwäldern. Eine Rasse, das „Sand-Bartmoos" (*Syntrichia ruralis* var. *arenicola*), auf Küsten- und Steppendünen als Charakterart der Küsten-Schillergras-Flur (Tortuleto-Phleetum). Vom Tiefland bis über 2500 m

Gedrehtes Glockenhutmoos, *Encalypta contorta* (Wulf.) Lindb.

Gametophyt: Polster locker, hell- bis bläulichgrün, innen rotbraun. Stengel aufrecht, meist unverzweigt, 2—5 cm lang. Blätter spiralig angeordnet, feucht stets ausgebreitet abstehend, trocken gefaltet und einwärts gekrümmt, breit zungenförmig, stumpf oder mit kurzer, etwas abgesetzter, eingebogener Spitze, 3—6 mm lang, nicht faltig, mit gut sichtbarer roter Rippe

Sporophyt: Kapselstiel etwa 2 cm lang, rot, aus der Spitze des Stengels entspringend. Kapsel aufrecht, länglich-eiförmig, bräunlich, mit 8 rötlichgelben, spiralig verlaufenden Rippen, plötzlich in den Stiel zusammengezogen. Kapseldeckel spitzkegelig. Haube lange Zeit auf der Kapsel verbleibend, gelblichbraun, glockenförmig, mit kurzen Fransen. Sporenreife im Sommer

Mikroskopische Kennzeichen: Blätter ganzrandig, Rippe in der Spitze verschwindend, Blattzellen im unteren Blattdrittel quadratisch bis rechteckig, wasserhell, mit roten Wänden, scharf abgesetzt von den rundlichen, kleinen und undurchsichtigen Zellen im oberen Teil des Blattes. In den Blattachseln viele fadenförmige, verzweigte, braunrote Brutfäden. Mundsaum der Kapsel mit 2 Zahnreihen. Innere Zähne 16—32, gelb; äußere Zähne, 16, rot

Ökologie: Kalk- und feuchtigkeitsliebend, an Felsen und Mauern, seltener auf Erde. Begleiter der Mauerrauten-Flur (Asplenietum ruta murariae-trichomanis), der Storchschnabelfarn-Flur (Dryopteridetum robertianae), der Gesellschaft des Stengel-Fingerkrauts (Potentilletalia caulescentis); auch in Kalktrockenrasen (Xerobrometum). Vom Tiefland bis über 2500 m

TAFEL 11

Laubmoose

Polster-Kissenmoos, *Grimmia pulvinata* (L.) Smith

Gametophyt: Pölsterchen mehr oder weniger dicht, blaugrün bis schwärzlich, grau schimmernd. Stengel aufrecht, gabelig verzweigt, 1—2 cm lang. Blätter spiralig angeordnet, feucht abstehend, trocken leicht verbogen und aufrecht bis anliegend, länglich lanzettlich, mit schwach abgestumpfter Spitze und plötzlich aus dieser austretendem, langem, weißem Glashaar, 2 bis 3 mm lang, nicht faltig, mit weit umgerolltem Rande

Sporophyt: Kapselstiel 2—5 mm lang, bräunlich, anfangs herabgebogen, später sich aufrichtend, aus der Spitze des Stämmchens entspringend. Kapsel waagrecht bis hängend, kugelig bis eiförmig, braun, mit 8—10 Längsrippen. Deckel mützenförmig, kurz geschnäbelt, durch ein Mittelsäulchen emporgehoben. Haube mützenförmig, gelappt. Sporenreife Frühling bis Sommer

Mikroskopische Kennzeichen: Blätter ganzrandig, mit deutlicher Rippe, über der Mitte zweischichtig und daher undurchsichtig, Glashaar glatt. Zellen klein, rundlich bis quadratisch, mit stark verdickten Wänden, am Grunde etwas lockerer und kurz rechteckig. Kapselzähne 16, warzig, rot, an der Spitze oft kurz zweispaltig

Ökologie: Allerweltsmoos auf Gestein, basischen Untergrund bevorzugend. An Mauern und Dächern sowie an Felsen und Gesteinsschutt, selten an Bäumen, nie auf Erde. Schattenfliehend und Trockenheit liebend, daher fast stets an besonnten Standorten. Vom Tiefland bis etwa 1000 m

Graues Zackenmützenmoos, *Racomitrium canescens* (Timm) Brid.

Gametophyt: Rasen locker, ausgedehnt, meist flach, grauschimmernd, schmutzig gelb- bis graugrün. Stengel niederliegend, in dichten Beständen aufsteigend bis aufrecht, 2—10 cm lang, mit vielen verkürzten Seitenästchen. Blätter spiralig und dicht angeordnet, feucht beinahe sparrig abstehend, trocken locker anliegend, aus eiförmigem Grund lanzettlich zugespitzt, allmählich in ein langes, weißes Glashaar übergehend, nicht faltig, Blattrand umgerollt

Sporophyt: Kapselstiel 0,5—2,5 cm lang, geschlängelt bis aufrecht, aus den Stammenden entspringend. Kapsel aufrecht, kugelig bis eiförmig, braun, mit rötlichen bis gelblichen Längsstreifen. Kapseldeckel spitzkegelig. Sporenreife im Winter

Mikroskopische Kennzeichen: Blätter ganzrandig, mit schwacher, vor der Spitze erlöschender Rippe, Glashaar gezähnt und stark hellwarzig. Zellen im oberen Teil des Blattes quadratisch, nach unten verlängert rechteckig, mit stark verdickten, wellig buchtigen Längswänden, beiderseits stark warzig. Mundsaum der Kapsel mit 16 purpurroten zweigeteilten Zähnen

Ökologie: Wie alle Arten dieser Gattung kalkfeindlich, jedoch noch auf Kalk ausgelaugten Böden anzutreffen, deren Muttergestein Kalk ist. Hauptverbreitung in offenen Sand- und Heidegesellschaften in verschiedenen ökologischen Rassen; z. B. in Kahlschlag-Gesellschaften auf saurem Untergrund (Senecieto-Epilobietum angustifolii), jedoch nur an lichteren Stellen, z. T. in Silbergras-Fluren (Corynephoretalia), Borstgras-Rasen (Nardetum strictae) und Heiden (Calluneto-Ulicetalia und Vaccinio-Piceion). Vom Tiefland bis 3500 m

Nadelspitziges Zackenmützenmoos, *Racomitrium aciculare* (L.) Brid.

Gametophyt: Polster sehr locker, aber oft starr, oft ausgedehnt, dunkel- bis olivgrün. Stengel aufrecht, gabelig verzweigt, 2—5 cm lang. Blätter spiralig angeordnet, feucht aufrecht abstehend, trocken dicht anliegend und an den Sproßenden schwach sichelförmig einseitswendig, aus breit eiförmigem Grunde zungenförmig, mit stumpfer Spitze, nicht faltig, Rand umgerollt

Sporophyt: Kapselstiel 0,5—1,5 cm lang, aus der Spitze des Stengels entspringend. Kapsel aufrecht, eiförmig bis zylindrisch, braun, glatt, allmählich in den Stiel zusammengezogen. Kapseldeckel geschnäbelt. Haube mit 4—6 Lappen. Sporenreife im Frühling

Mikroskopische Kennzeichen: Blätter ganzrandig oder an der Spitze gezähnt, mit schwacher, in der Spitze verschwindender Rippe. Blattzellen im obersten Drittel klein und rundlich bis quadratisch, sonst langgestreckt mit wellig-buchtigen Längswänden. Mundsaum der Kapsel mit 16, in 2 dünne Schenkel gespaltenen trüborten Zähnen

Ökologie: Kalkfeindliches Wassermoos höherer Lagen. In Quellflur-Gesellschaften (Cardamineto-Montion) zusammen mit *Brachythecium rivulare* und *Philonotis fontana* oft weite Strecken bedeckend. Es erträgt gelegentliche Austrocknung gut und findet sich deswegen bis etwa zur Frühjahrshochwasserlinie an Geröll und Bachböschungen. Von 700 bis etwa 3000 m

Laubmoose

Gemeines Spaltmoos, *Schistidium apocarpum* (L.) Br. eur.

Gametophyt: Pölsterchen locker, bräunlich-schwärzlichgrün. Stengel aufrecht, gabelig verzweigt, 1—4 cm lang. Blätter spiralig angeordnet, feucht aufrecht abstehend, trocken anliegend. 1—3 mm lang, länglich lanzettlich zugespitzt, mit kurzer, farbloser Spitze, nicht faltig, am Rand umgerollt

Sporophyt: Kapselstiel höchstens 3 mm lang, aus der Spitze des Stengels entspringend. Kapsel daher in die Blätter eingesenkt, aufrecht, rundlich bis eiförmig, braun, mit weiter Öffnung und flachem, baskenmützenartigem, kurzgespitztem Deckel, der durch ein Mittelsäulchen emporgehoben wird, das zusammen mit ihm abfällt. Sporenreife im Frühling

Mikroskopische Kennzeichen: Blätter ganzrandig, mit gut ausgebildeter Rippe. Blattzellen klein und undurchsichtig, rundlich bis quadratisch, nur am Grunde neben der Rippe einige rechteckig verlängerte Zellen. Kapselzähne 16, purpurrot

Ökologie: In vielen Rassen mit besonderen ökologischen Ansprüchen. Die häufigste Unterart kalkhaltige und trockene Standorte bevorzugend. Auf Gestein jeglicher Art vom Tiefland bis gegen 2000 m

Drehmoos, *Funaria hygrometrica* (L.) Sibth.

Gametophyt: Rasen dicht, hellgrün, oft sehr großflächig. Stengel aufrecht, 1—2 (selten 3) cm lang, meist unverzweigt oder gabelig verzweigt. Blätter spiralig angeordnet, die oberen meist größer und knospenförmig geschlossen, 3—5 mm lang, eilanzettlich, kurz gespitzt, hohl, nicht faltig

Sporophyt: Kapselstiel 3—5 cm lang, gelbrot, gekrümmt und verdreht, aus der Spitze des Stengels entspringend. Kapsel geneigt bis hängend, schief birnförmig, gelbrot bis rot, braun gestreift, engmündig, entleert tief furchig. Deckel klein, stumpfkegelig. Sporenreife Frühling bis Herbst

Mikroskopische Kennzeichen: Blätter ganzrandig (Hüllblätter der Gametangienstände in der Spitze gesägt), mit gut entwickelter, vor der Spitze verschwindender Rippe. Blattzellen glatt, dünnwandig, locker, oben rautenförmig, gegen den Blattgrund rechteckig. Mundsaum der Kapsel mit 2 Zahnreihen zu je 16 Zähnen, die inneren klein und gelb, die äußeren groß, schmal und rötlich

Ökologie: Gesellschaftsvages Allerweltsmoos auf Erde, in Mauerritzen, zwischen Kopfsteinpflaster, regelmäßig auf alten Feuerstellen im Walde. Vom Tiefland bis 2500 m

Rosenmoos, *Rhodobryum roseum* (Weis) Limpr.

Gametophyt: Rasen locker, freudig- bis sattgrün. Stengel unverzweigt mit Ausläufern, schwach wurzelfilzig, 3—6 (seltener bis 10) cm lang. Blätter von zweierlei Gestalt: die unteren klein und schuppenförmig, dem Stengel angepreßt, die oberen 10—12 mm lang, schopfigrosettenartig gehäuft, ei- bis zungenförmig, scharf zugespitzt, Rand am Grunde etwas umgeschlagen, nicht faltig

Sporophyt: Kapselstiel dick, 4—6 cm lang, oben fast hakenförmig gekrümmt, 1—3 aus der Mitte des Blattschopfes entspringend. Kapsel hängend, dick, eiförmig, 0,5—0,7 cm lang, schwach gekrümmt, gelblich bis rotbraun. Deckel stumpfkegelig, Sporenreife Herbst bis Winter, selten

Mikroskopische Kennzeichen: Blätter über der Mitte scharf gesägt, mit vor der Spitze verschwindender Rippe. Blattzellen locker, weitmaschig, rautenförmig. Zahnreihe der Kapselöffnung doppelt, die Außenreihe aus 16 sehr langen, gelben Zähnen bestehend

Ökologie: Schwach sauren Humusboden bevorzugend, etwas feuchtigkeits- und schattenliebend. Häufig in frischen Edel-Laubwaldgesellschaften (Fagetum silvaticae, Subassoziation von *Lysimachia nemorum*, Querceto-Carpinetum, Subassoziation von *Athyrium filix-femina*), Auen- und Quellwäldern (Alno-Padion), frischen Nadelwäldern (Vaccinio-Piceion, vor allem Piceetum excelsae), aber auch an Waldrändern und sogar in Wiesen. Vom Tiefland bis 2500 m

TAFEL 13

Laubmoose

Silber-Birnmoos, *Bryum argenteum* L.

Gametophyt: Rasen mehr oder wenig dicht, silberweiß bis weißlichgrün, feucht graugrün. Stengel unverzweigt oder gabelig verzweigt, 0,5—1,5 cm lang. Blätter spiralig angeordnet, alle dachziegelig anliegend (Stengel daher kätzchenförmig-drehrund), höchstens 1,5 mm lang, eiförmig, allmählich zugespitzt, selten mit haarartig verlängerter Spitze, flach, nicht faltig

Sporophyt: Kapselstiel 1—2 cm lang, rötlich, in der Spitze hakenförmig gekrümmt, aus der Spitze des Stengels, zuweilen auch aus einem verkürzten Seitenästchen entspringend. Kapsel hängend, ei- bis birnförmig, 2—3 mm lang, tief rot; mit dickem Halsstück am Stiel ansitzend. Deckel kurzkegelig. Sporenreife fast das ganze Jahr über

Mikroskopische Kennzeichen: Blätter ganzrandig, mit über der Mitte erlöschender Rippe. Blattzellen locker, weitmaschig, rautenförmig, gegen den Rand zu etwas kleiner werdend, aber keinen deutlichen Saum bildend. Mundsaum der Kapsel zweireihig, äußere Reihe aus 16 orangefarbenen, in der Spitze farblosen Zähnen gebildet, innere Reihe aus gelblichen Zähnen und Wimpern bestehend

Ökologie: Gesellschaftsvages Allerweltsmoos. Vorzugsweise auf trockenen, sandigen Böden, Kies und Sandsteinfelsen. In neuerer Zeit besonders reichhaltig in der „Trümmerflora", aber auch an Mauern, zwischen Straßenpflaster und auf Dächern. Vom Tiefland bis über 3000 m

Haar-Birnmoos, *Bryum capillare* L.

Gametophyt: Rasen dicht, sehr weich, satt- bis schmutziggrün, innen oft rötlichbraun. Stengel meist unverzweigt oder gabelig verzweigt, aufrecht, 1—3 cm lang, mit starkem Wurzelfilz. Blätter spiralig angeordnet, die obersten rosettenartig und etwas vergrößert, 2—3,5 mm lang, länglich-eiförmig, trocken spiralig um den Stengel gedreht, fast stets mit sehr langer, feiner Haarspitze, flach, feucht nicht faltig

Sporophyt: Kapselstiel 2—4 cm lang, oben weitbogig gekrümmt, aus der Spitze des Stengels entspringend. Kapsel waagrecht bis hängend, birnförmig bis zylindrisch, relativ groß (4—5 mm lang), zuweilen etwas gekrümmt, rötlichbraun. Deckel stumpfkegelig. Sporenreife Frühling bis Sommer

Mikroskopische Kennzeichen: Blätter ganzrandig oder selten an der Spitze schwach gezähnt, Rippe gut ausgebildet, kurz vor der Spitze erlöschend. Blattzellen rautenförmig, locker und weitmaschig, am Rande 1—4 Reihen langgestreckte, verengte Zellen, einen gelblichen bis bräunlichgelben Saum bildend. Zahnbesatz der Kapsel zweireihig, die 16 äußeren Zähne bräunlich mit farbloser Spitze, die 16 inneren gefenstert, dazwischen Wimpern mit Anhängseln

Ökologie: In vielen Gesellschaften, wohl durch ökologische Rassen vertreten, deren Umgrenzung aber noch unbekannt ist. Auf Erde, auch auf Waldboden, Felsen, Mauern, Dächern sowie an Bäumen und Holzwerk. Vom Tiefland bis über 2500 m

Schnabel-Sternmoos, *Mnium rostratum* Schrad.

Gametophyt: Lockere bis dichte, ausgedehnte, satt- bis dunkelgrüne Rasen. Wuchsform der Stengel unterschiedlich: die fruchtbaren Stämmchen aufrecht, 2—3 cm hoch, allseitig beblättert, die unfruchtbaren flach am Boden anliegend, kriechend, 4—10 (selten 15) cm lang, zweizeilig beblättert, unterseits stark rostrot wurzelfilzig. Blätter eiförmig bis rundlich oder spatelförmig, vorne abgerundet, mit deutlich sichtbarer Mittelrippe, 5—8 mm lang, am fertilen Sproß schopfig gehäuft, trocken etwas wellig, mit krausem Rand, feucht flach und nicht faltig

Sporophyt: Kapselstiel 2—4 cm lang, bogig gekrümmt, einer oder mehrere aus der Spitze der aufrechten Stengel entspringend. Kapsel waagrecht bis hängend, verlängert eiförmig (3—4 mm lang), gelblich, mit rotem Mundwulst. Deckel langgeschnäbelt, Schnabel bogig aufsteigend. Sporenreife im Frühling

Mikroskopische Kennzeichen: Blätter gesäumt, in der oberen Hälfte mit gezähntem Rand; Zähne stumpf, einzellig. Rippe in der Spitze endend; Blattzellen locker, rundlich bis vieleckig. Mundsaum der Kapsel aus 2 Zahnreihen mit je 16 gleichgroßen, gelblichen Zähnen bestehend

Ökologie: Feuchtigkeits- und schattenliebend, in vielen Waldgesellschaften und Bachfluren, sehr selten in offenen Wiesen, jedoch fast stets auf kalkhaltigem Untergrund. Vom Tiefland bis gegen 2000 m

112

Laubmoose

Spieß-Sternmoos, *Mnium cuspidatum* (L.) Leyss.

Gametophyt: Rasen locker, ausgedehnt, hell- bis lebhaft grün. Wuchsform der Stengel unterschiedlich: die fruchtbaren Stengel aufrecht, 2—4 cm hoch, allseitig beblättert, die unfruchtbaren niederneigend bis kriechend, zweizeilig beblättert, 3—5 (selten bis 7) cm lang, unterseits mit starkem Wurzelfilz. Blätter spitz eiförmig, mit deutlich sichtbarer Rippe, 5 bis 6 mm lang, flach, nicht faltig

Sporophyt: Kapselstiel 1—3 cm lang, gerade oder nur schwach gekrümmt, einzeln aus der Spitze des Stengels entspringend, Kapsel waagrecht bis hängend, eiförmig, 2—2,5 mm lang, grün- bis braungelb. Deckel kurzkegelig, gespitzt oder stumpflich. Sporenreife im Frühling

Mikroskopische Kennzeichen: Blätter gesäumt, in der oberen Hälfte mit scharf gezähntem Rand, Zähne sehr spitz, aus 1—2 Zellen gebildet. Rippe in der Spitze endend. Blattzellen rundlich bis vieleckig, locker. Mundsaum der Kapsel mit 2mal 16 gleichgroßen, grüngelben Zähnen

Ökologie: Feuchtigkeitsliebend, in frischen bis nassen Waldgesellschaften, ohne besondere Bodenansprüche (lediglich stark saure Böden meidend), schattenliebend, jedoch auch in Wiesengesellschaften auf feuchtem Untergrund verbreitet. In fast allen Wald- und Wiesengesellschaften vom Tiefland bis gegen 2000 m als Begleiter der feuchteren Assoziationen

Punktiertes Sternmoos, *Mnium punctatum* (L.) Hedw.

Gametophyt: In lockeren, satt- bis schwärzlichgrünen Rasen. Stengel aufrecht, 2—5 (selten bis 10) cm hoch, weit herauf stark braunfilzig. Blätter spiralig, z. T. sehr locker angeordnet, abstehend bis zurückgebogen, trocken zerknittert, spatelförmig mit kurzem Spitzchen, in das die deutlich sichtbare Rippe nicht mehr eintritt, 8—12 mm lang, feucht nicht faltig, etwas kielig

Sporophyt: Kapselstiel 2—4 cm lang, oben bogig gekrümmt und verdrillt, meist einzeln, aus der Spitze des Stengels entspringend. Kapsel waagrecht bis nickend, verlängert eiförmig, 4—5 mm lang, gelbgrün bis rötlichbraun, mit rotem Mundwulst. Deckel kegelförmig, schief geschnäbelt. Sporenreife im Frühling

Mikroskopische Kennzeichen: Blätter ganzrandig, am Rande wulstig gesäumt. Blattzellen locker, rundlich bis vieleckig, in den Ecken stark verdickt (kollenchymatisch). Mundsaum der Kapsel aus 2 gleichhohen Zahnreihen mit je 16 gelben Zähnen bestehend

Ökologie: Nässezeiger des mäßig sauren Waldbodens (auch über modernden Baumstümpfen). Starke Beschattung ertragend. Charakterart der Milzkraut-Flur (Cardaminetum amarae), aber auch fast stets als Begleiter des frischen Eichen-Hainbuchen-Waldes (*Athyrium filix-femina*-Hauptsubassoziation des Querceto-Carpinetums), die feuchtesten Stellen der Gesellschaft anzeigend. Ferner im Bach-Eschen-Erlen-Wald (Cariceto remotae-Fraxinetum) als Differentialart der *Chrysosplenium*-Hauptsubassoziation. Vom Tiefland bis gegen 2000 m

Welliges Sternmoos, *Mnium undulatum* (L.) Weis

Gametophyt: Rasen locker, ausgedehnt, sattgrün, im Schatten gelbgrün. Stengel 5—15 cm lang, die unfruchtbaren wedelartig übergebogen, unverzweigt, die fruchtbaren aufrecht, an der Spitze bäumchenartig verzweigt, am Grunde schwach wurzelfilzig, mit vielen Ausläufern. Blätter nach oben etwas größer werdend, lang zungenförmig, an der Spitze flach abgerundet oder mit kurzem, aufgesetztem Spitzchen, 10—15 mm lang, 1—2 mm breit, mit deutlich sichtbarer Rippe, flach, stark querwellig

Sporophyt: Kapselstiel 2—4 cm lang, gelblichrot, oben hakig gekrümmt, mehrere (2—10) aus der Spitze des Stengels entspringend. Kapsel waagrecht bis hängend, walzlich, grüngelb bis braun. Kapseldeckel nahezu halbkugelig, mit kurzem Spitzchen. Sporenreife Frühling bis Sommer

Mikroskopische Kennzeichen: Blätter am Rande gezähnt und gesäumt. Rippe in der Spitze endend. Blattzellen rundlich bis vieleckig. Mundsaum der Kapsel mit 2mal 16 gleichgroßen, blaßgrünen Zähnen

Ökologie: Schatten- und feuchtigkeitsliebendes Waldbodenmoos ohne besondere Bodenansprüche. Verbreitungsschwerpunkt wahrscheinlich in feuchten Quellwäldern (Alno-Padion), da es dort am häufigsten fruchtend angetroffen wird. Meidet in der Regel trockene Wälder und extrem saure Standorte. Vom Tiefland bis gegen 2000 m

TAFEL 15

Laubmoose

Sumpf-Streifensternmoos, *Aulacomnium palustre* (L.) Schwaegr.

Gametophyt: Rasen locker, gelblich- bis olivgrün. Stengel aufsteigend bis aufrecht, 10 bis 15 cm lang, mit starkem, rotbraunem Wurzelfilz, gabelig bis büschelig-fiederig verzweigt. Blätter in 8 Reihen, mehr oder weniger spiralig angeordnet, aufrecht abstehend, 4—5 mm lang, lanzettlich, mit sichtbarer Rippe, scharf zugespitzt, nicht faltig, mit umgerolltem Rand

Sporophyt: Kapselstiel 3—5 cm lang, scheinbar aus den Astwinkeln entspringend. Kapsel etwas geneigt und gekrümmt, hochrückig, rötlichbraun, mit 8 Streifen, entleert gefurcht. Sporenreife im Sommer

Mikroskopische Kennzeichen: Blätter ganzrandig oder an der Spitze gezähnt. Blattzellen rundlich, engmaschig, in der Mitte mit je einer spitzen Warze, in den Ecken verdickt. Zellen des Blattgrundes mehrschichtig, gebräunt, etwas größer als die übrigen, rechteckig, ohne Warzen. Zähne des Mundsaums in zwei Reihen, die äußere aus 16 lanzettlichen Zähnen bestehend, die innere aus Zähnen und Wimpern zusammengesetzt

Ökologie: Sumpfmoos in Flach- und Hochmooren, so z. B. in Zwergstrauch-Gesellschaften auf sauren Torfböden (Ericeto-Sphagnetalia) bis in die Schlenken (Scheuchzerietum palustris) hineinwachsend und teilweise Wasserbedeckung gut ertragend. Eine Rasse in den alpinen Krähenbeer-Heiden (Linnaeeto-Empetretum), andere Formen in der Kleinseggen-Wiese (Cariceto-Agrostidetum caninae) und in der Silauwiese (Silaetum pratensis). Vom Tiefland bis über 3000 m

Hallers Apfelmoos, *Bartramia halleriana* Hedw.

Gametophyt: Lockere, gelbgrüne oder bläulichgrüne, oft bräunlich gescheckte Polster. Stengel niederliegend bis aufsteigend, unverzweigt oder gabelig bis büschelig verzweigt, 5—10 (selten bis 15) cm lang, weit herauf stark gelbrot wurzelfilzig. Blätter spiralig, achtreihig angeordnet, oft etwas einseitig abstehend, trocken verbogen bis geschlängelt, 5—10 mm lang, aus halbscheidigem, weißglänzendem Grund plötzlich spitz pfriemenförmig, nicht faltig

Sporophyt: Kapselstiel 3—5 mm lang, rot, leicht gebogen, an der Seite des Stengels entspringend und von diesem überragt. Kapsel kugelig, etwas geneigt, stark gestreift, gelbbraun bis rötlich. Deckel flach bis kurzkegelig. Sporenreife Frühling bis Sommer

Mikroskopische Kennzeichen: Blätter mit grob gesägtem Rand und deutlicher, austretender Rippe. Blattzellen klein, vieleckig bis rundlich-quadratisch, warzig, am Blattgrund wasserhell und verlängert rechteckig. Mundsaum aus 2 Zahnreihen zu je 16 Zähnen bestehend, die äußeren rot und lanzettlich, die inneren orange und gespalten

Ökologie: Kalkmeidendes und schattenliebendes Felsmoos höherer Lagen. Häufig an etwas feuchten Felsen im trockeneren Bereich der Milzkraut-Flur (Cardaminetum amarae), doch auch an Wasserfällen und ebenso in der Gesellschaft des Nördlichen Streifenfarns (Asplenietum septentrionalis). Vom Bergland bis ins Hochgebirge (etwa 800—2500 m)

Gemeines Quellmoos, *Philonotis fontana* (L.) Brid.

Gametophyt: Mehr oder weniger dichte, gelbliche bis dunkelgrüne, innen braunrote Polster. Stengel aufrecht, unverzweigt oder meist an der Spitze mit mehreren Ästchen und dann bäumchenförmig, 5—15 cm lang, mit dichtem Wurzelfilz. Blätter spiralig angeordnet, aufrecht abstehend bis einseitswendig, 1,5—2,5 mm lang, eiförmig bis lanzettlich, scharf zugespitzt, an der Spitze des Stengels oft breit und stumpf (Hüllblätter der männlichen Gametangienstände), nicht faltig, mit umgerolltem Rand

Sporophyt: Kapselstiel 3—8 cm lang, aus der Mitte des Astquirls, d. h. aus der früheren Stengelspitze, entspringend. Kapsel geneigt bis waagrecht, ei- bis kugelförmig, mit Furchen und Streifen, rotbraun. Deckel flach bis kurzkegelig. Sporenreife Frühling bis Sommer

Mikroskopische Kennzeichen: Blätter am Rande gezähnt, mit deutlicher, mit der Blattspitze auslaufender Rippe. Blattzellen rechteckig, warzig. Kapselzähne doppelreihig, die 16 äußeren rot, einfach und feinwarzig, die 16 inneren in Wimpern zerteilt, mandelorange, grobwarzig

Ökologie: Ordnungscharakterart der Quellflur-Gesellschaften (Montio-Cardaminetalia), aber nur selten in den Kalktuff-Gesellschaften der Ordnung anzutreffen, da vorwiegend kalkmeidend. Übergangsformen und ökologische Rassen zum verwandten Kalk-Quellmoos (*Ph. calcarea* [Br. eur.] Schimp.) bildend. Vom Tiefland bis über 3000 m

TAFEL 16

Laubmoose

Bruchs Krausblattmoos, *Ulota bruchii* Hornsch.

Gametophyt: Pölsterchen locker, dunkel- bis bräunlichgrün. Stengel aufrecht, gabelig verzweigt, 1—2 cm hoch. Blätter spiralig angeordnet, feucht spitzwinklig abstehend, trocken zerknittert und kraus, eiförmig bis lanzettlich, 1—2,5 mm lang, scharf gespitzt, flach

Sporophyt: Kapselstiel 3—8 mm lang, aus der Spitze des Stengels entspringend. Kapsel aufrecht, spindelförmig, allmählich in den Stiel verschmälert, 3—5 mm lang, spiralig gestreift, gelbbraun, entleert an der Mündung verengt. Deckel kurzkegelig. Sporenreife Frühling bis Sommer

Mikroskopische Kennzeichen: Blätter ganzrandig. Rippe vor der Spitze verschwindend. Blattzellen klein, quadratisch bis vieleckig, warzig, am Blattgrund verlängert, gegen den Rand durchscheinend wasserhell, einen schwachen Randsaum bildend. Mundsaum der Kapsel aus 2 Reihen mit je 8 Zähnen

Ökologie: Rindenmoos an lebenden Bäumen (vor allem an Laubbäumen); daher in allen Waldgesellschaften. Luftfeuchtigkeit liebend. Hauptverbreitung zwischen 500 und 1500 m

Schönes Steifblattmoos, *Orthotrichum speciosum* Nees

Gametophyt: Lockere, gelbgrüne bis dunkelbraune Polster. Stengel aufrecht, gabelig verzweigt, 2—5 (seltener bis 8) cm lang. Blätter spiralig angeordnet, feucht abstehend, trocken steif anliegend, lanzettlich, lang zugespitzt, 3—5 mm lang, mit zurückgerolltem Rand, gekielt

Sporophyt: Kapselstiel 1—2 mm lang, aus der Spitze des Stengels entspringend. Kapsel die Blätter kaum überragend, aufrecht, zylindrisch, entleert spindelförmig, blaßgelb, mit Spiralstreifen, nur sehr schwach gefurcht. Deckel kurzkegelig, zugespitzt. Haube mützenförmig und dicht mit gelben Haaren besetzt. Sporenreife im Sommer

Mikroskopische Kennzeichen: Blätter ganzrandig. Rippe vor oder in der Spitze verschwindend. Blattzellen klein, dichtmaschig, rundlich bis vieleckig, stark warzig, an der Blattbasis verlängert. Mundsaum der Kapsel mit doppelter Zahnreihe. Die äußere Reihe besteht aus 8 weißlichen und dicht warzigen Doppelzähnen, die innere aus 8 doppelzelligen, warzigen Wimpern

Ökologie: Rindenmoos an Bäumen und Sträuchern, vor allem an Laubholzarten, sehr selten sogar auf kalkfreiem Gestein. In fast allen Waldgesellschaften. Vom Tiefland bis über 2000 m

Hedwigsmoos, *Hedwigia albicans* (Web.) Lindb.

Gametophyt: In lockeren, graugrünen, trocken bräunlichgrünen und weißlich schimmernden Polstern. Stengel rot, aufrecht, gabelig verzweigt, 1—10 cm lang. Blätter spiralig angeordnet, trocken dicht anliegend, an den Stengelenden oft einseitswendig bis hakig, feucht allseitig abstehend, eilänglich, mit weißem Glashaar, nicht faltig, schwach hohl

Sporophyt: Kapselstiel höchstens 1/2 mm lang, aus der Spitze des Stengels entspringend. Kapsel in die Blätter eingesenkt, aufrecht, kugelig, hellbraun, mit rotem Mundsaum. Deckel klein, flachkegelig, mit kurzer Spitze. Sporenreife Winter bis Sommer

Mikroskopische Kennzeichen: Blätter ganzrandig, nur die Haarspitze gezähnt oder gewimpert. Rippe fehlt. Blattzellen klein, rundlich und warzig. Mundsaum der Kapsel ohne Zähne

Ökologie: Kalkmeidendes Felsmoos, wärmeliebend; daher in lichten Wäldern, an Südhängen und auf unbeschatteten Felsen und Steinen. Unstetiger Begleiter vieler Blockhalden-, Fels- und Gesteinsschutt-Gesellschaften, z. B. in der Gesellschaft des Nördlichen Streifenfarns (Asplenietum septentrionalis) sowie auf sauren Berglauch-Felsfluren (Allio-Sempervivetum soboliferi) sowie in den alpinen Mannsschild-Gesellschaften (Androsacetalia alpinae), außerdem noch in Moos-Kiefernwäldern (Dicrano-Pinetum) über Gesteinsschutt und in den Blockhalden der Eichen-Birken-Wälder (Querceto-Betuletum). Vom Tiefland bis über 2000 m

Laubmoose

Eichhornschwanz, *Leucodon sciuroides* (L.) Schwaegr.

Gametophyt: Rasen locker, ausgedehnt, schmutzig- bis bräunlichgrün. Stengel fadenförmig, an die Unterlage angepreßt, meist abwärts kriechend, 5—15 cm lang, unbeblättert, mit vielen, 4—5 cm langen, bogig aufsteigenden, beblätterten Ästen. Blätter spiralig angeordnet, trocken dachziegelig anliegend, feucht abstehend, bisweilen am Grund mit Brutkörpern und dann auch trocken struppig abstehend, lang herzförmig, scharf zugespitzt, 2—3 mm lang, nicht faltig, flach bis schwach hohl

Sporophyt: Kapselstiel 0,5—1 cm lang, aus kleinen Kurztrieben an der Seite der Äste entspringend, Kapsel aufrecht, walzlich, hellrotbraun; Deckel kurzkegelig, abgestumpft. Sporenreife Winter bis Frühling (nur an niederschlagsreichen Standorten)

Mikroskopische Kennzeichen: Blätter ganzrandig und rippenlos. Blattzellen in der Mittellinie bis gegen die Spitze des Blattes langgestreckt, gegen den Blattrand und am Blattgrund dichtmaschig, rundlich bis vieleckig. Zähne des Mundsaums in einfacher Reihe, weißlich und großwarzig

Ökologie: Moos an der Rinde lebender Bäume oder an meist saurem Gestein. In der Regel an Waldrändern und Alleen oder an einzelstehenden Bäumen in vollem Sonnenlicht. Soziologisch bedeutungslos. Vom Tiefland bis etwa 2500 m

Hängemoos, *Antitrichia curtipendula* (Hedw.) Brid.

Gametophyt: Rasen locker, ausgedehnt, gelb- bis bräunlichgrün, seidenglänzend. Stengel fadenförmig, weitkriechend, mit kräftigen, unregelmäßig gefiederten, 10—20 cm langen, niederliegenden oder hängenden Sekundärstämmchen. Blätter spiralig angeordnet, abstehend, eiförmig, mit herzförmigem Grunde, lang und scharf zugespitzt, 2—3 mm lang, mit umgerolltem Blattrand und Längsfalten

Sporophyt: Kapselstiel 0,5—1,5 cm lang, aus rückenständigen Kurztrieben der Sekundärstämmchen entspringend. Kapsel geneigt bis waagrecht, länglich eiförmig, rotbraun. Deckel kurzkegelig. Sporenreife im Frühling

Mikroskopische Kennzeichen: Blätter mit grob gezähnter Spitze. Blattrippe kräftig, bis in die Spitze reichend, am Grund des Blattes 2—3 kurze Nebenrippen auf jeder Seite. Blattzellen neben der Rippe langgestreckt, gegen die Ränder und am Grunde der Blätter elliptisch bis rundlich-vieleckig. Mundsaum der Kapsel mit doppelter Zahnreihe

Ökologie: Rinden- und Felsmoos mäßig feuchter, beschatteter und schwach saurer Standorte. An der Rinde von Laub- und Nadelholz in allen Waldgesellschaften auftretend. Vom Tiefland bis über 2000 m

Bäumchenmoos, *Climacium dendroides* (Dill.) Web. et Mohr

Gametophyt: Rasen locker, freudig- bis bräunlichgrün, schwach glänzend. Stengel unterirdisch kriechend, mit aufrechten Sekundärstämmchen, diese an der Spitze bäumchenartig beastet, bis weit über die Mitte astlos, wie die Äste rotrindig. Blätter spiralig angeordnet, aufrecht abstehend bis dachziegelig anliegend, 3—5 mm lang, länglich-eiförmig, tief längsfaltig, hohl

Sporophyt: Kapselstiel 2—5 cm lang, mehrere aus der Mitte des Astschopfes entspringend. Kapsel aufrecht, walzlich, braun. Deckel langkegelig, nach der Reife noch eine Zeitlang am Mittelsäulchen haftend. Sporenreife Herbst bis Winter, selten

Mikroskopische Kennzeichen: Blätter nur an der Spitze grob gesägt, sonst ganzrandig. Rippe kurz vor der Spitze erlöschend. Blattzellen verlängert, rautenförmig. Mundsaum der Kapsel mit doppelter Zahnreihe

Ökologie: Ordnungscharakterart der feuchten bis nassen Flachmoore und Kulturrasen (Molinio-Arrhenatheretalia), vorzugsweise auf kalkarmem Boden, jedoch noch in der Silauwiese (Silaetum pratensis) vertreten. Empfindlich gegen Düngung. Vom Tiefland bis etwa 2500 m

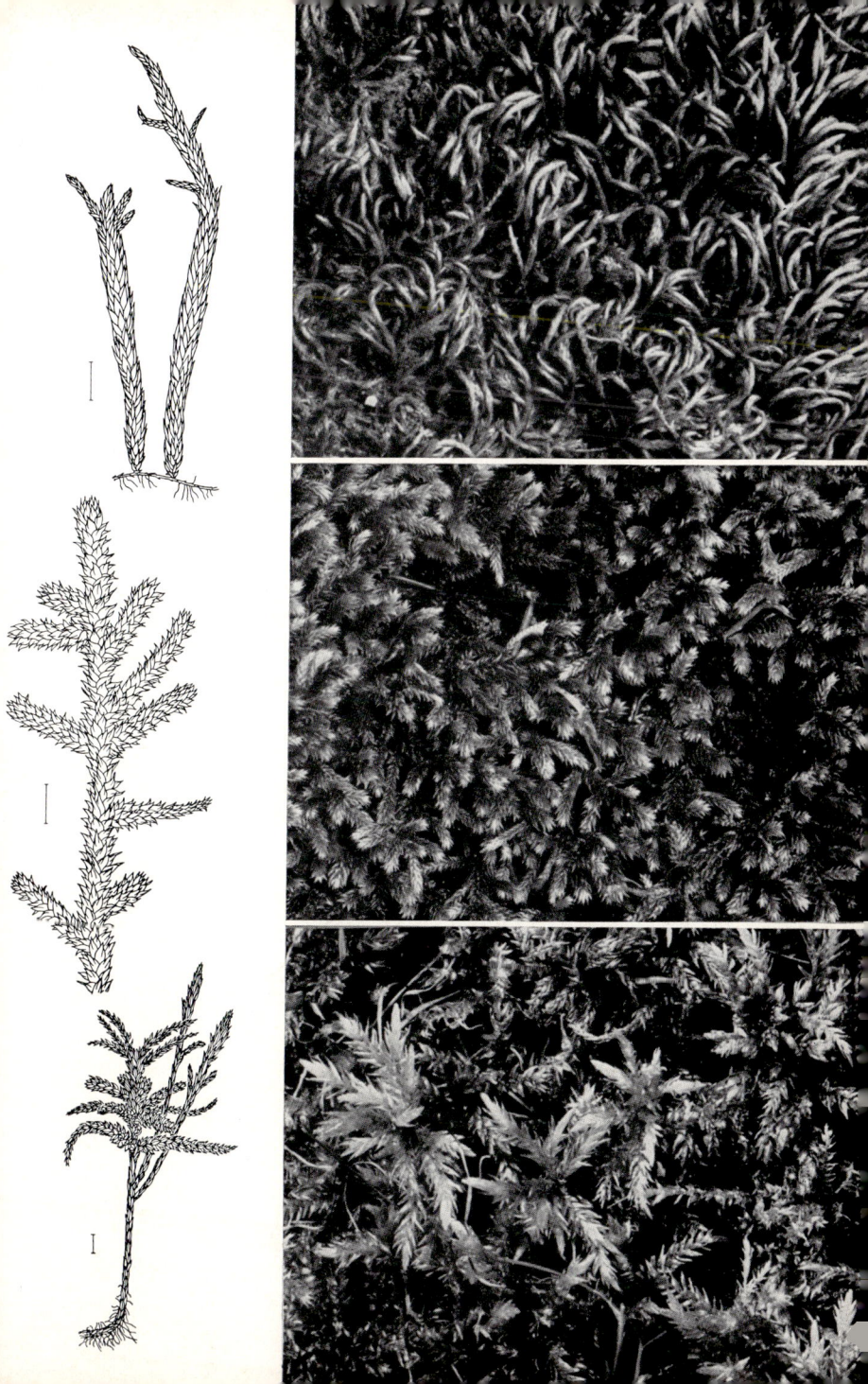

Laubmoose

Gemeines Brunnenmoos, *Fontinalis antipyretica* L.

Gametophyt: Meist in flutenden, dunkel- bis schwarzgrünen Büscheln. Stengel reich verzweigt, 10—40 cm lang, fiederig bis büschelig beastet. Blätter an Stengel und Ästen in drei Reihen, stark gekielt (Sprosse daher dreikantig), 5—8 mm lang, breitlanzettlich, oft am Grund an einer Seite des Blattes mit umgeschlagenem Rand, nicht faltig

Sporophyt: Kapselstiel 1—5 mm lang, aus seitlichen Kurztrieben entspringend, von den Blättern überragt. Kapsel aufrecht, eiförmig, olivbraun. Deckel kurzkegelig, mit aufgesetzter, stumpfer Spitze. Sporenreife im Sommer

Mikroskopische Kennzeichen: Blätter ganzrandig, rippenlos. Blattzellen langgestreckt. Mundsaum der Kapsel mit doppelter Zahnreihe, Zähne warzig, dunkelrot; die Zähne der inneren Reihe gitterartig miteinander verbunden

Ökologie: Kalkholdes, doch nicht kalkstetes Wassermoos in fließenden, seltener in stehenden Gewässern. Sehr widerstandsfähig gegen Austrocknung, deswegen z. B. auch in Bächen, die nur während der Schneeschmelze Wasser führen. Begleiter von Laichkraut-Gesellschaften (Potametalia), vor allem in der Gesellschaft des Flutenden Hahnenfußes (Ranunculetum fluitantis) häufig. Von Tiefland bis über 2000 m

Flachmoos, *Homalia trichomanoides* (Schreb.) Br. eur.

Gametophyt: Polster dicht, gelblich- bis dunkelgrün, stark glänzend. Stengel lang kriechend, mit vielen blattlosen Ausläufern und beblätterten, locker fiederig verzweigten, steif niederhängenden Sekundärsprossen von 3—7 cm Länge. Blätter zweizeilig gedreht, kurz zungenförmig, mit breit abgerundeter, stark eingekrümmter Spitze, löffelartig hohl (Rand nach unten gebogen), 2—3 mm lang, nicht faltig, von pergamentartigem Aussehen

Sporophyt: Kapselstiel bis 2 cm lang, rot, aus rückenständigen Kurztrieben der Sekundärstämmchen entspringend. Kapsel aufrecht, walzlich, gelbbraun bis rötlich. Deckel kurzkegelig. Sporenreife im Herbst

Mikroskopische Kennzeichen: Blätter an der abgerundeten Spitze wie ausgefressen gezähnt. Rippe schwach, über der Mitte erlöschend. Blattzellen am Grund verlängert rautenförmig, von der Mitte ab rundlich bis vieleckig. Mundsaum der Kapsel mit doppelter Zahnreihe; die äußeren Zähne warzig und knotig, die inneren ritzenförmig durchbrochen

Ökologie: Gesellschaftvages Waldmoos mit Vorliebe für feuchte, schattige Standorte. Meist auf mäßig saurem Gestein und am Grund von Bäumen in Laubwäldern. Vom Tiefland bis etwa 1000 m

Fuchsschwanzmoos, *Thamnium alopecurum* (L.) Br. eur.

Gametophyt: Rasen dunkelgrün, seltener olivgrün, mehr oder weniger locker. Stengel weitkriechend, oft unterirdisch, mit bäumchenförmig verzweigten, 5—15 cm langen Sekundärstengeln; Seitenäste oft zweizeilig gestellt. Sekundärstengel bis über die Mitte nur mit spiralig angeordneten, kleinen Schuppenblättern. Eigentliche Blätter an der Spitze des Stengels und an den Seitenästen spiralig angeordnet, eiförmig, kurz zugespitzt, leicht sparrig abstehend, 2—3 mm lang, flach, nicht faltig

Sporophyt: Kapselstiel 1—1,5 cm lang, etwas bogig, aus seitlichen Kurztrieben der Äste entspringend. Kapsel geneigt bis waagrecht, eiförmig, braun. Deckel kegelig, kurzgeschnäbelt. Sporenreife im Winter, selten

Mikroskopische Kennzeichen: Blätter unterwärts gezähnt, in der Spitze gesägt. Rippe vor der Spitze erlöschend, am Rücken gezähnt. Blattzellen rundlich bis vieleckig, höchstens am Grunde einige verlängerte Randzellen. Mundsaum der Kapsel mit doppelter Zahnreihe

Ökologie: Kalkliebendes Felsmoos mit vielen ökologischen Rassen (Höhlenrassen und Tiefwasserrassen). Bei uns meist in Felsfluren der Kalktrockenrasen (Bromion erecti), doch stets auf schwach feuchten oder beschatteten Standorten, in Mauerrauten-Gesellschaften (Asplenietum ruta murariae-trichomanis), Storchschnabelfarnschutthalden (Dryopteridetum robertianae) und in Kalktuff-Quellflur-Gesellschaften (Cratoneurion). Vom Tiefland bis etwa 1000 m

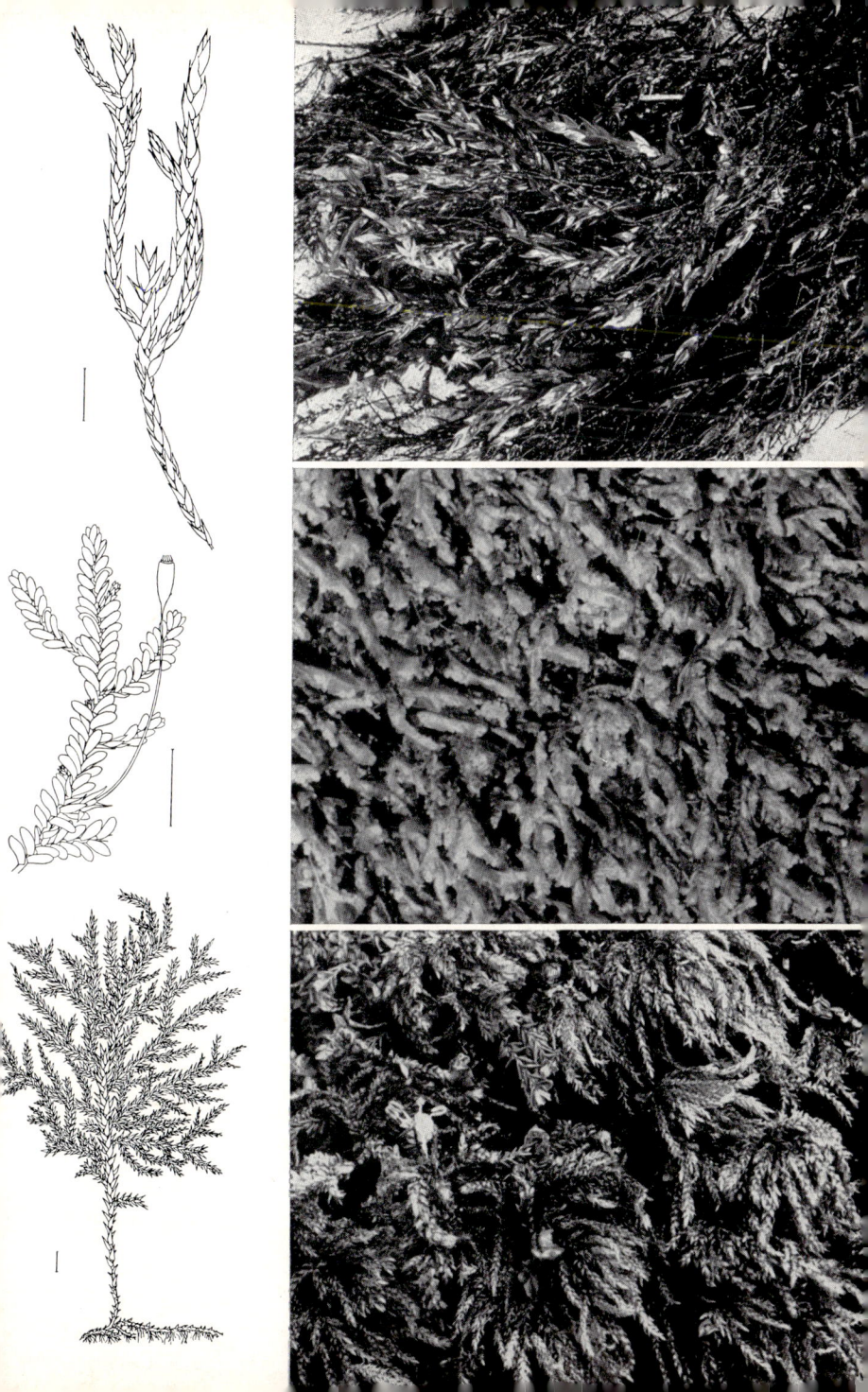

Laubmoose

Krauses Neckermoos, *Neckera crispa* (L.) Hedw.

Gametophyt: Rasen locker, weich, gelb- bis bräunlichgrün, glänzend. Stengel niederhängend bis aufsteigend, 5—20 (selten bis 30) cm lang, unregelmäßig fiederig beastet, selten mit schuppenförmig beblätterten, langen Ausläufern. Blätter spiralig angeordnet, jedoch zweiseitig verflacht, 3—4 mm lang, zungenförmig, mit aufgesetzter, breit abgerundeter Spitze, gegen den Grund etwas umgerollt, stark querwellig

Sporophyt: Kapselstiel 1—1,5 cm lang, gelblich, aus rückenständigen Kurztrieben entspringend. Kapsel aufrecht bis schwach geneigt, eiförmig, gelbbraun. Deckel kurzkegelig, Sporenreife im Winter

Mikroskopische Kennzeichen: Blätter ganzrandig, ohne Rippe oder mit kurzer Doppelrippe. Blattzellen am Blattgrund langgestreckt, gegen die Spitze rautenförmig. Mundsaum der Kapsel mit doppelter Zahnreihe, Zähne gelbbraun

Ökologie: Kalkholdes Moos der Felsen und Baumstämme. Als Begleiter in vielen Waldgesellschaften, Felsfluren und Kalk-Schutthalden-Gesellschaften. Gesellschaftsvag. Vom Tiefland bis etwa 2500 m

Echtes Mausschwanzmoos, *Isothecium myurum* (Poll.) Brid.

Gametophyt: Rasen ausgedehnt, bleich- bis gelbgrün oder bräunlich, mattglänzend, dicht und oft etwas starr. Stengel fadenförmig, langkriechend, mit unregelmäßig fiederigen, aber oft dicht beasteten Sekundärstengeln, die bogig aufsteigen oder niederliegen. Blätter spiralig angeordnet, dachziegelig anliegend (Stengel und Äste daher drehrund, gegen die Spitze zu mausschwanzartig verschmälert), 2—3 mm lang, eilänglich, kurz zugespitzt, hohl, nicht oder kaum längsfaltig

Sporophyt: Kapselstiel 1—3 cm lang, schwach bogig, aus seitlichen Kurztrieben entspringend. Kapsel aufrecht, eilänglich, rotbraun. Deckel langkegelig, spitz. Sporenreife Herbst bis Winter

Mikroskopische Kennzeichen: Blätter in der Spitze fein gesägt, sonst ganzrandig. Rippe dünn, vor der Spitze erlöschend. Blattzellen langgestreckt, gegen die Spitze rautenförmig; in den vorgezogenen Blattflügeln rundlich bis quadratisch. Mundsaum der Kapsel mit doppelter Zahnreihe, Zähne an der Spitze dicht warzig.

Ökologie: Rinden- und Felsmoos schattiger Wälder ohne besondere Bodenansprüche. Daher in allen Waldgesellschaften — in lichten Wäldern gern unter Gebüsch. Als Rindenmoos vorzugsweise am Grund von Buchen. Vom Tiefland bis über 2000 m

Hookermoos, *Hookeria lucens* (L.) Sm.

Gametophyt: Rasen weich, tiefgrün, ölglänzend, trocken weißlichgrün. Stengel niederliegend, schwach gefiedert bis gegabelt, wie die Äste 3—6 cm lang. Blätter spiralig angeordnet, jedoch zweiseitig flachgedrückt, eirund, stumpf, 4—6 mm lang, flach, nicht faltig, mit großen Zellen, die mit bloßem Auge als feines Maschenwerk erkennbar sind

Sporophyt: Kapselstiel 1—2 cm lang, aus seitlichen Kurztrieben entspringend, Kapsel geneigt bis waagrecht, eiförmig, dunkelbraun bis schwärzlich. Deckel geschnäbelt. Sporenreife im Herbst, selten

Mikroskopische Kennzeichen: Blätter ganzrandig, rippenlos. Blattzellen rautenförmig bis 6eckig, am Blattrand eine Reihe verlängerter Zellen, die einen undeutlichen Saum bilden. Mundsaum der Kapsel mit doppelter Zahnreihe, Zähne gelbrot

Ökologie: Schatten- und feuchtigkeitsliebendes Moos auf mäßig sauren Waldböden. Als Begleiter in Bach-Eschen-Erlen-Wäldern (Cariceto-remotae-Fraxinetum) und beschatteten Quellflur-Gesellschaften (Cardamineto-Montion), seltener in feuchten Gesellschaften der frischen Nadelwälder (Vaccinio-Piceion). Vom Bergland (etwa 700 m) bis etwa 2000 m

Laubmoose

Dünnästiger Wolfsfuß, *Anomodon attenuatus* (Schreb.) Hüb.

Gametophyt: Rasen mehr oder weniger dicht, verworren, hellgrün bis bräunlich. Hauptstamm ausläuferartig kriechend, schwach schuppenförmig beblättert, dicht mit oft büschelig verzweigten sekundären Stämmchen besetzt. Ästchen teilweise peitschenartig verschmälert und verlängert. Blätter spiralig angeordnet, oft an der Spitze schopfig gehäuft und etwas einseitswendig, lanzettlich bis zungenförmig, mit kurzer, scharfer Spitze, 1,5—2,5 mm lang, flach oder schwach hohl, nicht faltig

Sporophyt: Kapselstiel 1—2 cm lang, rot, aus seitlichen Kurztrieben entspringend. Kapsel aufrecht, zylindrisch, rotbraun. Deckel kurzkegelig. Sporenreife im Herbst

Mikroskopische Kennzeichen: Blätter ganzrandig oder an der Spitze mit wenigen, groben Zähnen. Rippe gelblich, kurz vor der Spitze erlöschend. Blattzellen rundlich, undurchsichtig und warzig. Mundsaum der Kapsel mit doppelter Zahnreihe, Zähne gelblich und schwach warzig

Ökologie: Moos schattiger Standorte. Meist am Grund von Laubbäumen und an Felsen. In vielen Waldgesellschaften als unstetiger Begleiter. Vom Tiefland bis etwa 2000 m

Echter Wolfsfuß, *Anomodon viticulosus* (L.) Hook. et Tayl.

Gametophyt: Rasen dicht, ausgedehnt, gelblich- bis bräunlichgrün, innen braungelb. Hauptstamm ausläuferartig kriechend, höchstens schuppenförmig beblättert, dicht mit starren, niederhängenden bis schwach aufsteigenden, 5—10 cm langen Ästen besetzt. Blätter derb, steif abstehend, spiralig angeordnet, trocken einseitswendig, lanzettlich bis zungenförmig, 2—3 mm lang, flach, nicht faltig

Sporophyt: Kapselstiel 1—2 cm lang, aus seitlichen Kurztrieben entspringend. Kapsel aufrecht bis schwach geneigt, zylindrisch, rotbraun. Deckel kurzkegelig. Sporenreife im Winter

Mikroskopische Kennzeichen: Blätter ganzrandig, Rippe in der Spitze verschwindend, Blattzellen rundlich, undurchsichtig und warzig. Mundsaum der Kapsel mit doppelter Zahnreihe, Zähne warzig bis grubig

Ökologie: Schattenliebendes Moos der Felsen und Bäume. In vielen Gesellschaften, Hauptverbreitung in trockenen bis frischen Edel-Laubwäldern (Asperulo-Fagion). Vom Tiefland bis etwa 2000 m

Tamarisken-Thujamoos, *Thuidium tamariscinum* (Hedw.) Br. eur.

Gametophyt: Rasen oft ausgedehnt, hell- oder gelbgrün bis braunrötlich, seltener dunkelgrün, locker. Stengel niederliegend oder bogig gekrümmt und am Ende wurzelnd, 3—10 (seltener bis 15) cm lang, regelmäßig dreifach gefiedert. Blätter spiralig angeordnet, anliegend bis aufrecht abstehend, Stengel- und Astblätter in Größe und Form verschieden. Astblätter ca. 0,5 mm lang, eiförmig, flach, glatt; Stengelblätter 0,5—1,5 mm lang, aus breit dreieckig bis eiförmigem Grunde rasch in eine schmallanzettliche, lange Spitze zusammengezogen, mit umgerolltem Rand und Längsfalten

Sporophyt: Kapselstiel 3—5 cm lang, rot, aus seitlichen Kurztrieben entspringend, Kapsel aus aufrechtem Hals waagrecht gekrümmt, walzlich, braunrot. Deckel spitzkegelig. Sporenreife im Winter

Mikroskopische Kennzeichen: Astblätter fein gesägt, mit dünner, vor der Spitze endender Rippe; Stammblätter ganzrandig oder nur in der Spitze warzig gezähnt, mit dicker, vor der Spitze endender Rippe. Blattzellen klein, rundlich, jederseits mit einer Warze. Mundsaum der Kapsel mit doppelter Zahnreihe. Zähne lang lanzettlich

Ökologie: Feuchtigkeits- und schattenliebendes Waldbodenmoos. Begleiter vieler Gesellschaften der Edel-Laubwälder (Fagetalia), auf mäßig sauren bis mäßig alkalischen Standorten, doch fast ausschließlich in den feuchten oder wechselfeuchten Assoziationen. Häufig auch in Quellflur-Gesellschaften (Montio-Cardaminetalia). Vom Tiefland bis über 2000 m

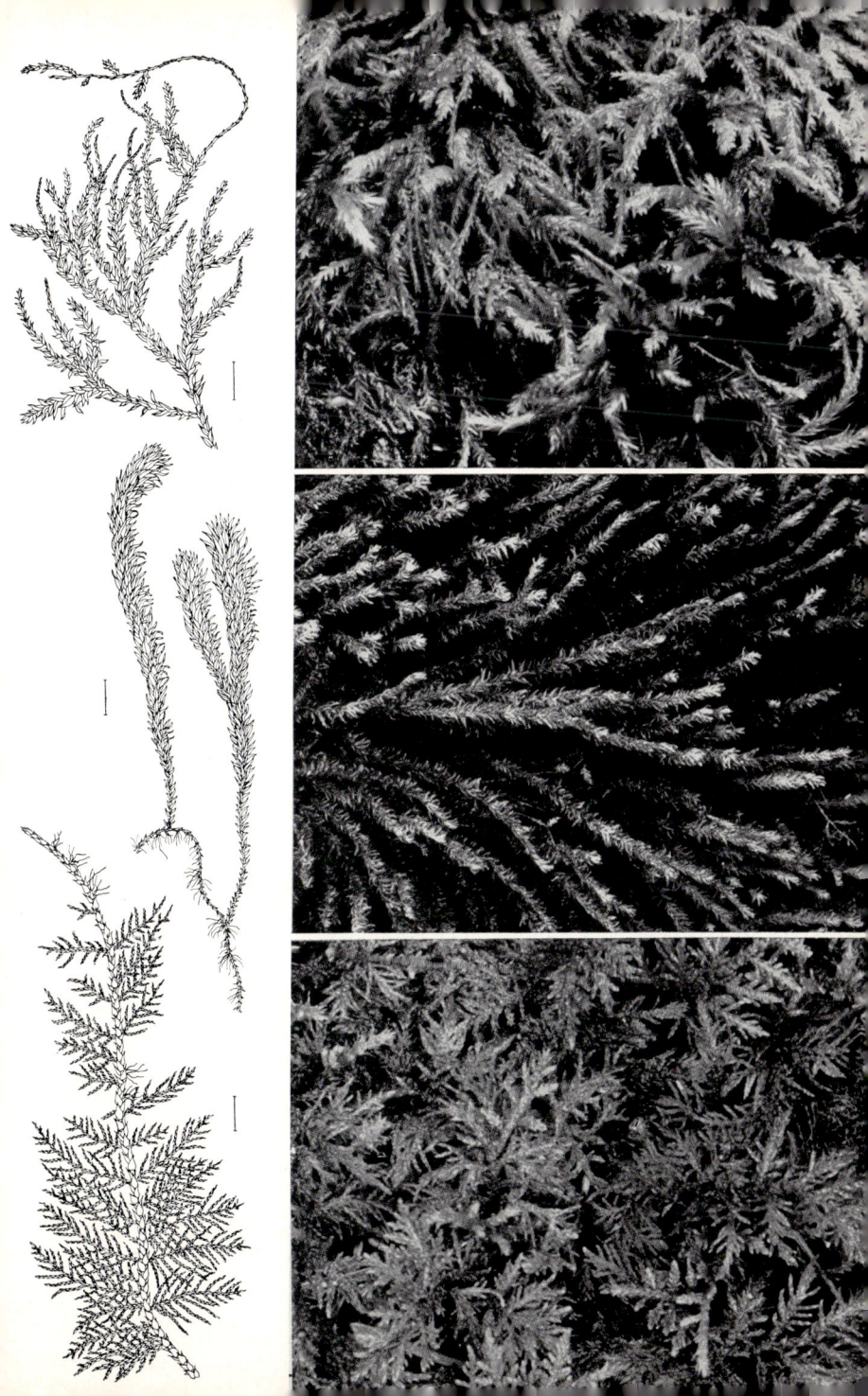

TAFEL 21

Laubmoose

Tannenmoos, *Abietinella abietina* (L.) C. Müll.

Gametophyt: Rasen oft ausgedehnt, locker, starr, gelbgrün bis rotbräunlich. Stengel niederliegend, gelegentlich an der Spitze aufsteigend, selten aufrecht, 5—12 cm lang, regelmäßig
locker einfach gefiedert. Blätter spiralig angeordnet, trocken dachziegelig anliegend, feucht aufrecht abstehend, 1—1,2 mm lang, eiförmig bis lanzettlich, scharf zugespitzt, flach, höchstens am
Grund mit umgerolltem Rand, schwach längsfaltig
Sporophyt: Kapselstiel 1—3 cm lang, gelbrot, aus seitlichen Kurztrieben entspringend.
Kapsel aufrecht bis schwach geneigt, zylindrisch, schwach gekrümmt, braun. Deckel kurzkegelig. Sporenreife im Frühling, selten
Mikroskopische Kennzeichen: Blätter ganzrandig, Rippe kräftig, vor der Spitze verschwindend. Blattzellen rundlich, klein, stark warzig. Mundsaum der Kapsel mit doppelter Zahnreihe, Zähne langlanzettlich
Ökologie: Trockenheitsliebendes Erdmoos auf unbeschatteten Standorten. Ordnungscharakterart der Kalk- und Silikattrockenrasen (Brometalia erecti), jedoch gelegentlich auch in lichten Eichen-Mischwäldern (Quercetalia pubescentis-sessiliflorae) und trockenen Wiesengesellschaften (z. B. Ranunculus bulbosus-Hauptsubassoziation des Lolieto-Cynosuretums). Vom
Tiefland bis etwa 2500 m

Gemeines Starknervmoos *Cratoneurum commutatum* (Hedw.) Roth

Gametophyt: Rasen locker, starr, gelbgrün, innen olivbraun, unterwärts meist kalkver-
krustet. Stengel aufsteigend bis aufrecht, 4—10 cm lang, rotfilzig, regelmäßig mehr oder weniger locker einfach gefiedert. Blätter spiralig angeordnet, sichelförmig, langschenklig dreieckig, 1—2 mm lang, innen rinnig zugespitzt, längsfaltig
Sporophyt: Kapselstiel 4—5 cm lang, rot, aus seitlichen Kurztrieben entspringend. Kapsel
geneigt bis waagrecht, zylindrisch, schwach gekrümmt, rotbraun. Deckel kurzkegelig. Sporenreife im Frühling
Mikroskopische Kennzeichen: Blätter ringsum grob gesägt, Rippe dick, in der Spitze erlöschend. Blattzellen englineal, in den Blattflügeln quadratisch und wasserhell
Ökologie: In vielen ökologischen Rasen, doch stets an kalkreichen Wasserstellen. Die ver-
breitetste Rasse Verbandscharakterart der Kalktuff-Quellflur-Gesellschaft (Cratoneurion), andere Rassen in Kalksümpfen und Kalk-Flachmoor-Rasen (Caricetum davallianae und Schoenetum nigricantis) oder sogar in der Gesellschaft des Flutenden Hahnenfußes (Ranunculum fluitantis) in rasch fließenden Bächen, eine andere Form an feuchten bis trockenen Kalkfelsen. Vom
Tiefland bis über 2500 m

Wurzelndes Stumpfdeckelmoos, *Amblystegium juratzkanum* Schimp.

Gametophyt: Rasen locker, flach, gelblich bis (vor allem im Schatten) rein grün. Stengel
kriechend, wurzelfilzig, unregelmäßig gefiedert, 4—6 cm lang. Äste aufrecht stehend. Blätter
spiralig angeordnet, schwach abstehend, 1—1,5 mm lang, eilanzettlich, mit oft etwas einseits-
wendiger, schmaler und langer Spitze, nicht faltig, flach
Sporophyt: Kapselstiel 1,5—3 cm lang, aus seitlichen Kurztrieben entspringend. Kapsel geneigt, langzylindrisch, bogig gekrümmt, gelbbraun, mit stumpf gespitztem Deckel. Nach der
Entleerung an der Mündung verengt. Sporenreife Frühling bis Sommer
Mikroskopische Kennzeichen: Blätter am Grund oder am ganzen Rand gezähnt, Rippe über
der Blattmitte verschwindend. Zellen im Hauptteil des Blattes rechteckig bis rhombisch, etwa
4—8mal so lang wie breit, in den Blattecken oval bis oval-rechteckig. Zähne des Kapselmund-
saums mit treppenartigen Ecken
Ökologie: Feuchtigkeitsliebend, aber im allgemeinen keine großen Ansprüche an das Substrat stellend; daher ziemlich gesellschaftsvag, auf Steinen, Mauern und Dächern, auch an ver-
moderndem Holzwerk, alten Wurzeln und am Grund von lebenden Baumstämmen; seltener
auf nackter Erde. Vom Tiefland bis gegen 2000 m

128

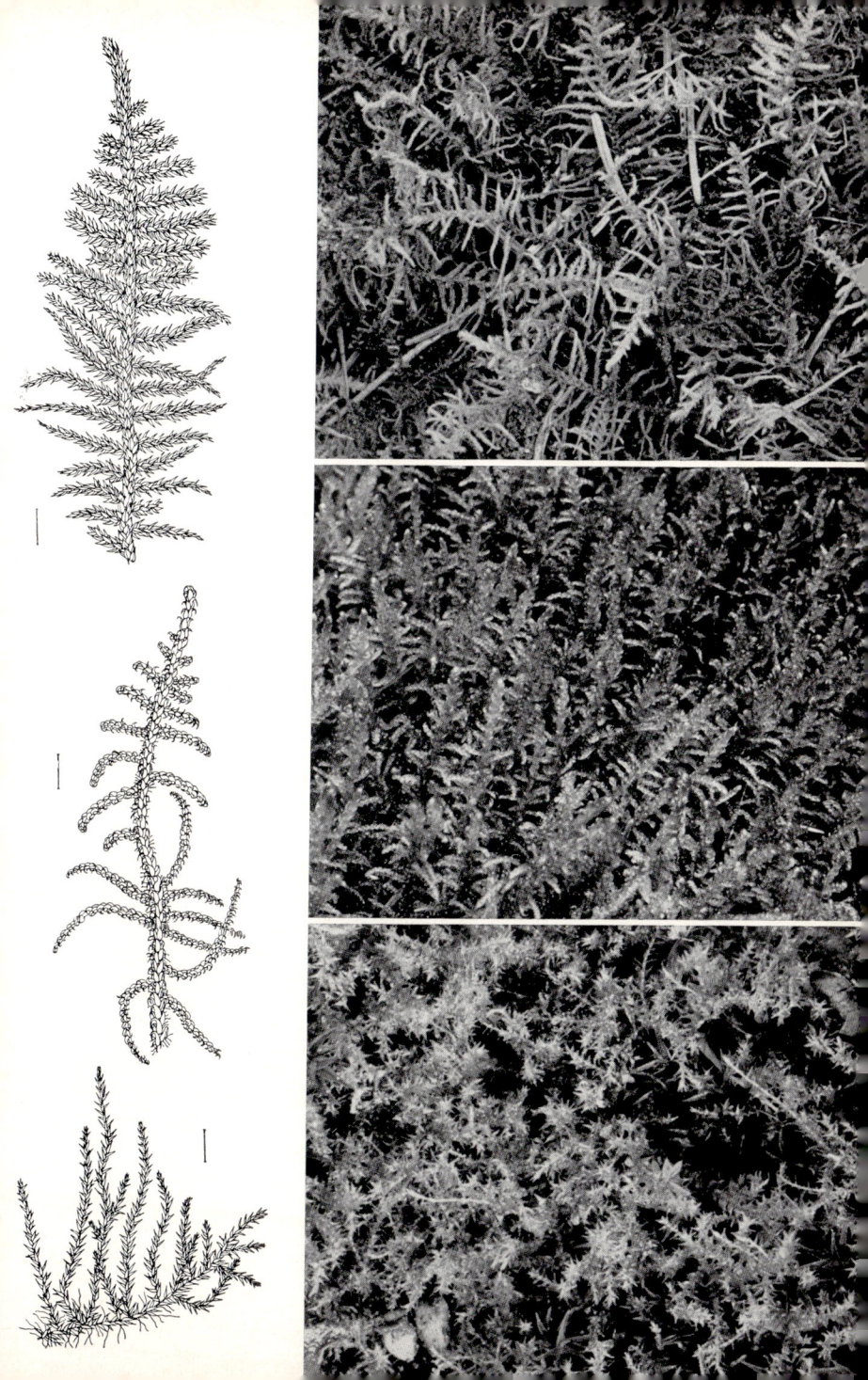

TAFEL 22

Laubmoose

Rostgelbes Wasserschlafmoos, *Hygrohypnum ochraceum* (Turner) Loeske

Gametophyt: Polster locker, weich, grün bis schmutziggelb, oft gelbbräunlich gescheckt. Stengel 4—12 cm lang, unregelmäßig fiederig verzweigt, niederliegend bis aufsteigend, mit bogigen, aufrechten, an der Spitze gekrümmten Ästchen. Blätter spiralig angeordnet, oft hohl und zweizeilig gestellt, stark einseitswendig, sichelförmig, 1—1,5 mm lang, eilänglich, allmählich zugespitzt, schwach faltig, die älteren häufig der Länge nach zerschlitzt

Sporophyt: Kapselstiel 2—3 cm lang, aus seitlichen Kurztrieben entspringend. Kapsel geneigt, verlängert-eiförmig, hochrückig, gelbbraun. Deckel stumpf kurzkegelig. Sporenreife im Frühling

Mikroskopische Kennzeichen: Blätter ganzrandig oder nur in der Spitze undeutlich gezähnt. Rippe kräftig, oft gegabelt, vor der Spitze erlöschend. Blattzellen lineal, gegen die Ecken des Blattgrundes zu allmählich verkürzt, rechteckig bis quadratisch und oft gebräunt

Ökologie: Kalkfeindliches Wassermoos an Felsen und Steinen in und an Bächen und Wasserfällen, Begleiter der Quellflur-Gesellschaften (Cardamineto-Montion). Von etwa 800 m bis über 2500 m

Spießmoos, *Acrocladium cuspidatum* (L.) Lindb.

Gametophyt: Rasen locker, gelbgrün, glänzend. Stengel steif, aufrecht oder niederliegend, oben fast regelmäßig gefiedert, 5—15 cm lang. Äste mehr oder weniger zweizeilig gestellt, starr, wie der Stengel mit rötlicher Rinde. Blätter der Ast- und Stengelenden zu einer stechenden, oft etwas heller gefärbten Spitze zusammengedreht, Blätter unterwärts fast dachziegeligspiralig anliegend, breit eilänglich, 2—3 mm lang, nicht faltig, etwas hohl

Sporophyt: Kapselstiel 4—7 cm lang, rot, aus seitlichen Kurztrieben entspringend. Kapsel waagrecht bis geneigt, länglich, hochrückig, rotbraun. Deckel kurz gespitzt. Kapsel nach der Entleerung sehr stark gekrümmt und gefurcht, unter der Mündung verengt. Sporenreife Frühling bis Sommer

Mikroskopische Kennzeichen: Blätter ganzrandig, rippenlos oder mit kurzer Doppelrippe. Blattzellen lineal. Blattflügel deutlich abgesetzt, mit großen, quadratischen bis rundlichen, wasserhellen Zellen

Ökologie: Moos der Bachfluren und Sümpfe. Differentialart der nassen Silauwiese (Silaetum pratensis, Hauptsubassoziation von *Lythrum salicaria*), als Begleiter in Röhrichten und Großseggen-Wiesen (Phragmitetalia). Vom Tiefland bis 2500 m

Krallen-Sichelmoos, *Drepanocladus aduncus* (Hedw.) Moenkem.

Gametophyt: Rasen dicht, sehr weich, gelbgrün-goldglänzend bis braun. Stengel schlaff, niederliegend bis (bei Wasserformen) aufsteigend, mit kleinen, kurzen Ästchen unregelmäßig gefiedert, 10—20 cm lang. Blätter spiralig angeordnet, stark sichelförmig einseitswendig gedreht, 2—3 mm lang, aus eiförmigem Grunde in die stark gebogene, lange und schmale Spitze ausgezogen, flach, nicht faltig

Sporophyt: Kapselstiel 3—7 cm lang, aus seitlichen Kurztrieben entspringend. Kapsel geneigt bis waagrecht, zylindrisch, braun. Deckel stumpf breitkegelig. Sporenreife im Sommer, selten

Mikroskopische Kennzeichen: Blätter ganzrandig, Rippe dünn, meist über der Blattmitte verschwindend. Blattzellen schmallineal, Blattflügel oft bis zur Mitte reichend, mit quadratischen, wasserhellen Zellen. Mundsaum der Kapsel mit doppelter Zahnreihe

Ökologie: Gesellschaftsvag. In vielen ökologischen Rassen verbreitet. Meist in und an mäßig kalkhaltigen, stehenden oder langsam fließenden Gewässern. In Laichkraut-Gesellschaften (Potametalia), in nassen Schlammling-Gesellschaften (Eleocharetum ovatae) sowie in offenen Röhrichten der Phragmitetalia-Ordnung. Gerne auf schlammigen Böden zeitweilig abgelassener Eisweiher und Fischteiche. Gelegentliche Wasserbedeckung gut ertragend. Seltener an sehr nassen Standorten der Flachmoor- und Kulturrasen (Molinio-Arrhenatheretalia). Vom Tiefland bis über 2500 m

TAFEL 23

Laubmoose

Echtes Goldmoos, *Camptothecium lutescens* (Huds.) Br. eur.

Gametophyt: Rasen dicht, gelbgrün bis braungelb, stark glänzend. Stengel niederliegend, 8—15 cm lang, unregelmäßig verzweigt, spärlich wurzelfilzig. Blätter dicht spiralig gestellt, dachziegelig anliegend oder — meist an der Spitze des Stengels — aufrecht abstehend, 2,5 bis 3 mm lang, schmal dreieckig, sehr steif, stark faltig, schwach hohl

Sporophyt: Kapselstiel 1,5—3 cm lang, rauh, aus seitlichen Kurztrieben entspringend. Kapsel geneigt bis waagrecht, hochrückig, zylindrisch, braun. Deckel stumpfkegelig, schief. Sporenreife Winter bis Frühling

Mikroskopische Kennzeichen: Blätter nur in der Spitze fein gesägt, Rippe dünn, vor der Spitze verschwindend. Zellen sehr lang und schmal. Mundsaum der Kapsel mit doppelter Zahnreihe

Ökologie: Kalkstetes Felsmoos. Ordnungscharakterart der Kalk- und Silikattrockenrasen (Brometalia erecti). Vom Tiefland bis etwa 2000 m

Gemeines Schnabelmoos, *Eurhynchium striatum* (Schreb.) Schimp.

Gametophyt: Rasen mehr oder weniger dicht, ausgedehnt, frischgrün. Stengel niederliegend und wurzelnd oder aufsteigend, 10—15 cm lang, unregelmäßig fiederig oder büschelig, zuweilen nahezu bäumchenförmig verzweigt, Äste übergebogen, gelegentlich gegen die Spitze zu peitschenartig verdünnt. Blätter spiralig und dicht angeordnet, aufrecht bis struppig abstehend, Stammblätter 2—3 mm lang, herz- bis eiförmig, kurzgespitzt, hohl und faltig, Astblätter 2 mm lang, länglich bis lanzettlich, sonst wie die Stammblätter

Sporophyt: Kapselstiel 2—4 cm lang aus seitlichen Kurztrieben entspringend. Kapsel waagrecht, länglich eiförmig, schwach hochrückig. Deckel lang geschnäbelt. Entleerte Kapsel stark gekrümmt. Sporenreife im Winter

Mikroskopische Kennzeichen: Blätter am ganzen Rand schwach gesägt. Rippe dünn, in der Spitze verschwindend. Blattzellen schmallineal, in den Blattflügeln einige oval bis rechteckig. Mundsaum der Kapsel mit doppelter Zahnreihe

Ökologie: Verbandscharakterart der trockenen bis frischen Edel-Laubwälder (Asperulo-Fagion). Das Moos ist also in seiner Hauptverbreitung auf die guten Waldböden beschränkt, dringt jedoch oft auch in andere Waldgesellschaften ein und besiedelt dort Baumstümpfe. Vom Tiefland bis etwa 1000 m

Bach-Kegelmoos, *Brachythecium rivulare* Br. eur.

Gametophyt: Entweder steifelastische, ausgedehnte Rasen oder flutende Büschel bildend, gelbgrün bis schmutzigbraun. Stengel 5—25 cm lang, bei flutenden Formen unregelmäßig gefiedert, sonst starre fiederig bis büschelig verzweigt. Blätter spiralig angeordnet, dicht stehend, meist dachziegelig, breiteiförmig, kurzgespitzt, 2—3 (seltener bis 4) mm lang, stark faltig, flach oder schwach hohl

Sporophyt: Kapselstiel 2—3 mm lang, aus seitlichen Kurztrieben entspringend. Kapsel geneigt bis waagrecht, walzlich, leicht hochrückig, braun. Deckel kurzkegelig. Sporenreife im Frühling

Mikroskopische Kennzeichen: Blätter ringsum gesägt. Rippe dünn, über der Blattmitte erlöschend. Blattzellen länglich rautenförmig, in den Ecken am Blattgrund in größerer Ausdehnung locker, größer und wasserhell

Ökologie: Verbandscharakterart der Quellflur-Gesellschaften (Cardamineto-Montion), die vorwiegend im Gebirge klare, kalte Quellbäche besiedeln. Gelegentlich auch als unsteter Begleiter in Waldsümpfen. In kalkreichen Gewässern seltener. Hauptverbreitung von 500 bis etwa 2500 m, im Tiefland selten

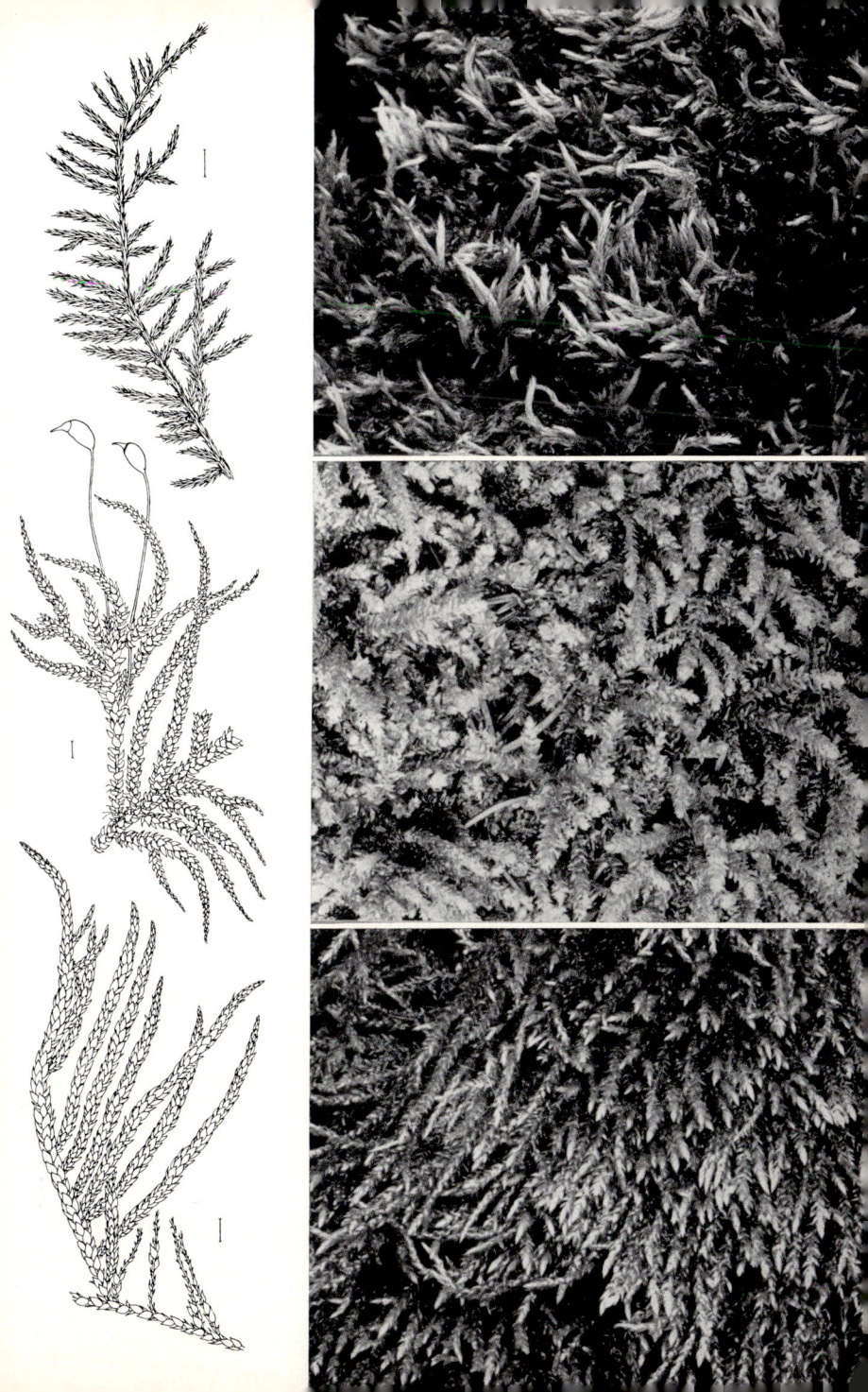

Laubmoose

Samt-Kegelmoos, *Brachythecium velutinum* (L.) Br. eur.

Gametophyt: Rasen sehr locker, flach, schleierartig verwebt, hell- bis gelbgrün, samtglänzend. Stengel niederliegend, kriechend, 5—10 cm lang, unregelmäßig gefiedert, mit niederliegenden bis schwach aufsteigenden Ästchen. Blätter spiralig und locker angeordnet, 1—2 mm lang, schmal eilanzettlich, mit langer, dünner Spitze, zuweilen schwach sichelförmig, etwas hohl, nicht oder kaum faltig

Sporophyt: Kapselstiel 1—2 cm lang, rauh, aus seitlichen Kurztrieben entspringend. Kapsel stark geneigt bis waagrecht, eiförmig, schwach gekrümmt und hochrückig, rotbraun. Deckel kurzkegelig. Sporenreife Winter bis Frühling

Mikroskopische Kennzeichen: Blätter ringsum fein gesägt, seltener ganzrandig. Rippe dünn, über der Mitte erlöschend. Blattzellen langgestreckt, in den Blattflügeln einige rautenförmig bis oval. Mundsaum der Kapsel mit doppelter Zahnreihe

Ökologie: Gesellschaftsvages M⁻os mit vielen Formen. Auf Erde, Steinen und Holz. Oft, aber nicht ausschließlich im Schatten. Zuweilen auch an der Rinde lebender Bäume und an Felsen. Vom Tiefland bis über 2500 m

Krücken-Kegelmoos, *Brachythecium rutabulum* (L.) Br. eur.

Gametophyt: Rasen dicht, stark glänzend, gelbgrün. Stengel niederliegend, am Ende oft ausläuferartig, 5—15 cm lang, unregelmäßig und stellenweise dicht gefiedert, mit aufrechten Ästchen. Blätter spiralig angeordnet, 2,5—3 mm lang, breit eiförmig, rasch zugespitzt, flach oder öfters löffelartig hohl, mehr oder weniger stark längsfaltig

Sporophyt: Kapselstiel 2—3 cm lang, rauh, aus seitlichen Kurztrieben entspringend. Kapsel stark geneigt bis waagrecht, hochrückig und stark gekrümmt. Deckel kurzkegelig. Sporenreife im Winter

Mikroskopische Kennzeichen: Blätter ringsum stark gesägt. Rippe dünn, über der Blattmitte erlöschend. Blattzellen länglich, rautenförmig bis lineal. Mundsaum der Kapsel mit doppelter Zahnreihe

Ökologie: Gesellschaftsvag und sehr formenreich. Auf Erde, Gestein, Holz und Wurzeln, in Wäldern und Wiesen, auf alten Dächern und an Bäumen. Vom Tiefland bis etwa 1500 m

Geröll-Kegelmoos, *Brachythecium salebrosum* (Hoffm.) Br. eur.

Gametophyt: Rasen dicht, ausgedehnt, weich, gelbgrün bis weißlichgrün oder gebräunt, glänzend. Stengel niederliegend, 5—15 cm lang, mehr oder weniger regelmäßig gefiedert, Ästchen oft aufrecht oder aufsteigend. Blätter spiralig angeordnet, Astblätter schwach dachziegelig oder aufrecht abstehend, lang zugespitzt, eiförmig, 2—3 mm lang, schwach faltig und schwach hohl, Rand am Blattgrund zuweilen umgeschlagen

Sporophyt: Kapselstiel 1—2 cm lang, aus seitlichen Kurztrieben entspringend. Kapsel stark geneigt, gekrümmt, länglich, rotbraun. Deckel kurzkegelig. Sporenreife Winter bis Frühling

Mikroskopische Kennzeichen: Stengelblätter nur in der Spitze, Astblätter fast am ganzen Rande gesägt. Rippe dünn, etwa bis zur Mitte des Blattes reichend. Blattzellen langgestreckt, rautenförmig. Mundsaum der Kapsel mit doppelter Zahnreihe

Ökologie: Auf kalkarmen bis sauren Böden und auf Holzwerk und Steinen. Gesellschaftsvag. Starke Beschattung meidend, daher selten in Wäldern. Meist in mäßig trockenen bis leicht feuchten Heide- und Wiesengesellschaften. Vom Tiefland bis über 2000 m

T A F E L 25

L a u b m o o s e

Grünstengelmoos, *Scleropodium purum* (L.) Limpr.

Gametophyt: Rasen wenig zusammenhängend, weit ausgedehnt, bleich- bis gelbgrün, glänzend. Stengel grün bis gelbgrün, niederliegend oder leicht aufsteigend, 5—15 cm lang, unregelmäßig bis locker regelmäßig gefiedert, Astenden stumpf. Blätter spiralig angeordnet, dachziegelig anliegend, 2—3 mm lang, breit eilanzettlich, mit sehr kurzem, aufgesetztem Spitzchen, hohl, schwach faltig

Sporophyt: Kapselstiel 2—5 cm lang, aus seitlichen Kurztrieben entspringend. Kapsel geneigt bis waagrecht, verlängert eiförmig, mit verengter Mündung, braun. Deckel kurzkegelig. Sporenreife im Winter

Mikroskopische Kennzeichen: Blätter nur in der Spitze fein gesägt. Rippe einfach oder meist doppelt, in der Blattmitte erlöschend. Blattzellen langgestreckt, in den Blattflügeln in größerer Anzahl quadratisch bis rechteckig und gelbgrün. Mundsaum der Kapsel mit doppelter Zahnreihe

Ökologie: Kalkliebendes Moos. Nur auf guten, oft etwas feuchten, nährstoffreichen Böden. Begleiter der Edel-Laubwaldgesellschaften (Fagetalia). Vom Tiefland bis 2000 m

Haar-Spitzblattmoos, *Cirriphyllum piliferum* (Schreb.) Grout

Gametophyt: Rasen locker, hell- bis bleichgrün, Stengel niederliegend oder hängend bis aufsteigend, 10—20 cm lang, mehr oder weniger dicht unregelmäßig fiederig verzweigt. Blätter spiralig angeordnet, dachziegelig, in der Spitze aufrecht abstehend, 2—3 mm lang, aus breit eiförmigem Grunde plötzlich dünn und lang (etwa 1—1,5 mm) haarartig zugespitzt, schwach faltig und hohl

Sporophyt: Kapselstiel 2—5 cm lang, rauh, oben schwach gebogen, aus seitlichen Kurztrieben entspringend. Kapsel waagrecht, eiförmig bis walzlich, braun. Deckel lang geschnäbelt. Sporenreife im Frühling

Mikroskopische Kennzeichen: Blätter ganzrandig. Rippe dünn, über der Blattmitte endend. Blattzellen langgestreckt, in den Blattflügeln rechteckig bis rautenförmig. Mundsaum der Kapsel mit doppelter Zahnreihe

Ökologie: Schatten- und feuchtigkeitsliebendes Moos auf mäßig kalkhaltigen Lehmböden. Unstetiger Begleiter der feuchten *Lysimachia-nemorum*-Hauptsubassoziation des Buchenwaldes (Fagetum silvaticae), auch im Eschen-Ahorn-Schluchtwald (Acereto-Fraxinetum) und in Gesellschaften des Verbandes der Auen- und Quellwälder (Alno-Padion). Hauptverbreitung zwischen 300 und 1300 m

Rotstengelmoos, *Pleurozium schreberi* (Willd.) Mitten

Gametophyt: Rasen dicht, gelb- bis braungrün, glänzend. Stengel niederliegend oder aufsteigend, rot, 6—10 (seltener bis 20) cm lang, mehr oder weniger unregelmäßig gefiedert, Astenden spitz. Blätter spiralig angeordnet, dachziegelig anliegend, 2—3 mm lang, breit eiförmig mit abgestutzter und abgerundeter Spitze, sehr hohl, mehr oder weniger längsfaltig

Sporophyt: Kapselstiel 2—6 cm lang, aus seitlichen Kurztrieben entspringend. Kapsel stark geneigt bis waagrecht, verlängert eiförmig bis walzlich, hochrückig. Deckel kurzkegelig. Entleerte Kapsel gekrümmt. Sporenreife im Winter

Mikroskopische Kennzeichen: Blätter nur an der Spitze schwach gezähnt. Rippe sehr kurz und doppelt. Blattzellen verlängert rautenförmig, in den Blattflügeln dickwandig und goldbraun. Mundsaum der Kapsel mit doppelter Zahnreihe

Ökologie: Moos auf sauren Waldböden. Gerne an etwas feuchten oder wasserzügigen Stellen. Auf oberflächlich versauerten Böden in vielen Edel-Laubwaldgesellschaften (Fagetalia), aber auch in fast allen Assoziationen der Ordnung säureliebender Wälder und subalpiner Zwergstrauchheiden (Betuleto-Pinetalia). Vom Tiefland bis über 2500 m

L a u b m o o s e

Gelbstengelmoos, *Entodon orthocarpus* (La Pyl.) Lindb.

Gametophyt: Rasen dicht, gelbgrün bis braun, matt glänzend. Stengel gelb bis gelbbraun, niederliegend oder schwach aufsteigend, 5—15 cm lang, regelmäßig und mehr oder weniger dicht gefiedert, Ästchen stumpf zugespitzt. Blätter spiralig angeordnet, dachziegelig anliegend, 2,5—3,5 mm lang, verlängert eiförmig, mit abgestutzter und breit abgerundeter Spitze, hohl, nicht oder schwach längsfaltig

Sporophyt: Kapselstiel 1—3 cm lang, aus seitlichen Kurztrieben entspringend. Kapsel aufrecht, länglich-walzlich, Deckel kurzkegelig. Sporenreife im Herbst

Mikroskopische Kennzeichen: Blätter ganzrandig. Rippe kurz und doppelt oder fehlend. Blattzellen verlängert rechteckig bis rautenförmig, in den Blattflügeln dickwandig und gelbgrün. Mundsaum der Kapsel mit doppelter Zahnreihe

Ökologie: Trockenheitszeiger. Nur auf sonnigen, offenen, mäßig sauren bis stark basischen Böden. Verbandscharakterart der westlichen Kalk- und Silikattrockenrasen (Bromion erecti). Vom Tiefland bis über 2500 m

Zahn-Plattmoos, *Plagiothecium denticulatum* (L.) Br. eur.

Gametophyt: Rasen locker, weich, hellgrün, aber im Schatten auch sattgrün, stark glänzend. Stengel niederliegend, 2—6 cm lang, unregelmäßig verzweigt, Ästchen aufsteigend oder ebenfalls niederliegend, z. T. in bleiche, ausläuferartige, bis 5 cm lange, kleinblättrige „Peitschen" (Flagellen) umgewandelt. Blätter spiralig angeordnet, jedoch zweizeilig gedreht, 1,5—2,5 mm lang, eilänglich, sehr scharf zugespitzt, flach, nicht faltig oder schwach querrunzelig

Sporophyt: Kapselstiel 2—4 cm lang, aus seitlichen Kurztrieben entspringend. Kapsel stark geneigt bis waagrecht, walzlich, gekrümmt, rötlichgelb. Deckel spitzkegelig. Sporenreife im Frühling

Mikroskopische Kennzeichen: Blätter ganzrandig oder höchstens in der Spitze schwach gezähnelt. Rippe kurz und doppelt oder ganz fehlend. Blattzellen sehr lang und schmal; von den Ecken des Blattgrundes je ein breites Band großer, rechteckiger Zellen am Stengel herablaufend. Mundsaum der Kapsel mit doppelter Zahnreihe

Ökologie: Waldmoos mit vielen Rassen und Übergangsformen zu anderen Arten. Auf schattigem, saurem Waldboden, auf Steinen und an Holz, vor allem auch an den Wurzeln und der Stammbasis lebender Bäume. Angeblich Ordnungscharakterart der säureliebenden Wälder und subalpinen Zwergstrauchheiden (Betuleto-Pinetalia), jedoch auch in Edel-Laubwäldern auf mäßig saurem Boden und an Wurzeln. Vom Tiefland bis über 2500 m

Gewelltes Plattmoos, *Plagiothecium undulatum* (L.) Br. eur.

Gametophyt: Rasen ausgedehnt, mehr oder weniger locker, weißlich-grün, ölglänzend. Stengel niederliegend, geschlängelt, 5—15 cm lang, locker und unregelmäßig gefiedert. Blätter spiralig angeordnet, jedoch zweizeilig verflacht, eiförmig bis verlängert, kurz zugespitzt, 3 bis 5 mm lang, flach oder höchstens am Grund mit schwach umgebogenem Rand, stark querwellig

Sporophyt: Kapselstiel 4—5 cm lang, aus seitlichen Kurztrieben entspringend. Kapsel geneigt bis waagrecht, walzlich, schwach höckrig bis stark gekrümmt, schwach längsstreifig, gelbbraun. Deckel spitzkegelig. Entleerte Kapsel stark längsrippig. Sporenreife im Sommer

Mikroskopische Kennzeichen: Blätter ganzrandig oder nur in der Spitze schwach gezähnt. Rippe sehr kurz und doppelt. Blattzellen verlängert. Von den Ecken des Blattgrundes je ein kurzes Band großer, rechteckiger Zellen am Stengel herablaufend. Mundsaum der Kapsel mit doppelter Zahnreihe

Ökologie: Moos auf saurem Waldhumus an trockenen bis frischen Standorten. Charakterart des Fichtenwaldes (Piceetum excelsae), jedoch auch in Fichtenanpflanzungen auf oberflächlich versauerten Böden der Edel-Laubwaldgesellschaften (Fagetalia). Hauptverbreitung zwischen 500 und 1500 m

TAFEL 27

Laubmoose

Stumpenmoos, *Dolichotheca silesiaca* (Sel.) Fleischer

Gametophyt: Rasen locker, weich, gelb- bis bleichgrün. Stengel kriechend, oft bogig geschlängelt, 2—10 cm lang, mehr oder weniger dicht unregelmäßig gefiedert, Ästchen bogig aufsteigend oder niedergebogen, an den Enden meist dünner werdend. Blätter spiralig angeordnet, aufrecht bis waagrecht, flaumfederartig abstehend, 2 mm lang, länglich-lanzettlich, allmählich sehr lang, beinahe haarförmig zugespitzt, flach, nicht faltig

Sporophyt: Kapselstiel 2—4 cm lang, aus seitlichen Kurztrieben entspringend. Kapsel geneigt, langwalzlich, etwas gebogen, gelbbraun. Deckel kurzkegelig. Sporenreife im Sommer

Mikroskopische Kennzeichen: Blätter in der oberen Hälfte gesägt. Rippe kurz und doppelt, Blattzellen englineal. Mundsaum der Kapsel mit doppelter Zahnreihe

Ökologie: Nur auf morschem Holz und modernden Stümpfen von Laub- und Nadelbäumen. Hauptverbreitung in Bergwäldern, jedoch auch in anderen Waldgesellschaften an feuchtschattigen Standorten. Vom Tiefland bis gegen 1500 m

Breitringmoos, *Platygyrium repens* (Brid.) Br. eur.

Gametophyt: Rasen dicht, dem Untergrund fest angepreßt, hellgrün, gelegentlich bräunlich überlaufen, stark glänzend. Stengel ausläuferartig kriechend, 3—6 cm lang, kurzästig; Äste niederliegend, mit rötlicher Rinde. Blätter spiralig angeordnet, trocken dachziegelig anliegend, feucht aufrecht abstehend, lanzettlich, kurz- und scharf gespitzt, 1—1,5 mm lang, hohl, mit zurückgebogenem Rande, nicht faltig. In den Blattachseln oft Brutkörper, Äste dann struppig aussehend

Sporophyt: Kapselstiel 1—1,5 cm lang, rot, aus seitlichen Kurztrieben entspringend. Kapsel aufrecht, zylindrisch, schwach gekrümmt, rötlichgelb. Deckel kurz und schief geschnäbelt. Entleerte Kapsel schwach runzelig. Sporenreife Frühling bis Sommer, selten

Mikroskopische Kennzeichen: Blätter ganzrandig, rippenlos. Blattzellen verlängert, gegen die Ecken des Blattgrundes kürzer werdend. Mundsaum der Kapsel mit doppelter Zahnreihe

Ökologie: Rindenmoos an Laub- und Nadelholz, seltener auf Steinen oder alten Schindeldächern. Soziologisch ohne Bedeutung. Vom Tiefland bis etwa 2000 m

Federmoos, *Ptilium crista-castrensis* (L.) de Noth

Gametophyt: Rasen locker, etwas steif, hell- bis gelbgrün. Stengel niederliegend oder aufsteigend, oft reihenweise aufrecht gestellt, 8—20 cm lang, dicht und sehr regelmäßig zweizeilig einfach gefiedert; Ästchen straußenfederartig ausgebreitet, dünn, 1—2 cm lang. Blätter spiralig angeordnet, lanzettlich (Astblätter schmallanzettlich), allmählich lang zugespitzt, sichelförmig einseitswendig, 2—3 mm lang, tief faltig, flach

Sporophyt: Kapselstiel 4—5 cm lang, aus seitlichen Kurztrieben entspringend. Kapsel geneigt bis waagrecht, verlängert walzlich, 3—4 mm lang, schwach gekrümmt, rötlichgelb. Deckel kurzkegelig. Sporenreife im Herbst

Mikroskopische Kennzeichen: Blätter in der Spitze fein gesägt, seltener ganzrandig. Rippe fehlend, seltener kurz und doppelt. Blattzellen langgestreckt, gegen die Ecken des Blattgrundes zu verkürzt. Mundsaum der Kapsel mit doppelter Zahnreihe

Ökologie: Moos des feuchten, mäßig bis stark sauren Waldbodens. Charakterart des Verbandes frischer Nadelwälder und Heiden beerentragender Zwergsträucher (Vaccinio-Piceion), jedoch bei oberflächlicher Versauerung sogar in Buchenwäldern (Fagetum silvaticae). Vom Tiefland bis über 2000 m

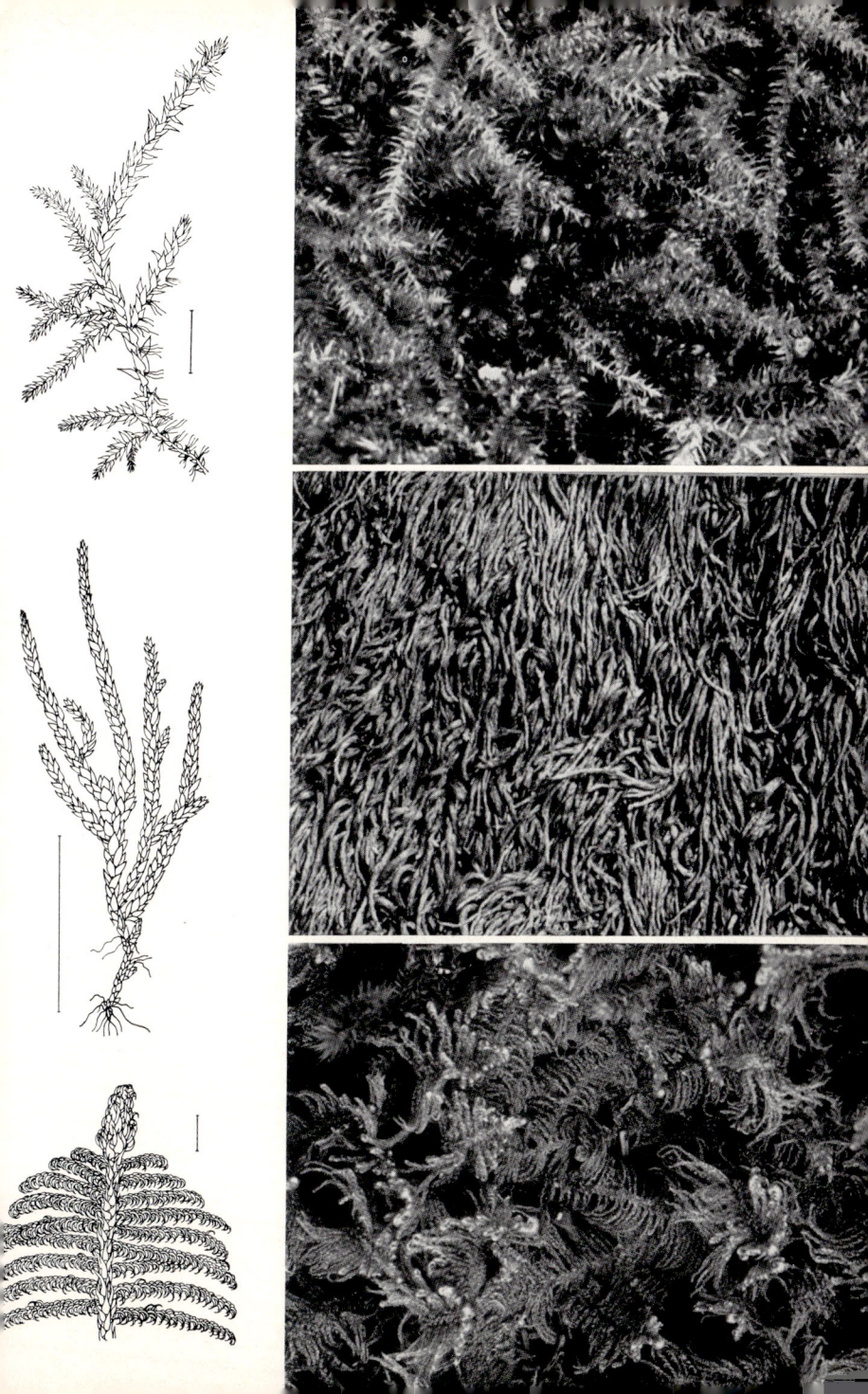

Laubmoose

Fädiges Zypressenschlafmoos, *Hypnum cupressiforme* L. ssp. *filiforme* Brid.

Gametophyt: Rasen ausgedehnt, flach und dicht, schlaff herabhängend, gelblichgrün bis bräunlich, schwach glänzend. Stengel niederhängend, 5—10 cm lang, unregelmäßig dicht gefiedert, Ästchen dem Untergrund angedrückt, dünn, alle parallel abwärtsgerichtet. Blätter spiralig angeordnet, schwach dachziegelig bis leicht zweizeilig, 1—2 mm lang, aus eiförmigem Grund lang und scharf zugespitzt, schwach sichelig gekrümmt, hohl, nicht faltig

Sporophyt: Kapselstiel 1—2 cm lang, aufwärtsgerichtet, rot, aus seitlichen Kurztrieben entspringend. Kapsel geneigt bis fast aufrecht, walzlich, leicht gekrümmt, braun, Deckel kurzkegelig. Sporenreife im Winter, selten

Mikroskopische Kennzeichen: Blätter ganzrandig. Rippe kurz und doppelt oder fehlend. Blattzellen lang und schmal, in den Blattflügeln klein, quadratisch und grün. Mundsaum der Kapsel mit doppelter Zahnreihe

Ökologie: Ökologische Form des Echten Zypressenschlafmooses, welche die höheren und damit trockeneren Stammteile der Bäume besiedelt. (Oft in der Wurzelzone gleitender Übergang zwischen den beiden Formen.) An allen Bäumen, jedoch Vorliebe für Laubholz. Vom Tiefland bis etwa 2000 m

Echtes Zypressenschlafmoos, *Hypnum cupressiforme* L. ssp. *cupressiforme*

Gametophyt: Rasen ausgedehnt, dicht und flach, gelblich bis sattgrün, glänzend. Stengel niederliegend, 3—10 cm lang, meist dicht und unregelmäßig gefiedert, mit bogig aufsteigenden oder dem Boden angepreßten Ästchen. Blätter spiralig angeordnet, leicht dachziegelig bis zweizeilig gegen die Unterseite gekrümmt, 2—3 mm lang, aus eiförmigem Grunde stark sichelförmig, mit scharfer, langer Spitze, hohl, am Grunde mit leicht umgebogenem Rand, nicht faltig

Sporophyt: Kapselstiel 1—3 cm lang, rot, aus seitlichen Kurztrieben entspringend. Kapsel geneigt bis waagrecht, walzlich, leicht gekrümmt, braun. Deckel kurzkegelig. Sporenreife Winter bis Frühling

Mikroskopische Kennzeichen: Blätter ganzrandig, selten in der Spitze etwas gezähnt. Rippe kurz und doppelt, zuweilen auch fehlend. Blattzellen lang und schmal, in den Blattflügeln klein, quadratisch bis vieleckig. Mundsaum der Kapsel mit doppelter Zahnreihe

Ökologie: Gesellschaftsvages Allerweltsmoos auf verschiedenstem Untergrund. Hauptverbreitung in Wäldern auf Erde, Baumstümpfen, Gestein und Holz. Sehr formenreich. Vom Tiefland bis über 3500 m aufsteigend

Kamm-Moos, *Ctenidium molluscum* (Hedw.) Mitt.

Gametophyt: Polster dicht, meist flach gedrückt, gelbgrün bis hellgrün. Stengel niederliegend, 5—10 cm lang, regelmäßig und dicht kammartig gefiedert, Ästchen zweizeilig gestellt, kurz (0,5—1 cm lang), oft an der Spitze heller gefärbt und so das ganze Moos mit hellem Randsaum. Blätter spiralig angeordnet, stark sichelförmig einseitswendig, aus breit eiförmigem Grunde in die fast kreisrund gebogene, scharfe und lange Spitze verschmälert, 2—2,5 mm lang, flach und nicht oder nur sehr schwach längsfaltig

Sporophyt: Kapselstiel 1—2 cm lang, aus seitlichen Kurztrieben entspringend. Kapsel geneigt bis waagrecht, kurz und dick eiförmig, 2—2,5 mm lang, hochrückig, braun. Deckel langkegelig, gespitzt. Sporenreife Frühling bis Sommer

Mikroskopische Kennzeichen: Blätter am ganzen Rand gesägt. Rippe kurz und doppelt, selten fehlend. Blattzellen langgestreckt, gegen die Ecken am Blattgrund verkürzt. Mundsaum der Kapsel mit doppelter Zahnreihe

Ökologie: Gesellschaftsvages, formenreiches Moos. Nur auf kalkhaltigem Boden oder auf Kalkfelsen. Entweder an trockenen und sonnigen Standorten oder in Kalksümpfen (Caricetum davallianae), auch auf Gestein in Bächen (var. *procerum*). Gelegentlich auch in tief schattigen Buchenwäldern (Fagetum silvaticae). Vom Tiefland bis über 2500 m

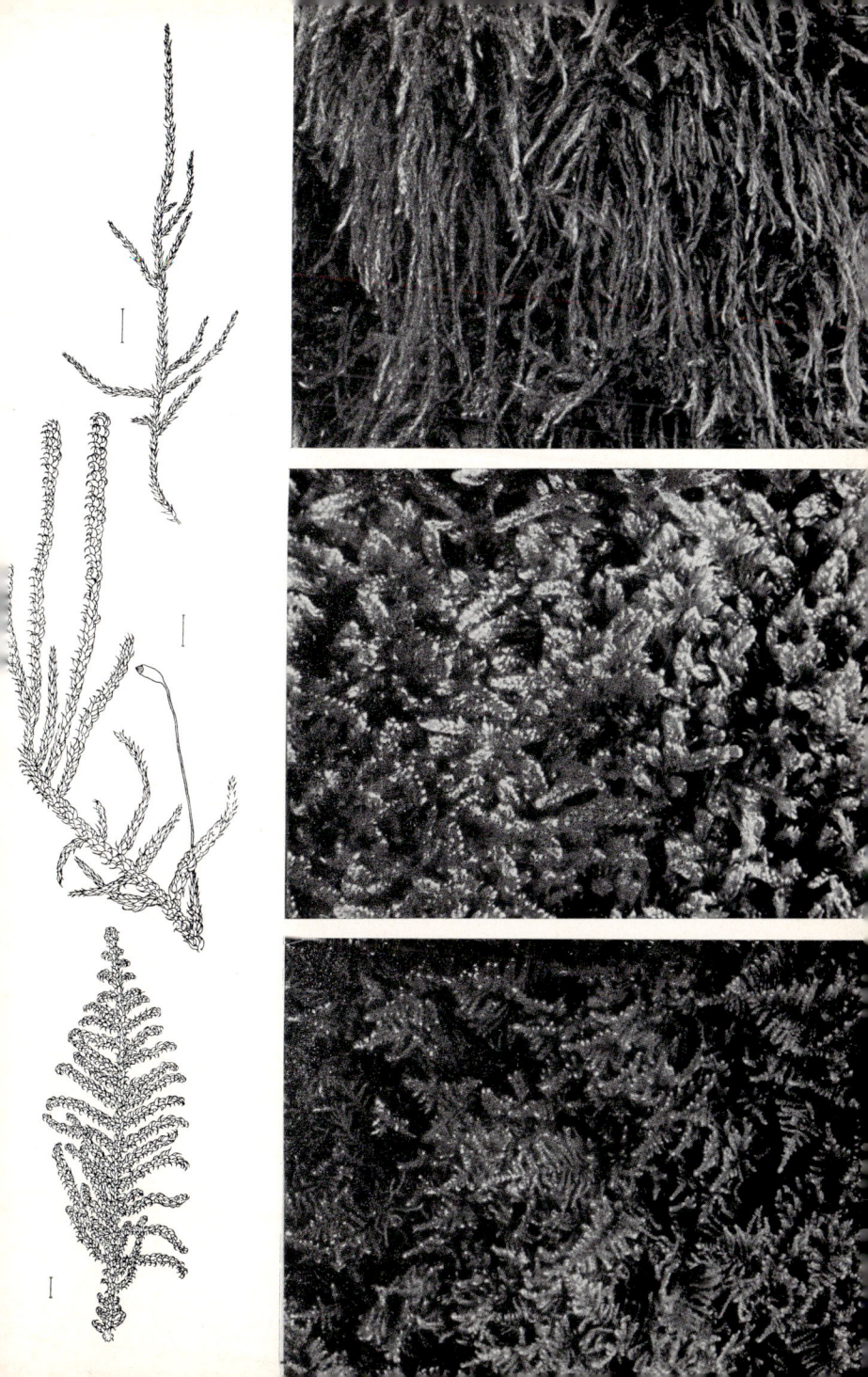

TAFEL 29

Laubmoose

Sparriges Kranzmoos, *Rhytidiadelphus squarrosus* (L.) Warnst.

Gametophyt: Rasen locker, weich, hell- bis gelbgrün, schwach glänzend. Stengel aufrecht, 5—15 cm lang, schwach unregelmäßig gefiedert. Blätter spiralig angeordnet, allseitig sparrig abstehend, 3—3,5 mm lang, eiförmig, in eine lange Spitze verschmälert, diese weit zurückgekrümmt, Blattgrund flach, nicht oder nur sehr schwach faltig

Sporophyt: Kapselstiel 2—4 cm lang, aus seitlichen Kurztrieben entspringend. Kapsel waagrecht, eiförmig, hochrückig, mit auffallend enger Mündung, braun. Deckel kurzkegelig. Entleerte Kapsel leicht gefurcht. Sporenreife im Frühling

Mikroskopische Kennzeichen: Blätter nur in der Spitze fein gesägt. Rippe doppelt, kurz oder sogar fehlend. Blattzellen langgestreckt. Mundsaum der Kapsel mit doppelter Zahnreihe

Ökologie: Erdmoos mäßig trockener bis feuchter Standorte. Ordnungscharakterart der Flachmoor- und Kulturrasen (Molinio-Arrhenatheretalia), aber meist nur in wenig gedüngten und nährstoffarmen Wiesentypen der Ordnung vertreten. Vom Tiefland bis über 2000 m

Großes Kranzmoos, *Rhytidiadelphus triquetrus* (L.) Warnst.

Gametophyt: Rasen dicht, ausgedehnt, etwas starr, gelblich- bis hellgrün. Stengel aufsteigend oder aufrecht, rotrindig, 10—20 cm lang, locker gefiedert bis mehrfach gegabelt. Blätter spiralig angeordnet, struppig bis sparrig abstehend, breit eiförmig, kurzgespitzt, 4—6 mm lang, flach bis zurückgebogen, stark längsfaltig

Sporophyt: Kapselstiel 3—6 cm lang, aus seitlichen Kurztrieben entspringend. Kapsel waagrecht, eiförmig bis walzlich, hochrückig, mit sehr enger Mündung. Deckel kurzkegelig, stumpf. Entleerte Kapsel gefurcht. Sporenreife Winter bis Frühling

Mikroskopische Kennzeichen: Blätter fast bis zum Grund gesägt. Rippe doppelt, kurz oder bis zur Blattmitte reichend. Blattzellen langgestreckt, auf der Unterseite warzig. Mundsaum der Kapsel mit doppelter Zahnreihe

Ökologie: Säureliebendes Erdmoos in Wäldern und gelegentlich auf Wiesen. Ordnungscharakterart der säureliebenden Wälder und subalpinen Zwergstrauchheiden (Betuleto-Pinetalia), jedoch auch häufig als Begleiter in säureliebenden Gesellschaften der Edel-Laubwälder (Fagetalia), vor allem im Eichen-Hainbuchen-Wald (Querceto-Carpinetum). Vom Tiefland bis über 2000 m

Riemenstengel-Kranzmoos, *Rhytidiadelphus loreus* (L.) Warnst.

Gametophyt: Rasen ausgedehnt, mehr oder weniger locker, oliv- bis dunkelgrün, schwach glänzend. Stengel langkriechend, 10—25 cm lang, unregelmäßig gefiedert, Ästchen lang, niederliegend. Blätter spiralig angeordnet, allseitig abstehend, in den Sproßspitzen leicht sichelig einseitswendig, 3—5 mm lang, eiförmig, in eine lange, schmale Spitze ausgezogen, diese oft sparrig zurückgebogen; Spreite flach, schwach faltig

Sporophyt: Kapselstiel 2—4 cm lang, aus seitlichen Kurztrieben entspringend, Kapsel waagrecht, dick eiförmig, hochrückig, mit auffallend verengter Mündung, braun. Deckel kurzkegelig. Entleerte Kapsel runzelig. Sporenreife im Winter

Mikroskopische Kennzeichen: Blätter in der Spitze scharf gesägt. Rippe fehlend oder nur sehr undeutlich ausgebildet, kurz und doppelt. Blattzellen verlängert, schmal. Mundsaum der Kapsel mit doppelter Zahnreihe

Ökologie: Feuchtigkeitsliebendes Moos des sauren Waldbodens, Charakterart des Fichtenwaldes (Piceetum excelsae). Auf oberflächlich stärker versauerten Böden, gelegentlich auch in Waldgesellschaften der Edel-Laubwälder (Fagetalia). Hauptverbreitung zwischen 400 und 1500 m

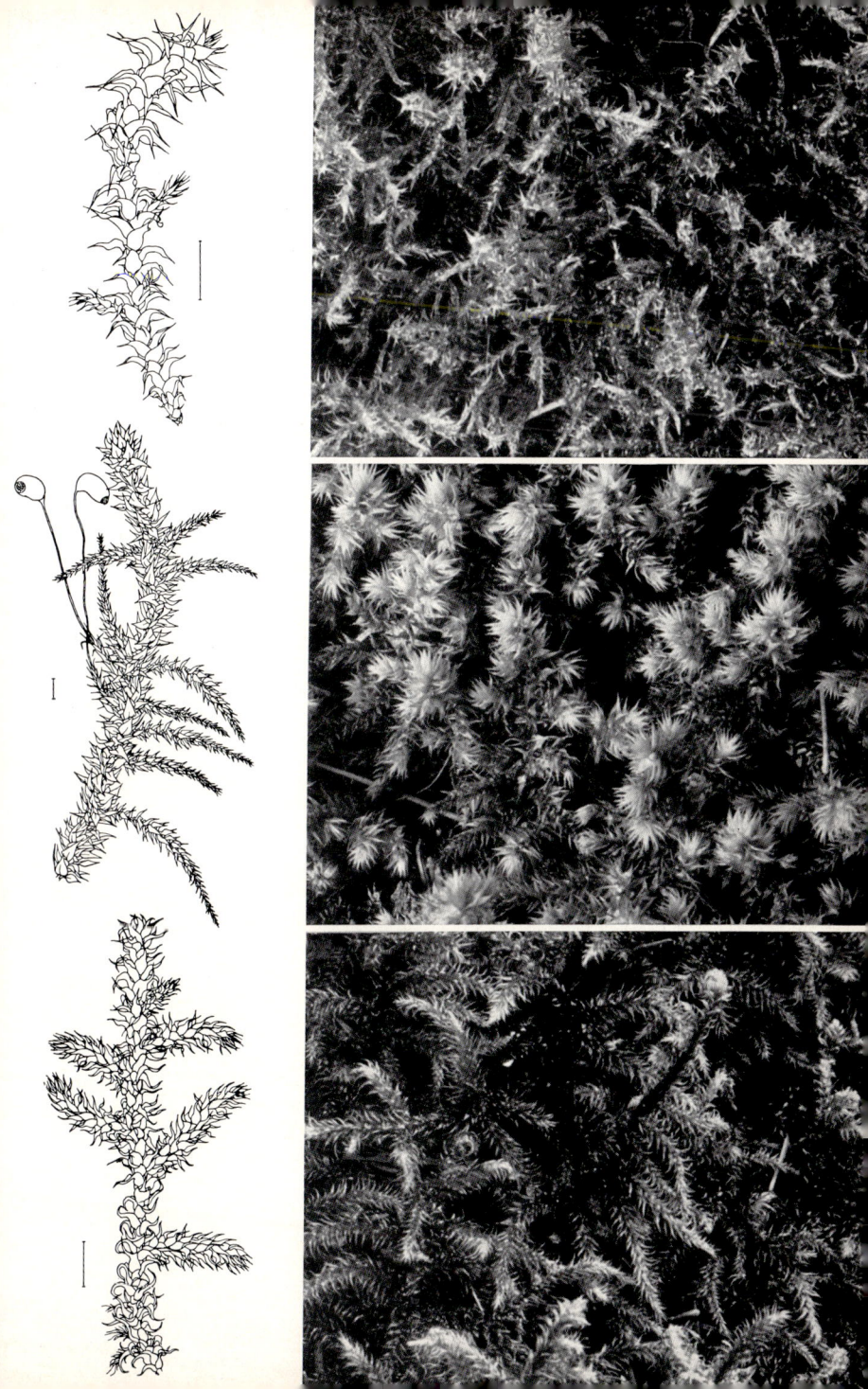

Laubmoose

Katzenpfötchen, *Rhytidium rugosum* (Ehrh.) Kindb.

Gametophyt: Rasen mehr oder weniger dicht, etwas starr, gelblich oder goldbraun bis gelbgrün, glänzend. Stengel niederliegend oder aufsteigend, 6—12 cm lang, unregelmäßig dicht gefiedert, Äste und Stengel derb, dick geschwollen beblättert. Blätter spiralig angeordnet, dachziegelig bis einseitswendig, an den Sproßenden stark hakig, 3—4 mm lang, eilänglich, allmählich lang zugespitzt, stark querwellig, schwach hohl

Sporophyt: Kapselstiel 2—5 cm lang, aus seitlichen Kurztrieben entspringend. Kapsel geneigt bis waagrecht, walzlich, hochrückig, braun. Deckel kurzkegelig. Entleerte Kapsel stark gekrümmt. Sporenreife im Sommer, selten

Mikroskopische Kennzeichen: Blätter in der Spitze scharf gesägt. Rippe über der Mitte verschwindend. Blattzellen lang und schmal, auf der Unterseite spitzwarzig. Mundsaum der Kapsel mit doppelter Zahnreihe

Ökologie: Kalkholdes Moos sonniger und trockener Standorte. Auf Erde und Gestein. Verbandscharakterart der westlichen Kalk- und Silikattrockenrasen (Bromion erecti), aber auch stets als Begleiter in lichten, wärmeliebenden Eichenmischwäldern (Quercetalia pubescentissessiliflorae). Vom Tiefland bis über 3000 m

Etagenmoos, *Hylocomium splendens* (Hedw.) Br. eur.

Gametophyt: Rasen locker, mehrschichtig, ausgedehnt, gelblich- bis olivgrün, glänzend. Stengel 10—20 cm lang, rot, etagenartig aufgebaut: aufsteigend und dann übergebogen, aus der Mitte des Rückens der nächste Jahrestrieb auf gleiche Weise entspringend, fast regelmäßig 2—3fach gefiedert, Ästchen zweizeilig gestellt. Blätter spiralig angeordnet, etwas dachziegelig, Stammblätter eilänglich mit langer, oft etwas geschlängelter Spitze, 1—3 mm lang, schwach hohl und längs-, in der Spitze querfaltig; Astblätter breit eiförmig, kurzgespitzt, mit umgeschlagenem Rand, hohl, nicht faltig

Sporophyt: Kapselstiel 2—3 cm lang, aus seitlichen Kurztrieben entspringend. Kapsel waagrecht, eiförmig, schwach gekrümmt, braun. Deckel kurz geschnäbelt. Sporenreife im Frühling

Mikroskopische Kennzeichen: Blätter am ganzen Rande klein gesägt. Rippe kurz und doppelt (bei den Stengelblättern ein Schenkel oft länger und fast bis zur Blattmitte reichend). Blattzellen langgestreckt. Mundsaum der Kapsel mit doppelter Zahnreihe

Ökologie: Moos der schwach bis stark sauren Standorte. Charakterart der säureliebenden Wälder und subalpinen Zwergstrauchheiden (Betuleto-Pinetalia), aber nicht auf diese Ordnung beschränkt. Fast stets als Begleiter im Eichen-Hainbuchen-Wald (Querceto-Carpinetum), gelegentlich auch im bodensauren Buchenwald (Fagetum silvaticae, Hauptsubassoziation von *Polytrichum attenuatum*). Vom Tiefland bis über 3500 m

Lebermoose

Brunnenlebermoos, *Marchantia polymorpha* L.

Gametophyt: Lappige, grünglänzende, oft dichte Überzüge auf Erde und Gestein. Thallus bandförmig, 1—2 cm breit und 5—20 cm lang, nicht in Stengel und Blätter gegliedert, mit schwärzlichem Mittelstreif, deutlich gefeldert, oft am Rande gewellt, gabelig verzweigt. Stets mit Brutbechern. Thallusunterseite heller, mit Bauchschuppen und zahlreichen Rhizoiden

Sporophyt: Kapseln auf besonderen, aufrechten und stielartigen Trägern, die am oberen Ende eine 9—11strahlige Sternfigur bilden. Im Winkel zwischen den Strahlen Archegonien. Moos zweihäusig. Männliche Träger am oberen Ende schildförmig gelappt. Vegetative Fortpflanzung durch Brutkörper, die sich in den stets vorhandenen runden Brutbechern auf der Thallusoberseite entwickeln.

Mikroskopische Kennzeichen: Thallus mit Atemkammern und tonnenförmigen Luftspalten, die aus 4 Zellringen mit je 4 Zellen gebildet werden. Am Thallusquerschnitt Assimilationsschicht mit opuntienartig verzweigten Zellfäden und Speichergewebe mit Öl- und Faserzellen erkennbar. Rhizoiden der Bauchschuppen mit zäpfchenartigen Wandverdickungen

Ökologie: Gesellschaftsvages Moos feuchter Standorte, ohne besondere Bodenansprüche. An Bachrändern auf Erde, Wurzelwerk und Gestein, in Sumpfwiesen, an Dung- und Brandstellen und sogar zwischen Kopfsteinpflaster. Vom Tiefland bis über 2500 m

Lebermoose

Blaugrünes Sternlebermoos, *Riccia glauca* L.

Gametophyt: Einzeln oder in Herden vorkommend. Thallus rundlich, sternförmig gelappt, nicht in Stengel und Blätter gegliedert, blaugrün, dem Untergrund fest angedrückt, 1—2 cm breit, 2—4 mm dick; Lappen länglich, keilförmig, ausgerandet bis 1—2mal gegabelt, in der Mitte mit flacher Rinne, auf der Unterseite mit vergänglichen Bauchschuppen

Sporophyt: Kapseln auf der Oberseite des Thallus eingeschlossen, ohne Stiel, durch Zerreißen des Thallus oder erst beim Zerfall der einjährigen Pflanze frei werdend, ohne Deckel und Öffnung; Sporen werden durch Zerfall der Kapsel frei. Sporenreife Sommer bis Herbst

Mikroskopische Kennzeichen: Thallus im Querschnitt aus säulenförmigen Reihen chlorophyllhaltiger Zellen bestehend. Je 4 solcher Zellen umschließen einen engen Luftkanal. Sporen braun, gefeldert, nicht mit Schleuderfäden vermischt

Ökologie: Moos der lehmigen Brachäcker, Charakterart der Kleinling-Lebermoos-Gesellschaft (Centuculeto-Anthoceretum), die in zeitweise überschwemmten Furchen auf tonigen oder lehmigen, oberflächlich kalkfreien Getreideäckern wächst. Oft in die trockenere Hederichflur (Raphanetum) übergreifend. Vom Tiefland bis über 1000 m

Vielspaltiges Ohnnervmoos, *Riccardia multifida* (L.) Lindb. [*Aneura m.* (L.) Dum

Gametophyt: Sehr lockere Rasen oder vereinzelte Trupps bildend. Thallus saft- bis braungrün, bandförmig, nicht in Stengel und Blätter gegliedert, jedoch fast regelmäßig 2—3fach gefiedert, 1—3 cm lang, 1—2 mm breit, letzte Auszweigungen unter 1 mm breit, Thallusquerschnitt linsenförmig. Mittelrippe fehlt

Sporophyt: Kapselstiel 3—6 cm lang, auf der Oberfläche kurzer Seitenäste entspringend, am Grunde mit stark entwickelter, etwa 1 cm hoher, keulenförmiger Hülle. Kapsel oval, mit 4 Klappen sich öffnend. Sporenreife im Frühling

Mikroskopische Kennzeichen: Thallus im Querschnitt am Rande aus einer, in der Mitte aus etwa 10 Zellschichten bestehend. Sporen klein und feinwarzig. Schleuderfäden mit einer braunen Spiralfaser

Ökologie: Meist zwischen und über anderen Moosen in Quellfluren, z. B. in der Milzkraut-Flur (Cardaminetum amarae), nassen Fichtenwäldern (*Sphagnum*-Assoziation des Piceetum excelsae), aber auch auf weniger sauren bis alkalischen Böden in Bergwäldern, z. B. im Eschen-Ahorn-Schluchtwald (*Chrysosplenium alternifolium*-Assoziation des Acereto-Fraxinetum). Hauptverbreitung zwischen 500 und 1000 m.

Salatmoos, Endivienblättriges Beckenmoos oder Kelch-Beckenmoos, *Pellia fabbroniana* Raddi

Gametophyt: Rasen dunkelgrün, zuweilen rötlich oder bräunlich überlaufen. Thallus bandförmig, nicht in Stengel und Blätter gegliedert, kriechend oder an den Enden aufsteigend, unregelmäßig gegabelt, 0,5—1,5 cm breit, fleischig, flach, mit wellig-krausen Rändern und nach unten vorgewölbter, mit zahlreichen Rhizoiden bedeckter Mittelrippe. Im Herbst oft viele kleine, mehrfach gegabelte Brutsprosse an den Enden des Thallus

Sporophyt: Kapselstiel 5—10 cm lang, am Grunde mit einer kleinen, kaum 0,5 cm hohen, röhrenförmigen Hülle. Kapsel kugelig, schwarzbraun, mit 4 Klappen aufspringend, Schleuderfäden (Elateren) pinselartig an den Spitzen der Klappen angewachsen. Sporenreife im Frühling

Mikroskopische Kennzeichen: Thallus im Querschnitt aus vielen gleichgestalteten Zellen bestehend. Sporen groß (mehrzellig!)

Ökologie: Kalkliebendes, jedoch nicht kalkstetes Moos feuchter Standorte. Soziologisch bedeutungslos. In und an Bächen, auf Waldboden, Wegen, feuchten Äckern und Wiesen. Vom Tiefland bis über 2000 m

Lebermoose

Gegabeltes Igelhaubenmoos, *Metzgeria furcata* (L.) Lindb.

Gametophyt: Lockere oder dichte, meist flache, gelbgrüne, matt glänzende Überzüge bildend. Thallus der Unterlage angepreßt oder niederhängend, bandförmig, nicht in Stengel und Blätter gegliedert, 0,5—1,5 cm lang, 0,3—0,8 mm breit, regelmäßig gabelig verzweigt, auf der Unterseite und am Rande schwach behaart, oberseits kahl. Mittelrippe schwach ausgebildet, den gelegentlich vorhandenen, aufgerichteten, welligen Brutthalli stets fehlend

Sporophyt: Kapselstiel etwa 1 mm lang, auf der Unterseite des Thallus neben der Rippe entspringend. Kapsel rundlich, aufrecht, braunschwarz, mit 4 Klappen sich öffnend. Schleuderfäden (Elateren) als kleine Pinselbüschel an den Enden der Klappen angeheftet. Kelch behaart, verkehrt eiförmig. Sporenreife im Herbst

Mikroskopische Kennzeichen: Thallusquerschnitt bis auf die Mittelrippe nur aus einer Zellschicht bestehend. Sporen feinwarzig, Schleudern (Elateren) mit einer bandförmigen Spiralfaser

Ökologie: Gesellschaftsvages Rinden- und Gesteinsmoos, das vorwiegend auf der Borke von Laubbäumen, oft aber auf anderen Rindenmoosen oder Flechten wächst. Vom Tiefland bis 2000 m

Behaartes Igelhaubenmoos, *Metzgeria pubescens* (Schrank) Raddi

Gametophyt: Dichte, samtartige, gelbgrüne Überzüge bildend. Thallus niederliegend, bandförmig, nicht in Stengel und Blätter gegliedert, 2—3 cm lang, 0,5—1 mm breit, unregelmäßig gabelig bis fiederig verzweigt. Mittelrippe sehr schwach. Thallus auf beiden Seiten flaumig behaart

Sporophyt: Kapselstiel 1—2 mm lang, auf der Unterseite des Thallus neben der Rippe entspringend. Kapsel eispitzig bis rundlich, aufrecht, braun, mit 4 Klappen aufspringend, an deren Enden die Schleuderfäden (Elateren) in feinen, pinselartigen Büscheln angeheftet sind. Kelch stark behaart, verkehrt birnförmig. Sporenreife im Herbst

Mikroskopische Kennzeichen: Thallusquerschnitt bis auf die Mittelrippe nur aus einer Zellschicht bestehend. Sporen feinwarzig. Schleuderzellen (Elateren) mit einer sehr breiten Spiralfaser

Ökologie: Kalkliebendes Moos, das besonders an Felsen, seltener an der Rinde von Laubbäumen, vor allem Ahornarten, vorkommt. Hauptverbreitung zwischen 500 und 3000 m

Muschelmoos, *Plagiochila asplenioides* (L.) Dum.

Gametophyt: Rasen ausgedehnt, mehr oder weniger dicht, dunkel- bis gelbgrün. Stengel kriechend oder aufsteigend, 5—20 (selten bis 30) cm lang, reichästig; Ästchen 5—10 cm lang, aufsteigend, unverzweigt oder schwach gegabelt. Blätter 2zeilig angeordnet, längs oder wenig schräg gestellt, abgerundet bis rechteckig, 3—5 mm lang, unterschlächtig, löffelförmig hohl, höchstens schwach faltig. Unterblätter klein, fadenförmig, hinfällig, selten am Stengelende vorhanden (Lupe!)

Sporophyt: Kapselstiel 1—2 cm lang, aus der Spitze des Stengels entspringend. Kapsel kugelig bis eiförmig, mit 4 Klappen aufspringend. Kelch groß, verlängert eiförmig, unten rundlich, oben schief zusammengedrückt. Sporenreife Frühling bis Sommer

Mikroskopische Kennzeichen: Blätter am ganzen Rand fein gezähnelt, rippenlos. Blattzellen rundlich bis vieleckig, in den Ecken schwach verdickt. Schleuderfäden (Elateren) mit 2 Spiralfasern

Ökologie: Feuchtigkeits- und schattenliebendes Waldbodenmoos ohne besondere Bodenansprüche, deshalb in nahezu allen nicht zu trockenen Waldgesellschaften als Begleiter. Vom Tiefland bis über 2500 m

TAFEL 33

Lebermoose

Hain-Spatenmoos, *Scapania nemorosa* Dum.

Gametophyt: Rasen dicht, meist gelb- bis hellgrün. Stengel aufsteigend bis aufrecht, 1 bis 10 cm lang, wenig verzweigt. Blätter 2zeilig gestellt, unterschlächtig, 1,5—2,5 mm lang, tief in 2 aufeinandergeklappte Lappen gespalten. Unterlappen rechteckig bis abgerundet, 1,5—2mal so lang wie breit, wie der Oberlappen nahezu rechtwinklig vom Stengel abstehend, hohl und ringsum gesägt (Lupe!). Oberlappen nur etwa halb so groß wie der Unterlappen, schwach zugespitzt, über den Stengel greifend. Unterblätter fehlen

Sporophyt: Kapselstiel 1—3 cm lang, fleischig, aus der Spitze des Stengels entspringend. Kapsel aufrecht, rundlich bis walzlich, schwarzbraun, mit 4 Klappen aufspringend. Kelch langgestreckt, walzlich, die Hüllblätter überragend. Sporenreife Sommer bis Herbst

Mikroskopische Kennzeichen: Unterlappen fein- und lang-, Oberlappen grobgesägt. Blattzellen rundlich bis vieleckig

Ökologie: Kalkmeidendes Moos auf Waldboden und beschattetem Gestein. Gesellschaftsvag. Begleiter in fast allen säureliebenden Waldgesellschaften. Hauptverbreitung zwischen 300 und 1500 m

Flügelmoos, *Nardia scalaris* (Schrad.) Gray [*Alicularia scalaris* (Schrad.) Corda]

Gametophyt: Rasen ausgedehnt, dicht, etwas starr, grün bis bräunlich. Stengel aufsteigend oder aufrecht, 2—6 cm lang, nicht oder höchstens gabelig verzweigt. Blätter 2zeilig angeordnet, fast quer gestellt, breit elliptisch bis kreisförmig, 1—1,5 mm im Durchmesser, schwach hohl, nicht faltig. Unterblätter lanzettlich, leicht vom Stengel abstehend (Lupe!)

Sporophyt: Kapselstiel 0,5—2 cm lang, fleischig, aus der Spitze des Stengels entspringend. Kapsel kugelig oder verlängert, mit 4 Klappen aufspringend. Kelch klein, in die Hüllblätter eingesenkt. Sporenreife im Frühling, sehr selten

Mikroskopische Kennzeichen: Blätter ganzrandig, rippenlos. Blattzellen rundlich bis vieleckig mit stark verdickten Ecken (kollenchymatisch). Im Innern jeder Zelle 2—3 große, elliptische, hellglänzende Ölkörper. Sporen klein und feinwarzig, Schleuderfäden (Elateren) mit 2 Spiralfasern

Ökologie: Kalkmeidendes Moos des mäßig feuchten Silikatbodens, oft als unstetiger Begleiter in Quellflur-Gesellschaften (Cardamineto-Montion). Soziologisch bedeutungslos. Von 600 bis über 2000 m

Weißliches Doppelblattmoos, *Diplophyllum albicans* (L.) Dum.

Gametophyt: Rasen locker, grün oder hellgrün. Stengel niederliegend, 2—6 cm lang, reichästig; Ästchen niederliegend bis aufsteigend, meist unverzweigt, Blätter 2zeilig gestellt, unterschlächtig, 1—2 mm lang, tief in 2 aufeinandergeklappte Lappen gespalten. Unterlappen eilanzettlich, stumpf abgerundet, mehr oder weniger rechtwinklig abstehend; Oberlappen halb so lang, breit eiförmig, spitzwinklig abstehend; beide Lappen mit hellem Mittelstreif, schwach hohl, nicht faltig. Unterblätter fehlen

Sporophyt: Kapselstiel 1—2 cm lang, fleischig, aus der Spitze des Stengels entspringend. Kapsel aufrecht, walzlich bis eiförmig, schwarzbraun, mit 4 Klappen aufspringend. Kelch langgestreckt, eiförmig, die Hüllblätter um das Doppelte überragend, schwach bauchig aufgetrieben, Mündung verengt und fünffaltig. Sporenreife Frühling bis Sommer

Mikroskopische Kennzeichen: Blätter an den Spitzen der beiden Lappen etwas gezähnt, mit scheinbarer Rippe, die aus verlängerten Zellen besteht und in der Mitte beider Lappen verläuft. Übrige Blattzellen rundlich bis vieleckig. Mündung des Kelches gezähnt. Schleuderfäden (Elateren) mit Spiralfasern

Ökologie: Kalkfeindliches Moos auf Erde und Felsen. Gesellschaftsvag. Hauptverbreitung in sauren Heide- und Waldgesellschaften zwischen 400 und 2000 m

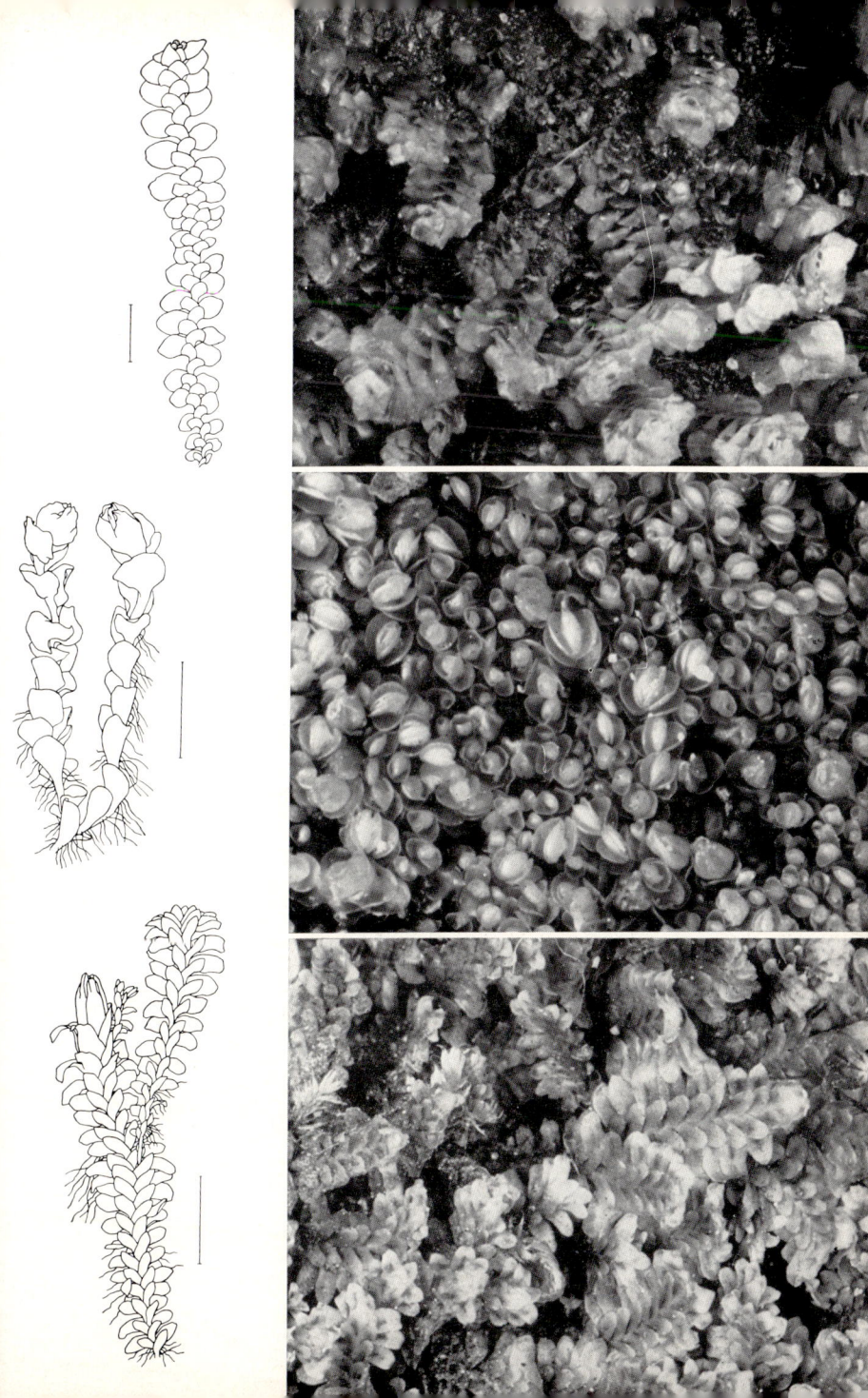

TAFEL 34

Lebermoose

Verschiedenblättriges Kammkelchmoos, *Lophocolea heterophylla* (Schrad.) Dum.

Gametophyt: Flache, dichte, gelb- bis dunkelgrüne Überzüge bildend. Stengel kriechend, der Unterlage fest angepreßt, 2—10 cm lang, nicht oder locker gabelig bis fiederig verzweigt, auf der Unterseite mit vielen Rhizoiden. Blätter 2zeilig angeordnet, nahezu längs gestellt, unterschlächtig, 0,5—1 mm lang, im Umriß beinahe rechteckig, am unteren Teil des Stengels auf ¹/₄ ausgerandet und in 2 spitze Lappen geteilt, gegen die Stengelspitze nur seicht ausgebuchtet, mit abgerundeten Ecken. Unterblätter groß, tief 2spaltig, mit lanzettlichen Zipfelchen

Sporophyt: Kapselstiel 0,5—1,5 cm lang, fleischig, aus der Spitze des Stengels entspringend. Kapsel rundlich, dunkelbraun, mit 4 Klappen aufspringend. Kelch weit herab scharf 3kantig, mit zusammengedrückter Mündung.

Mikroskopische Kennzeichen: Blätter ganzrandig, rippenlos. Hüllblätter und Kelchsaum unregelmäßig gezähnt. Blattzellen rundlich bis vieleckig, dünnwandig, in den Ecken nicht verdickt. Schleuderfäden (Elateren) mit 2 Spiralfasern

Ökologie: Moos auf nacktem Holz (meist Nadelholz), seltener auf Wurzeln oder sauren Waldböden. Häufig auf der Stirnseite frischer Fichtenbaumstümpfe. Vom Tiefland bis etwa 2000 m

Dreilappiges Peitschenmoos, *Bazzania trilobata* (L.) Gray

Gametophyt: Rasen dicht, gelb- bis dunkelgrün. Stengel niederliegend oder aufrecht, nicht oder gabelig verzweigt, mit Rhizoiden, 5—20 cm lang, mit vielen peitschenähnlichen, 1—2 cm langen, blattlosen, in den Boden eingesenkten Ästchen. Blätter 2zeilig angeordnet, nahezu längs gestellt, oberschlächtig, 2—4 mm lang, schief eiförmig, flach gestutzt, in der Spitze 3zähnig, am Grunde gewölbt, nicht faltig. Unterblätter rundlich bis 4eckig, breiter als lang, mit 3—4 ungleichen, spitzen Lappen

Sporophyt: Kapselstiel 1—3 cm lang, aus der Spitze bauchständiger Kurztriebe entspringend. Kapsel aufrecht, länglich bis verkehrt eiförmig, schwarzbraun, mit 4 Klappen sich öffnend. Hüllblätter breitlanzettlich, 3—4fach unregelmäßig geschlitzt. Kelch langgestreckt, 5 bis 7 mm lang, zylindrisch, nach oben zu 3kantig, mit stark verengter Mündung. Sporenreife Sommer bis Herbst, sehr selten

Mikroskopische Kennzeichen: Blätter bis auf die gelappte Spitze ganzrandig, rippenlos. Blattzellen rundlich bis vieleckig, mit schwach verdickten Ecken. Unterblätter grob gezähnt. Hüllblätter fein gezähnt. Kelchrand gekerbt

Ökologie: Säurezeiger auf Waldboden, Baumstümpfen, Holzwerk und seltener auch auf Steinen. Feuchtigkeits- und schattenliebend. Charakterart des Fichtenwaldes (Piceetum excelsae), jedoch auch in anderen sauren Waldgesellschaften häufig, z. B. in Schwarzerlen-Bruchwäldern (Cariceto elongatae-Alnetum). Vom Tiefland bis gegen 1500 m

Schuppenzweigmoos, *Lepidozia reptans* (L.) Dum.

Gametophyt: Rasen ausgedehnt, flach, dunkel- oder braungrün. Stengel niederliegend, 1 bis 3 cm lang, einfach bis doppelt gefiedert, Ästchen 2zeilig gestellt, niederliegend oder an der Spitze aufsteigend. Blätter 2zeilig angeordnet, nahezu längs gestellt, oberschlächtig, kaum 0,5 mm lang, fast quadratisch, auf ¹/₄ bis ¹/₃ in 3—4 spitze, stark nach unten gebogene Lappen geteilt, nicht faltig. Unterblätter vorhanden, mit 3—4 spitzen Lappen

Sporophyt: Kapselstiel 0,5—1,5 cm lang, aus der Spitze kurzer Nebenzweige entspringend. Kapsel aufrecht, länglich keulig, schwarzbraun, mit 4 Klappen sich öffnend. Blätter des Nebenzweigs 2—3 mm lang, breit eiförmig, an der Spitze gezähnt. Kelch etwa 0,5 mm lang, eilänglich, schwach 3kantig, mit stark verengter, 3lappiger Mündung. Sporenreife im Sommer

Mikroskopische Kennzeichen: Blätter bis auf die 3—4teilige Spitze ganzrandig, rippenlos. Blattzellen rundlich. Mündung des Kelchs gezähnt

Ökologie: Kalkfliehender Humusbewohner auf feuchtem Waldboden und moderndem Holz. Verbreitungsschwerpunkt im Fichtenwald (Piceetum excelsae), auch auf anderen Böden gerne in Fichtenanpflanzungen, jedoch nicht ausschließlich auf diese beschränkt. Vom Tiefland bis gegen 2000 m

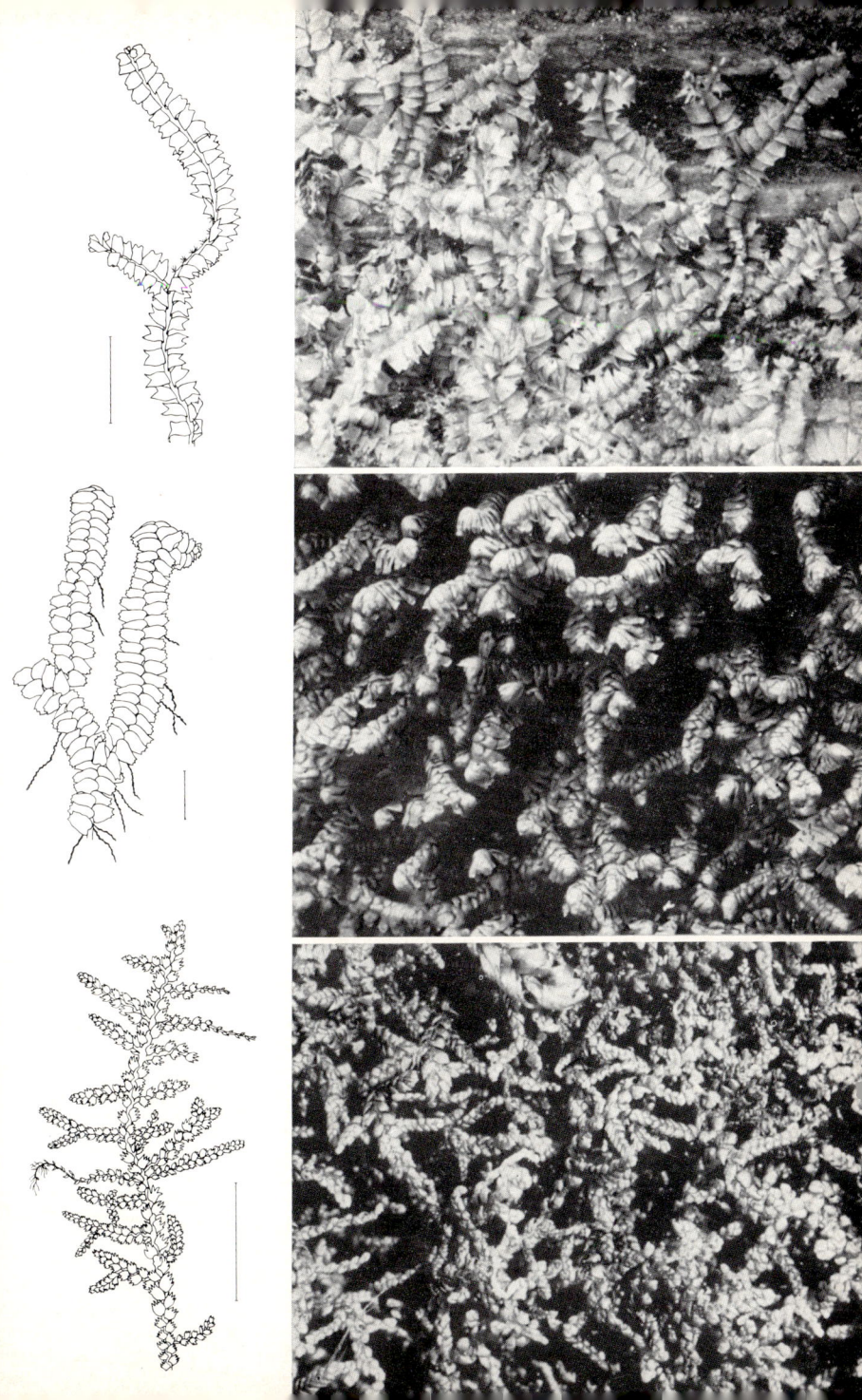

TAFEL 35

Lebermoose

Filzmoos, *Trichocolea tomentella* (Ehrh.) Dum.

Gametophyt: Rasen ausgedehnt, weich, bleich- bis gelbgrün. Stengel niederliegend bis aufsteigend, 3—10 cm lang, regelmäßig 2—3fach gefiedert, im Habitus an das Tamarisken-Thuja-moos erinnernd, aber Stengel und Äste dicker und von wollig-filzigem Aussehen. Blätter in viele, haarartige Zipfel gespalten, mit bloßem Auge nicht in allen Einzelheiten erkennbar. Unterblätter vorhanden, aber wie die Hauptblätter gespalten

Sporophyt: Kapselstiel 2—3 cm hoch, aus der Spitze des Stengels oder der Nebenäste entspringend. Kapsel aufrecht, kugelig, schwarzbraun, mit 4 Klappen sich öffnend. Hüllblätter etwas größer als die Stengelblätter, ebenso zerschlitzt. Kelch fehlt. Sporenreife im Frühling

Mikroskopische Kennzeichen: Blätter tief gespalten, mit 3—4 lanzettlichen, schmalen, nur wenige Zellen breiten Lappen, die mit zahlreichen borstenförmigen und verzweigten, einzellreihigen Haaren besetzt sind. Im Habitus unter dem Mikroskop einer Armleuchteralge ähnlich. Blattzellen langgestreckt

Ökologie: Auf schwach sauren bis stark basischen, jedoch stets feuchten Böden. Begleiter der Kalktuff-Quellflur-Gesellschaften (Cratoneurion), auch in Kalksumpfrasen (Caricetum davallianae) und Kalkflachmoorrasen (Schoenetum nigricantis), daneben aber auch in allen Gesellschaften der Auen- und Quellwälder (Alno-Padion). Hauptverbreitung zwischen 300 und 1300 m

Schönes Woll- oder Federchenmoos, *Ptilidium pulcherrimum* (Web.) Hampe

Gametophyt: Flache, dicht verwebte, rotbraune bis kupferrote, oft gelbgrün gesprenkelte Überzüge bildend. Stengel niederliegend, angedrückt, 1—3 cm lang, dicht einfach bis doppelt gefiedert, seltener gabelig. Blätter mit bloßem Auge betrachtet ein wolliges Gewirr um den Stengel bildend, fädig gewimpert, mit kurzer, doppelt bis 3fach geteilter Spreite, 2zeilig angeordnet, quer und dicht gestellt, 1—1,5 mm lang

Sporophyt: Kapselstiel etwa 1 cm lang, aus dem Ende des Stengels entspringend. Kapsel aufrecht, kugelig bis eiförmig, schwarzbraun, mit 4 Klappen sich öffnend. Kelch aufgeblasen, keulig, mit 3 bauchigen Falten an der verengten Mündung. Sporenreife Frühling bis Sommer

Mikroskopische Kennzeichen: Blätter auf $^3/_4$ ihrer Länge in 2—3 3eckige Lappen geteilt; Vorderlappen am Grund 6—10 Zellen breit, alle Lappen gewimpert, Wimpern einzellreihig, 0,5 mm lang. Blattzellen kurz rechteckig bis vieleckig. Kelch an der Mündung mit borstenförmigen Zähnchen

Ökologie: Soziologisch bedeutungsloses Moos, meist an der Rinde von Nadelbäumen, seltener auch auf Laubbäumen und vereinzelt auf Urgesteinsfelsen. Vom Tiefland bis 2000 m

Gemeines Bartkelchmoos, *Calypogeia trichomanis* (L.) Corda

Gametophyt: Einzeln wachsend oder in angedrückten, lockeren, gelb- bis blaugrünen Überzügen. Stengel 2—4 cm lang, kriechend bis aufsteigend, mit büscheligen Rhizoiden auf der Unterseite, unregelmäßig locker verzweigt. Blätter 2zeilig angeordnet, fast längs gestellt, oberschlächtig, breit eiförmig, abgestumpft zugespitzt, selten an der Spitze seicht ausgerandet, 1—1,5mm lang, flach ausgebreitet, nicht faltig. Unterblätter tief 2spaltig

Sporophyt: Kapselstiel 2—3 cm hoch, aus einem dicht wurzelfilzigen, dickwandigen Fruchtsack entspringend, der unterhalb des Stengels in die Erde eingesenkt ist. Kapsel länglich-walzlich, etwas spiralig gedreht, mit 4 Klappen aufspringend. Fruchtsäcke etwa 0,5 cm lang, wie die Wurzelknollen des Scharbockskrautes aussehend, ringsum braunfilzig. Sporenreife im Frühling, seltener

Mikroskopische Kennzeichen: Blätter ganzrandig, rippenlos. Blattzellen weitmaschig, rundlich bis vieleckig

Ökologie: Kalkmeidendes Moos auf feuchten, nackten Lehmböden oder auf Rohhumus in Wäldern, auch auf morschem Holz und feuchten Sandsteinfelsen. Soziologisch ohne Bedeutung. Vom Tiefland bis etwa 2000 m

Lebermoose

Flachblättriges Kratzmoos, *Radula complanata* (L.) Dum.

Gametophyt: Rasen flach, dicht radiär wachsend, gelbgrün. Stengel angedrückt, kriechend, 2—5 cm lang, unregelmäßig und locker fiederig verzweigt. Blätter 2zeilig angeordnet, sehr dicht dachziegelig und nahezu längs gestellt, oberschlächtig, in 2 aufeinandergeklappte Lappen gespalten; Oberlappen viel größer als der Unterlappen, kreisrund, etwa 1 mm Durchmesser, flachgedrückt; Unterlappen lanzettlich, gespitzt, 0,2—0,3 mm lang. Unterblätter fehlen

Sporophyt: Kapselstiel etwa 0,5 cm lang, aus der Spitze der Sprosse entspringend. Kapsel aufrecht, verlängert rundlich, schwarzbraun, mit 4 Klappen sich öffnend. Kelch schwach 3eckig, flachgedrückt, mit 2lippiger, gestutzter Mündung. Unter dem Kelch sackartige Hüllblätter der männlichen Blüten. Sporenreife im Frühling

Mikroskopische Kennzeichen: Blätter ganzrandig, ohne Rippe. Blattzellen groß, locker, rundlich bis vieleckig

Ökologie: Soziologisch bedeutungsloses Rindenmoos der glattrindigen Waldbäume (vorzugsweise an Buche und Esche), seltener auf schattigen Felsen, sehr selten auch auf kalkfreier Erde. Vom Tiefland bis über 2000 m

Breitblättriges Kahlfruchtmoos, *Madotheca platyphylla* (L.) Dum.

Gametophyt: Rasen gelbbraun bis schwarzgrün, niederhängend, dicht. Stengel abwärts kriechend oder an der Spitze leicht bogig aufsteigend, 5—8 cm lang, locker und regelmäßig 2—3fach gefiedert. Blätter 2zeilig angeordnet, dicht stehend, nahezu längs gestellt, oberschlächtig, in 2 aufeinandergeklappte Lappen gespalten; Oberlappen viel größer als der Unterlappen, schief herzförmig, an der Spitze abgerundet, 1—1,2 mm lang, schwach gewölbt; Unterlappen etwa 0,3 mm lang, eiförmig, spitz, am Rande zurückgerollt, fast parallel zum Stengel gestellt. Unterblätter rundlich bis quadratisch, doppelt (selten bis 3mal) so breit wie der Stengel, mit umrolltem Rand

Sporophyt: 0,3—0,5 cm lang, aus seitlichen Kurztrieben entspringend. Kapsel aufrecht, kugelig, schwarzbraun, mit 4 Klappen aufspringend. Hüllblätter sehr klein. Kelch unten aufgeblasen, stumpf 3kantig, mit flachgedrückter, 2lippiger, gelappter Mündung. Sporenreife Frühling bis Sommer

Mikroskopische Kennzeichen: Blätter und Unterblätter ganzrandig, selten spärlich gezähnt. Blattzellen klein, rundlich bis vieleckig, in den Ecken knotig verdickt

Ökologie: Gesellschaftsvages Moos, an Baumrinde, vor allem an Buchen, nassen und trockenen Kalk- und Silikatfelsen, jedoch fast nie auf Erde. Vom Tiefland bis etwa 2000 m

Tamarisken-Sackmoos, *Frullania tamarisci* (L.) Dum.

Gametophyt: Rasen starr, aufgelockert, rotbraun bis schwärzlich, metallisch glänzend. Stengel niederliegend bis aufsteigend, 2—4 (selten bis 10) cm lang, fast regelmäßig einfach bis doppelt gefiedert. Blätter 2zeilig angeordnet, nahezu längs gestellt, dicht stehend, bis zum Grunde in 2 aufeinandergelegte Lappen gespalten. Oberlappen rundlich bis elliptisch, zugespitzt, an der Spitze umgebogen, 0,5—0,8 mm lang; Unterlappen zu einem krugförmigen Wassersack umgebildet, doppelt so hoch als breit (Lupe!). Unterblätter vorhanden, doppelt so breit als der Stengel, ausgerandet

Sporophyt: Kapselstiel kaum 0,3 cm hoch, aus der Spitze seitlicher Triebe entspringend. Kapsel aufrecht, kugelig, mit 4 Klappen sich öffnend. Schleuderfäden (Elateren) als feine Pinselchen an der Klappenspitze angeheftet. Hüllblätter größer als die Stengelblätter, lang zugespitzt. Kelch eiförmig, stumpf 3kantig, an der Mündung mit kurzem, aufgesetzten Röhrchen. Sporenreife im Frühling

Mikroskopische Kennzeichen: Blätter ganzrandig, nur die Hüllblätter gezähnelt und am Unterlappen gewimpert. Blattzellen vieleckig bis quadratisch, in den Ecken schwach verdickt; in der Mitte des Blattes oft eine Reihe größerer Zellen mit verdickten Wänden, eine „Scheinrippe" bildend. Schleuderfäden nur mit einer Spiralfaser

Ökologie: Gesellschaftsvages Moos an Felsen, Rinde, vor allem am Grund von Buchen und anderen Laubbäumen, zuweilen auch auf Erde oder auf anderen Moosen. Hauptverbreitung zwischen 500 und 2500 m

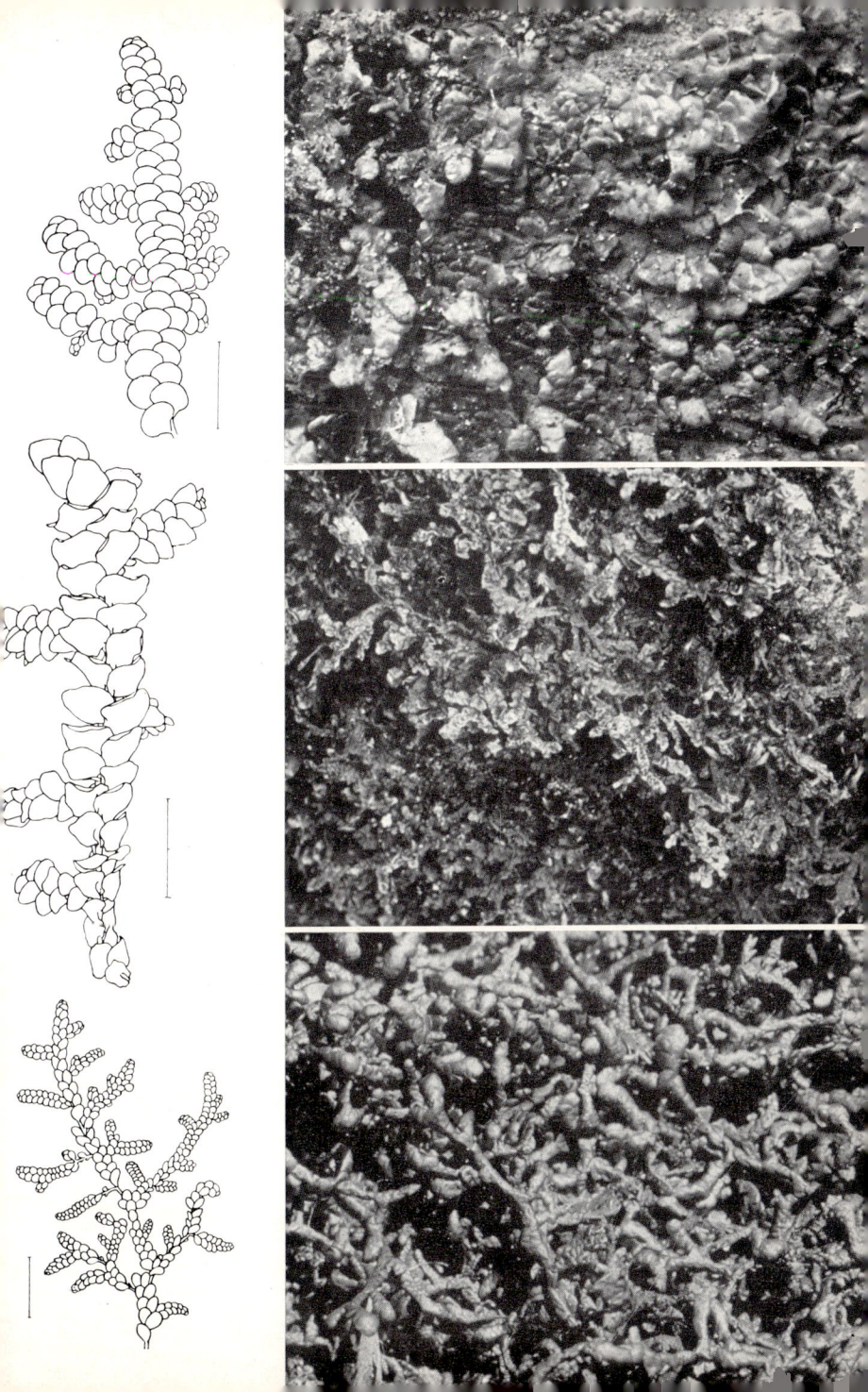

Schachtelhalmgewächse

Wald-Schachtelhalm, *Equisetum silvaticum* L.

Stengel 15—60 cm lang, 0,4—0,8 cm dick, aufrecht, hellgrün oder glänzend schwarzbraun, gegliedert, d. h. aus einzelnen, „ineinandergeschachtelten" Abschnitten aufgebaut. Jeder Abschnitt am oberen Ende mit einer lockeren, glockigen Scheide. Scheide 1—2,5 cm lang, aus 3—5 eiförmigen, anfänglich hellgrünen, aber bald braun bis rötlichbraun werdenden Blättchen zusammengesetzt. Blättchen bis über die Mitte miteinander verwachsen. Stengel mit 7—12 feinen, spitzen Rippen. Äste quirlig, 4—5rippig, bogig überhängend und nochmals quirlig verzweigt. Zentraler Luftgang im Stengel $1/2$—$2/3$ des Stengeldurchmessers einnehmend
Spohrenähre auf anfänglich bleichen und astlosen Trieben. Nach der Reife fällt die Sporenähre meist ab, die bleichen Triebe ergrünen und verzweigen sich ebenso wie die unfruchtbaren Triebe. Sporenreife April bis Juni
Ökologie: Kalkmeidende Pflanze in schattigen und feuchten Wäldern. Begleiter in verschiedenen Waldgesellschaften, z. B. im Fichtenwald (Piceetum excelsae), im frischen Eichen-Hainbuchen-Wald (Querceto-Carpinetum, Hauptsubassoziation von *Athyrium filix-femina*) und in den Gesellschaften der Auen- und Quellwälder (Alno-Padion). Vom Tiefland bis über 1500 m

Acker-Schachtelhalm oder Zinnkraut, *Equisetum arvense* L.

Stengel 10—50 cm lang, 0,2—0,4 cm dick, aufrecht, grün, gegliedert, d. h. aus einzelnen, „ineinandergeschachtelten" Abschnitten aufgebaut. Jeder Abschnitt am oberen Ende mit einer anliegenden Scheide. Scheide aus 6—19 verwachsenen, lineallanzettlichen und $1/2$—1 cm langen Blättchen. Stengel mit 6—8 tiefen Furchen. Äste quirlständig, 4—5kantig, ihre Scheiden mit 3—4 Zähnen. Zentraler Luftgang im Stengel $1/8$—$1/4$ des Stengeldurchmessers einnehmend
Sporenähre auf besonderen, vor den sterilen Trieben erscheinenden Stengeln. Fruchtbare Triebe unverzweigt, braun, nach der Sporenreife verwelkend. Scheiden bauchig mit 6—12 schwarzbraunen Zähnen. Sporenreife März bis April
Ökologie: Gesellschaftsvag. In vielen Unkrautgesellschaften auf feuchten bis mäßig trockenen Böden. Verbreitungsschwerpunkt auf lehmigem Sandboden. Auf Äckern, Wiesen, an Wegrändern und häufig auch auf Eisenbahnschotter. Vom Tiefland bis 2500 m

Schlamm-Schachtelhalm, *Equisetum limosum* L.

Stengel 30—50 cm lang, 0,4—0,8 cm dick, aufrecht, dunkelgraugrün oder hellgrün, gegliedert, d. h. aus einzelnen, „ineinandergeschachtelten" Abschnitten aufgebaut. Jeder Abschnitt am oberen Ende mit einer enganliegenden, oft glänzenden Scheide. Scheide bis 1 cm lang, aus 15—30 schmallanzettlichen, graugrünen, an der Spitze dunklen Blättchen zusammengesetzt. Blättchen bis fast zur Spitze miteinander verwachsen. Stengel mit 12—25 feinen Rippen, einfach oder unregelmäßig quirlästig, an der Spitze meist unverzweigt. Zentraler Luftgang im Stengel $2/3$ des Stengeldurchmessers einnehmend
Sporenähre auf verzweigten, grünen Trieben, stumpf, nach der Sporenreife vertrocknend und abfallend (seltener der ganze Stengel verwelkend). Sporenreife Mai bis Juni
Ökologie: Schlammpflanze in und an stehenden Gewässern. (Soll bis zu 2 m Wassertiefe vordringen.) Charakterart der Röhrichte und Großseggen-Wiesen (Phragmitetalia). Vom Tiefland bis etwa 2000 m

TAFEL 38

Schachtelhalmgewächse

Riesen-Schachtelhalm, *Equisetum maximum* Lam.

Stengel 30—150 cm lang, 0,5—1,5 cm dick, aufrecht, weißgrün, gegliedert, d. h. aus einzelnen, „ineinandergeschachtelten" Abschnitten aufgebaut. Jeder Abschnitt am oberen Ende mit
einer Scheide aus 20—40 lineallanzettlichen, 1—2 cm langen und bis auf die Spitze miteinander
verwachsenen Blättchen; diese oft mit schwarzer, gezackter Binde. Stengel mit 1—20 feinen,
spitzen Rippen. Äste quirlig, am Sproßende gebüschelt, 8—10kantig. Zentraler Luftgang im
Stengel $1/8$—$1/4$ des Stengeldurchmessers einnehmend

Sporenähren meist auf besonderen, vor den grünen Trieben erscheinenden Stengeln. Stengel
der fruchtbaren Triebe unverzweigt, weiß, ungefurcht, nach der Sporenreife verwelkend. Scheiden bauchig. Sporenreife April bis Juni

Ökologie: Feuchtigkeitsliebende Pflanze auf lehmigen und schwach kalkhaltigen Böden.
Meist in Wäldern, seltener auf Wiesen oder an Bach- und Grabenrändern. Begleiter in den
Gesellschaften der Auen- und Quellwälder (Alno-Padion) und in den frischen Assoziationen
der Edel-Laubwälder (Asperulo-Fagion). Vom Tiefland bis etwa 1500 m

Bärlappgewächse

Sprossender Bärlapp oder Schlangenmoos, *Lycopodium annotinum* L.

Stengel 30—120 cm lang, kriechend, reich gabelig verzweigt; Äste aufsteigend, 10—30 cm
hoch. Blätter nadelförmig, 3—9 mm lang, spiralig am Stengel angeordnet, waagrecht und steif
von den aufrechten Sprossen abstehend, ohne weißes Glashaar, am Rande fein gesägt

Sporenähre aufrecht, einzeln an einem aufsteigenden, normal beblätterten Ästchen. Sporenbehälter in den Achseln der kurzen, rundlich bis eiförmigen und kurz zugespitzten, am Rande
weißlich-trockenhäutigen Blätter der Sporenähre Sporenreife August bis September

Ökologie: Schatten- und feuchtigkeitsliebende Nadelwaldpflanze auf mäßig feuchte, humus-
reichen Wald- und Heideböden. Verbandscharakterart der frischen Nadelwälder und Heiden
beerentragender Zwergsträucher (Vaccinio-Piceion). Regional Charakterart des Moor-Birkenwaldes (Betuletum pubescentis). Hauptverbreitung zwischen 800 und 2500 m

Tannen-Bärlapp, *Lycopodium selago* L.

Stengel 10—30 cm lang, aufsteigend bis aufrecht, reich gabelig-büschelig verzweigt, Äste
aufrecht, 5—20 cm lang, dichte Büsche bildend. Blätter nadelförmig, dunkelgrün, 5—9 mm
lang, dicht spiralig stehend, spitz, ganzrandig oder leicht gezähnelt

Keine eigentliche Sporenähre vorhanden. Sporenbehälter in den Achseln gewöhnlicher Blätter (dort oft auch Brutäste), vorzugsweise im oberen Abschnitt der Triebe, Sporenreife Juli
bis Oktober

Ökologie: Säurezeiger. Verbandscharakterart der frischen Nadelwälder und Heiden beerentragender Zwergsträucher (Vaccinio-Piceion), z. T. auch Begleiter in anderen Gesellschaften
der Ordnung der säureliebenden Wälder und subalpinen Zwergstrauchheiden (Betuleto-Pine-
talla). Hauptverbreitung zwischen 600 und 3000 m

Bärlappgewächse

Keulen-Bärlapp oder Wolfsklaue, *Lycopodium clavatum* L.

Stengel 30—120 cm lang, kriechend, mit 10—30 cm hohen, aufrechten Seitentrieben, reich gabelästig verzweigt. Blätter nadelförmig, 3—6 mm lang, dicht spiralig gestellt, bogig aufsteigend bis anliegend, weich, mit langem, weißem Glashaar, Zweigspitzen daher mit weißem Pinsel

Sporenähren aufrecht, zu 2 auf schwach schuppig beblättertem, gelbgrünem Ästchen. Sporenbehälter in den Achseln eiförmiger, weißbeborsteter Blätter der Sporenähre. Sporenreife Juli bis August

Ökologie: Säurezeiger; meist auf trockenen Kiesel- oder Humusböden. Differentialart des trockenen Fichtenwaldes (Piceetum excelsae, Hauptsubassoziation von *Pinus silvestris*); seltener in Borstgrasrasen (Nardetum strictae). Hauptverbreitung zwischen 500 und 2500 m

Natternzungengewächse

Natternzunge, *Ophioglossum vulgatum* L.

Pflanze 5—30 cm lang, aufrecht, sommergrün, mit einem unfruchtbaren und einem fruchtbaren, sproßähnlichen Blatt. Unfruchtbares Blatt ungeteilt, aus kurzkeiligem Grund eiförmig bis lanzettlich, am Grund röhrig, netznervig, mit angedeutetem Mittelstreif, oft in ein kurzes warzenartiges Spitzchen auslaufend, 5—10 cm lang, 2—3 cm breit

Fruchtbares Blatt das unfruchtbare weit überragend, Sporenbehälter zu einem ährenartigen Gebilde angeordnet, in 2 Reihen miteinander verwachsen. Sporenreife Juli bis August

Ökologie: Auf feuchten, kalkarmen bis kalkreichen Wiesen, an Teichen und Flüssen. Begleiter der Silauwiese (Silaetum pratensis), der Kalkflachmoorrasen (Schoenetum nigricantis) — seltener im Rohr-Glanzgrasröhricht (Phalaridetum arundinaceae) und Wasser-Schwadenröhricht

Tüpfelfarngewächse

Hirschzunge, *Phyllitis scolopendrium* (L.) Newm.

Wedel 15—60 cm lang, dunkelgrün, in Rosetten oder Büscheln am gestauchten Wurzelstock stehend, wintergrün. Blattstiel sehr kurz, oft bräunlich. Blattspreite ungeteilt, lederig, lang zungenförmig, zugespitzt, mit herzförmigem Grunde, am Rand oft wellig. Blattnerven deutlich sichtbar, vom geraden Hauptnerv fiederig spitzwinklig abgehend

Fruchtbare und unfruchtbare Wedel gleich gestaltet. Sporangien auf der Unterseite der Blattspreite in schmalen, oft unterschiedlich langen Streifen längs der Seitennerven. Sporenreife Juli bis September

Ökologie: Feuchtigkeits- und schattenliebende, kalkstete Pflanze des steinigen Waldbodens, seltener auf berieselten Mauern oder an Brunnen. Charakterart des Eschen-Ahorn-Schluchtwaldes (Acereto-Fraxinetum), der über Fels- oder Blockhalden auf steilen und stark luftfeuchten Berghängen meist in nördlicher Lage ausgebildet ist. Vom Tiefland bis etwa 1500 m

Tüpfelfarngewächse

Rippenfarn, *Blechnum spicant* (L.) Roth

Wedel 15—50 cm lang, dunkelgrün, glänzend, in Rosetten am gestauchten Wurzelstock stehend, derb, wintergrün. Blattstiel sehr kurz, bräunlichrot überlaufen. Spreite einfach fiederteilig. Fiedern gegen die Spitze und den Grund kleiner werdend, beiderseits 30—60, meist wechselständig, lineal, etwas nach vorne gebogen, zugespitzt, ganzrandig, mit verbreiterter Basis und nach unten gebogenem Rand

Fruchtbare Wedel von den unfruchtbaren stark unterschieden: Aufrecht in der Mitte der Rosette stehend (unfruchtbare Wedel niedergebogen bis niederliegend), schmäler und entfernter gefiedert, sommergrün. Sporangien in zwei zusammenfließenden Reihen die ganze Unterseite der Fiedern bedeckend. Sporenreife Juli bis August

Ökologie: Kalkfeindliche Pflanze auf sauren, frischen bis nassen Wald- und Heideböden. Begleiter in vielen Gesellschaften der säureliebenden Wälder und subalpinen Zwergstrauchheiden (Betuleto-Pinetalia). Lokale Charakterart des Moor-Birkenwaldes (Betuletum pubescentis). Vom Tiefland bis 2000 m

Tüpfelfarn, *Polypodium vulgare* L.

Wedel 10—40 cm lang, dunkelgrün, auf der Unterseite etwas heller, einzeln am kriechenden Wurzelstock stehend, wintergrün. Blattstiel etwa so lang wie die Spreite, hellgrün. Spreite einfach fiederschnittig. Fiedern länglich, an der Spitze abgerundet, am Grund verbreitert und meist miteinander verschmolzen, ganzrandig oder schwach gesägt, nach oben zu kleiner werdend

Fruchtbare Wedel nicht von den unfruchtbaren unterschieden. Sporangien auf der Unterseite der Fiedern in großen (bis 2,5 mm im Durchmesser), runden Häufchen, diese in zwei Reihen neben den Seitenrippen, ohne Schleier. Sporenreife Juli bis September

Ökologie: Kalkmeidende Pflanze auf Waldhumus, an Felsen und auf Baumstümpfen, meist im Halbschatten. Gelegentlich als Baumbewohner in Astgabeln. Bevorzugt feucht-warmes Klima. Hauptverbreitung im Eichen-Hainbuchen-Wald (Querceto-Carpinetum) und in Eichen- und Buchenwäldern auf stark sauren Böden (Quercion roboris-sessiliflorae). Im Buchenwald (Fagetum silvaticae) nur in der sauren Ausbildung auf dichter Humusunterlage. Vom Tiefland bis etwa 2000 m (in geschützten Lagen)

Adlerfarn, *Pteridium aquilinum* (L.) Kuhn

Wedel 50—200 cm hoch, frischgrün bis gelbgrün, einzeln am kriechenden Wurzelstock stehend, sommergrün. Blattstiel bis 1 m lang, 2—3 mm dick, gelblich. Spreite im Umriß breit 3eckig, 3—4fach gefiedert. Fiederchen letzter Ordnung länglich bis elliptisch, breit an der Spindel ansitzend, mit schwach gekerbtem Rand. Auf einem Querschnitt durch den untersten Teil des Blattstiels erkennt man die Figur eines Doppeladlers, die durch die schwärzlichen Leitbündel gebildet wird

Fruchtbare Wedel von den unfruchtbaren kaum unterschieden. Sporangien auf der Unterseite der Fiederchen letzter Ordnung in einer zusammenhängenden Linie längs des umgeschlagenen, sie bedeckenden Randes. Sporenreife Juli bis Oktober, in einigen Gegenden sehr selten

Ökologie: Kalkfliehende Pflanze auf Sandböden. Ordnungscharakterart der säureliebenden Wälder und subalpinen Zwergstrauchheiden (Betuleto-Pinetalia), meist in lichteren Wäldern und offenen Heiden. Begleiter der Weidenröschen-Gesellschaft der Kahlschläge (Senecieto-Epilobietum angustifolii) und Magerrasen (z. B. Lolieto-Cynosuretum, Hauptsubassoziation von *Ranunculus bulbosus;* Nardetum strictae). Vom Tiefland bis über 1500 m

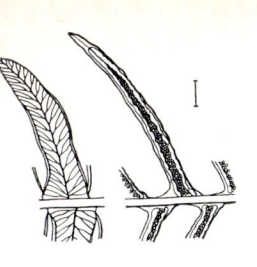

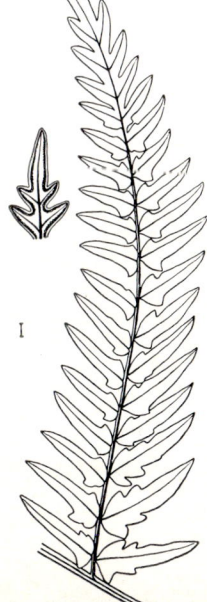

Tüpfelfarngewächse

Brauner Streifenfarn, *Asplenium trichomanes* L.

Wedel 10—30 cm lang, grau- bis gelbgrün, in Büscheln am gestauchten Wurzelstock stehend, wintergrün. Blattstiel kurz, wie die Spindel rotbraun bis schwarzglänzend, zäh. Spreite einfach gefiedert. Fiedern gegenständig, kurz gestielt, aus keilförmigem Grund länglichrund, grob gekerbt, 5—10 mm lang, nach unten kleiner werdend; oft vom Stiel abfallend, so daß neben den beblätterten Wedeln nur noch die schwarzen Stiele stehen

Fruchtbare Wedel nicht von den unfruchtbaren unterschieden. Sporangien in länglichen, gleichgerichteten Häufchen auf der Unterseite der Fiedern neben den Nerven. Anfänglich von einem zarten, schmalen Schleier bedeckt. Sporenreife Juli bis September

Ökologie: Pflanze der trockenen und trockenen Felsen. Vielleicht etwas kalkliebend, jedoch auch auf saurem Untergrund. Begleiter in der Gesellschaft der Mauerraute (Asplenietum murariae-trichomanis), der Gesellschaft des Nördlichen Streifenfarns (Asplenietum septentrionalis) und der Felsgruppe der Kalk- und Silikattrockenrasen (Brometalia erecti). Vom Tiefland bis über 2000 m

Mauerraute, *Asplenium ruta-muraria* L.

Wedel 5—30 cm lang, graugrün, in Büscheln am gestauchten Wurzelstock stehend, derb, wintergrün. Blattstiel mindestens so lang wie die Spreite, wie die Spindel graugrün bis grün und höchstens am Grund braun. Spreite im Umriß 3eckig bis rautenförmig, doppelt bis 3fach gefiedert. Endfiedern breit rautenförmig mit lang keilförmigem Grunde, wenigstens an der Spitze gekerbt. Formenreiche Pflanze, bei der oft Abweichungen im Blatt- und Fiederumriß vorkommen

Fruchtbare Wedel nicht von den unfruchtbaren unterschieden. Sporangien in länglichen, schmalen Häufchen auf der Unterseite der Fiedern, längs der Nerven. Anfänglich von einem schmalen, zerschlitzten Schleier bedeckt. Sporenreife das ganze Jahr über

Ökologie: Kalkliebende Pflanze an besonnten Mauern und Felsen. Charakterart der Mauerrauten-Gesellschaft (Asplenietum ruta murariae-trichomanis), aber auch als Begleiter in der Felsgruppe der Kalk- und Silikattrockenrasen (Bromion erecti) und gelegentlich in der Kalkschutt-Gesellschaft des Schild-Ampfers (Rumicetum scutati). Vom Tiefland bis etwa 2500 m

Grüner Streifenfarn, *Asplenium viride* Huds.

Wedel 5—25 cm lang, hell- bis sattgrün, in Büscheln am gestauchten Wurzelstock stehend, sommergrün. Blattstiel sehr kurz, wie die Spindel grün und höchstens am Grund schwarzbraun, zerbrechlich. Spreite einfach gefiedert. Fiedern gegenständig, mit keilförmigem Grund, in ein kurzes Stielchen verschmälert, länglichrund, 5—12 mm lang, gelappt bis gekerbt, weich, nach unten zu kaum kleiner werdend, zusammen mit der Spindel verwelkend

Fruchtbare Wedel nicht von den unfruchtbaren unterschieden. Sporangien in länglichen, schmalen, gleichgerichteten Häufchen auf der Unterseite der Fiedern neben den Nerven. Anfänglich von einem zarten, schmalen Schleier bedeckt. Sporenreife Juli bis September

Ökologie: Schatten- und feuchtigkeitsliebende Pflanze an Kalkgestein. Charakterart der alpinen Stengel-Fingerkraut-Gesellschaften (Potentilletalia caulescentis). Von vereinzelten Standorten im Tiefland bis 3000 m

TAFEL 42

Tüpfelfarngewächse

Bruchfarn, *Cystopteris filix-fragilis* (L.) Borb.

Wedel 10—40 cm lang, hellgrün, in Büscheln am kurzen, kriechenden Wurzelstock stehend, zart, sommergrün. Blattstiel so lang wie die Spreite oder kürzer, gelbgrün, zerbrechlich. Spreite doppelt, seltener 3fach gefiedert, im Umriß länglich lanzettlich. Fiedern 1. Ordnung meist wechselständig, oft spitzwinklig abstehend, gefiedert bis fiederschnittig. Fiedern 2. Ordnung stumpf gesägt bis fiederteilig

Fruchtbare Wedel nicht von den unfruchtbaren unterschieden. Sporangien auf der Unterseite der Fiedern in rundlichen Häufchen neben den Nerven. Schleier zart, einseitig angeheftet, bald zurückgeschlagen und verschwindend. Sporenreife Juli bis September

Ökologie: Kalkliebende Pflanze auf trockenem bis schwach feuchtem Felsgestein, gelegentlich auch an Mauern. Begleiter der Kalktrockenrasen-Felsflur (Felsgruppe des Bromion erecti), der Mauerrauten-Gesellschaften (Asplenietum ruta murariae-trichomanis), der Kalkschutt-Gesellschaften beschatteter Standorte (Dryopteridetum robertianae); im Gebirge in Gesellschaften aus der Ordnung des Stengel-Fingerkrautes (Potentilletalia caulescentis). Vom Tiefland bis 3000 m

Lappen-Schildfarn, *Polystichum lobatum* (Huds.) Presl

Wedel 30—80 cm lang, frischgrün, glänzend, in Rosetten am gestauchten Wurzelstock stehend, derb, wintergrün. Blattstiel kurz, bis weit in die Blattspindel dicht spreuschuppig. Spreite doppelt gefiedert, im Umriß lanzettlich. Fiedern 1. Ordnung wechselständig. Fiedern 2. Ordnung im Umriß schief eiförmig, am Grund keilförmig verschmälert, das unterste Fiederchen der oberen Reihe geöhrt und deutlich größer als die anderen, alle scharf gesägt, mit vorgezogener Stachelspitze

Fruchtbare Wedel nicht von den unfruchtbaren unterschieden. Sporangien in rundlichen Häufchen auf der Unterseite der Fiederchen. Schleier schildförmig, kreisrund, tischförmig in der Mitte angeheftet. Sporenreife Juli bis August

Ökologie: Kalkholde Pflanze schattiger Wälder. Charakterart des Eschen-Ahorn-Schluchtwaldes (Acereto-Fraxinetum), gelegentlich auch in anderen Gesellschaften der Edel-Laubwälder (Fagetalia). Hauptverbreitung zwischen 500 und 1500 m

Gemeiner Frauenfarn, *Athyrium filix-femina* (L.) Roth

Wedel hellgrün, 30—100 cm lang, in Rosetten am gestauchten Wurzelstock stehend, sommergrün. Blattstiel kurz, mit schmalen Spreuschuppen besetzt. Spreite zierlich doppelt bis 3fach gefiedert, im Umriß lanzettlich. Fiedern 1. Ordnung oft wechselständig, jederseits mit 30 bis 60 Fiederchen, diese im Umriß langlineal, tief fiederspaltig bis (seltener) gesägt, am Grund oft unsymmetrisch: der vordere Abschnitt verlängert und mit der Spindel gleichlaufend, der hintere kleiner als die nächsthöhere. Abschnitte letzter Ordnung oft an der Spitze nochmals gekerbt oder ringsum gesägt. Pflanze sehr formenreich

Fruchtbare Wedel nicht von den unfruchtbaren unterschieden. Sporangien auf der Unterseite der Fiederchen in länglichen bis hufeisenförmigen Häufchen; diese in 2 Reihen längs des Hauptnerves, oft über die Seitennerven greifend. Schleier lang haftend, zart, oft gewimpert. Sporenreife Juli bis September

Ökologie: Pflanze schattiger, feuchter Wälder, meist auf schwach sauren Standorten. In nahezu allen Gesellschaften der Edel-Laubwälder (Fagetalia), meist in der feuchten Variante als Begleiter oder als Differentialart, z. B. im frischen Eichen-Hainbuchen-Wald (Querceto-Carpinetum, Hauptsubassoziation von *Athyrium filix-femina*). Seltener in stark sauren Wäldern (Betuleto-Pinetalia). Vom Tiefland bis etwa 2000 m

Tüpfelfarngewächse

Dornfarn, *Dryopteris austriaca* (Jacq.) Woyn.

Wedel 40—150 cm lang, gelbgrün bis dunkelgrün, in Rosetten am gestauchten Wurzelstock stehend, meist wintergrün. Blattstiel halb so lang bis so lang wie die Spreite, mehr oder weniger dicht spreuschuppig. Spreite wenigstens unterwärts 3—4fach gefiedert, im Umriß 3eckig bis länglich. Fiedern 1. Ordnung wenigstens am Grund gegenständig, jederseits mit 10—20 wechselständigen Fiederchen; die nach unten zeigenden länger als die nach oben stehenden. Fiedern 2. Ordnung wechselständig gefiedert. Fiedern 3. Ordnung länglich eiförmig, fiederschnittig bis grob gesägt, die Zähne stachelspitzig

Fruchtbare Wedel nicht von den unfruchtbaren unterschieden. Sporangien auf der Unterseite der Fiederchen in kleinen, runden Häufchen; diese an den Buchten der Abschnitte letzter Ordnung. Schleier nierenförmig mit einer niedergedrückten Falte angeheftet. Sporenreife Juli bis September

Ökologie: Kalkmeidende Pflanze der Wald- und Heideböden. In säureliebenden Gesellschaften der Edel-Laubwälder (Fagetalia) sowie in Gesellschaften der säureliebenden Wälder und subalpinen Zwergstrauchheiden (Betuleto-Pinetalia) als unstetiger Begleiter. Vom Tiefland bis über 2500 m

Bergfarn, *Dryopteris oreopteris* (Ehrh.) Maxon

Wedel 30—80 cm lang, gelb- bis hellgrün, in Rosetten am gestauchten Wurzelstock stehend, sommergrün. Blattstiel kurz, nur am Grund schwach spreuschuppig, gelblich. Spreite doppelt gefiedert, im Umriß lanzettlich. Fiedern 1. Ordnung wechselständig, locker stehend, jederseits mit 20—40 schwach wechselständig stehenden Fiederchen; diese am Grund verbreitert und miteinander verwachsen, stumpf eiförmig bis breitlineal, etwas nach vorne gezogen, ganzrandig, auf der Unterseite mit feinen Haaren und gelben Drüsen. Rand schmal nach unten gebogen

Fruchtbare Wedel nicht von den unfruchtbaren unterschieden. Sporangien auf der Unterseite der Fiederchen in sehr kleinen, rundlichen Häufchen, die den Blattrand umsäumen. Schleier klein, nierenförmig, mit einer radiären, niedergedrückten Falte angeheftet, bald verschwindend. Sporenreife Juli bis September

Ökologie: Kalkmeidende Pflanze des feuchten Waldbodens. Vor allem in säureliebenden Wäldern (Betuleto-Pinetalia) und sauren Gesellschaften der Edel-Laubwälder (Fagetalia). Hauptverbreitung zwischen 600 und 2000 m

Wurmfarn, *Dryopteris filix-mas* (L.) Schott

Wedel 30—120 cm lang, dunkelgrün, in Rosetten am gestauchten Wurzelstock stehend, meist sommergrün. Blattstiel kurz, schwach spreuschuppig. Blattspreite doppelt gefiedert, im Umriß breitlanzettlich. Fiedern 1. Ordnung meist wechselständig, dichtstehend, jederseits mit 20—60 gegen die Spitze zu wechselständigen Fiederchen; diese mit breiter Basis aufsitzend, elliptisch, am Rand und vor allem in der runden Spitze grob gezähnt, seltener fiederspaltig

Fruchtbare Wedel nicht von den unfruchtbaren unterschieden. Sporangien auf der Unterseite der Fiederchen in rundlichen Häufchen; diese in zwei Reihen längs des Hauptnervs auf den Seitennerven stehend. Schleier nierenförmig, mit einer radiären, niedergedrückten Falte angeheftet. Sporenreife Juli bis September

Ökologie: Kalkholde, aber nicht kalkstete Pflanze auf mäßig feuchtem, nährstoffreichem Waldboden. Verbandscharakterart der trockenen bis frischen Edel-Laubwälder (Asperulo-Fagion). Vom Tiefland bis etwa 2000 m

Tüpfelfarngewächse

Eichenfarn, *Phegopteris dryopteris* (L.) Fée

Wedel 5—40 cm lang, frischgrün, zart, kahl, einzeln am kriechenden Wurzelstock stehend, sommergrün. Blattstiel doppelt so lang wie die Spreite oder sogar noch länger. Spreite 3fach gefiedert, im Umriß gleichseitig 3eckig. Fiedern 1. Ordnung meist gegenständig, die untersten nahezu so groß wie die restliche Spreite. Fiederchen 2. Ordnung an den untern Fiedern fiederschnittig, an den oberen wie die Abschnitte 3. Ordnung langlineal, abgerundet, ganzrandig oder an der Spitze schwach ausgerandet. Unterste Fiedern 1. Ordnung unsymmetrisch, die nach unten stehenden Fiedern 2. Ordnung länger als die nach oben stehenden

Fruchtbare Wedel nicht von den unfruchtbaren unterschieden. Sporangien auf der Unterseite der Fiederchen in rundlichen, schleierlosen Häufchen, diese oft einzeln an den Buchten der Abschnitte letzter Ordnung oder in einer kurzen Reihe entlang dem Blattrand. Sporenreife Juli bis August

Ökologie: Waldpflanze des kalkarmen bis kalkfreien Bodens, feuchtigkeitsliebend. Gerne auch an Urgesteinsfelsen im Waldschatten. Begleiter vieler Gesellschaften der Edellaubwälder (Fagetalia). Vom Tiefland bis über 2000 m

Storchschnabelfarn, *Phegopteris robertiana* A. Br.

Wedel 10—50 cm lang, gelblich oder hellgrün, unterseits kurz drüsenhaarig, einzeln am kriechenden Wurzelstock stehend, sommergrün. Blattstiel etwa 1½mal so lang wie die Spreite, spärlich spreuschuppig. Spreite mindestens unterwärts 3fach gefiedert, im Umriß breit 3eckig. Fiedern 1. Ordnung wenigstens unterwärts gegenständig, die untersten größer als die übrigen, jedoch nicht so groß wie die restliche Spreite. Fiederchen 2. Ordnung fiederschnittig bis gefiedert. Die unteren Fiedern 2. Ordnung länger als die oberen des gleichen Fieders. Abschnitte letzter Ordnung lineal, abgerundet, ganzrandig oder nur die untersten gekerbt

Fruchtbare Wedel nicht von den unfruchtbaren unterschieden. Sporangien auf der Unterseite der Fiederchen in rundlichen, schleierlosen Häufchen, diese dem Blattrand genähert und oft einzeln oder überfließend. Sporenreife Juli bis August

Ökologie: Kalkstete Gesteinspflanze auf beschatteten Standorten. Charakterart der Storchschnabelfarn-Gesellschaft (Dryopteridetum robertianae), in höheren Lagen als Begleiter der Kalkschutt-Gesellschaft des Rundblättrigen Hellerkrautes (Thlaspietalia rotundifolii). Hauptverbreitung zwischen 400 und 2000 m

Buchenfarn, *Phegopteris polypodioides* Fée

Wedel 10—50 cm lang, hell- bis braungrün, kurz und weich behaart, einzeln am kriechenden Wurzelstock stehend, sommergrün. Blattstiel so lang oder länger als die Spreite, spärlich spreuschuppig. Spreite doppelt gefiedert, im Umriß schmal 3eckig. Fiedern 1. Ordnung meist bis auf die beiden untersten an der Basis miteinander verwachsen, fiederschnittig. Unterstes Fiedernpaar gegenständig und von den anderen etwas abgesetzt, jedoch kaum länger als diese; im Schatten schwalbenschwanzartig abwärts gerichtet, in vollem Licht steil nach oben stehend. Abschnitte 2. Ordnung abgestumpft, schwach gekerbt

Fruchtbare Wedel von den unfruchtbaren nicht unterschieden. Sporangien auf der Unterseite der Fiederchen in rundlichen, den Fiedernrand umsäumenden, schleierlosen Häufchen. Sporenreife Juli bis September

Ökologie: Waldpflanze auf mäßig sauren, nährstoffreichen und feuchten Böden. In sauren Gesellschaften der Edel-Laubwälder (Fagetalia), seltener in Fichtenwäldern (Piceetum excelsae). Hauptverbreitung zwischen 500 und 1500 m

Schriftennachweis

B e r t s c h , K., Moosflora, Stuttgart 1949

B ü n n i n g , E., Entwicklung- und Bewegungsphysiologie der Pflanze, Berlin—Göttingen—Heidelberg 1948

G a m s , H., Kleine Kryptogamenflora, Bd. IV: Die Moos- und Farnpflanzen (Archegoniaten), 4. Aufl., Stuttgart 1957

G o e b e l , C. v., Organographie der Pflanzen, insbesondere der Archegoniaten und Samenpflanzen, Tl. 2, Bryophyten-Pteridophyten, Jena 1914

K n a p p , R., Die Pflanzengesellschaften Mitteleuropas, Stuttgart 1948

L u n d e g a r d h , H., Klima und Boden, Jena 1949

M o e n k e m e y e r , W., Die Laubmoose Europas, 2. Aufl., in: R a b e n h o r s t , L.: Kryptogamenflora von Deutschland, Österreich und der Schweiz, 4. Erg.-Bd., Leipzig 1927

M ü l l e r , K., Die Lebermoose Europas, in: R a b e n h o r s t , L.: Kryptogamenflora von Deutschland, Österreich und der Schweiz, 3. Aufl., Bd. 6, Leipzig 1951—1957

O b e r d o r f e r , E., Pflanzensoziologische Exkursionsflora für Südwestdeutschland und die angrenzenden Gebiete, Stuttgart 1949

R a u h , W., Zwei interessante einheimische Moose, in: Kosmos H. 9, S. 394—396 1953

S c h ö m m e r , F., Kryptogamen-Praktikum, praktische Anleitung zur Untersuchung der Sporenpflanzen, Stuttgart 1949

S t r a s b u r g e r , E., Lehrbuch der Botanik für Hochschulen, 26. Aufl., bearbeitet von H. F i t t i n g , W. S c h u m a c h e r , R. H a r d e r und F. F i r b a s , Stuttgart 1954

Z i m m e r m a n n , W., Die Phylogenie der Pflanzen, Jena 1930

Sachregister

acrocarpe Wuchsform 21
akrogyne Gametangien-
   stellung 53
Amphithecium 55
anakrogyne Gametangien-
   stellung 53
Antheridien 49, 69, 70 f.
Antheridienstand 49
Anomalie des Protonemas 34
Anulus 77
Archegonien 11, 49 f., 67, 69,
   71 f.
Archegonienstand 49
Archegonmutterzelle 51
Artenzahl der Moose 12
Assimilationsgewebe 38, 56
Assimilationszellen 38
Atemöffnung 39
Außengewebe 55
Außenhaut 13

Bauchkanalzelle 52, 53, 71
Bauchschuppen 36   [42 f.
beblätterte Lebermoose 33,
Befruchtung 47, 71
Blattbau 21 f., 42 f., 73
Blattflügelzellen 23
Blattrippe 24
Blattstellung 21, 22
Bruchäste 58
Bruchstämmchen 58
Brutbecher 59
Brutkörper 58 f.

Chemotaxis 55, 72
Chlorophyll 10
Chromatophor 35
Chromosomen 47
Columella 29, 56

Determination 17
Dichotomie 41
Differenzierung 23
Diploidie 47
dreischneidige Scheitelzelle
   16, 35

echte Dichotomie 41
Eizelle 25, 45, 51
Elater 56 f.

Elaterenträger 57
Embryo 72
Endosporium 13
Endothecium 55
eusporangiate Farne 76
Exosporium 13

Fibrillen 30
fiedrige Verzweigung 41
Flagellen 21
Flaschenzellen 20
Fortpflanzung 46
Frucht 25

gabelige Verzweigung 41
Gametangien 50
Gametangienträger 53
Gameten 47
Gametophyt 47, 67, 69
Generationswechsel 47, 67
geschlechtliche **Fort-**
   pflanzung 47
Geschlechtsdimorphismus 50
getrenntgeschlechtliche
   Gametophyten 49
Gewebespezialisierung 37
gipfelfrüchtige Moose 21
Glashaare 22
Glasspitzen 22
glatte Rhizoide 37, 41
gleichwertige Zellteilung 41

Halskanalzelle 52, 53, 71
Haploidie 47, 67
Hapteren 80
Haube 26
Haustorien 25
Hautgewebe 37
Herdenbildung 17
Heterosporie 69
Höhe der Organisation 9, 10
hohle Blätter 22

inäquale Teilung 56
Individuendichte 17, 21
Indusium 75
Innenhaut 13
Innengewebe 55   [56
Innenstruktur der Rhizoide
Isosporie 69

Kalyptra 26, 31, 46
Kapsel 12, 25 f., 45 f.
Kapseldeckel 27, 29, 46
Kapselhals 27
Kapselmund 29
Kapselmündung 29
Kapselstellung 27
Kapselstiel 26
Kapselzähne 29
Keimung der Sporen 13,
   33, 70
Keimkraft der Sporen 13, 33
Kelch 54
Kernphasenwechsel 48, 67
Knospenbildung am Vor-
   keim 16
Kropf 27
künstliche Vermehrung 59

Lagerpflanzen 11
lappige Lebermoose 33
Lebensdauer der Sporen
   13, 34
Lebensdauer des Vorkeimes
   16, 34
leptosporangiate Farne 76
Leuchten des Vorkeimes
   14 f.
Lichteinfluß 17, 28, 40, 59, 69
Lichterzeugung 14
Lichtmengenausnutzung 62
Ligula 79
Linsenprotonema 14
Luftfeuchtigkeit 62
Luftkammern 38, 39

Makrosporangien 76
Makrosporen 70
Micellen 30
Mikrosporangien 76
Mikrosporen 70

Oberlappen 44
oberschlächtige
   Blattstellung 43
Öffnungsmechanismus
   Farnsporangien 76
   Hornmoossporogon 45
   Mooskapsel 29

Ölkörper 38, 45
Organisationshöhe 9

Paraphysen 49
Peitschenäste 21
Perigonialblätter 49
Perigynialblätter 49
Peristom 29
Pflanzensoziologie 63
Plazenta 75
pleurocarpe Wuchsform 21
Polarität 14
Polsterbildung 17
Poren 20
Proplastiden 13
Prothallium 67 f.
Protonema 13, 34
Pseudopodium 32
Pyrenoid 35

Querwände 13

Rasenbildung 17
Reduktionsteilung 48, 55, 76
Rhizoide 18, 36, 42, 54, 69
Rhizoidenfilz 18

Samen 9, 25
Säulchen 29, 56
Scheitelzelle 16,22,34,35,43,72
Schleier 75
Schleuderleistung der
    Elateren 57
Schleuderfäden 57
Schnabel 29
Seitenäste 21
seitenfrüchtige Moose 21
sekundäre Scheitelzelle 35

Seta 26
sitzende Mooskapsel 27
Sorus 74
Spaltöffnungen 29, 35, 45
Spermatozoiden 51, 71
Spiralfaserzellen 20
Sporangien 76
Sporen 12, 33, 46, 56, 69, 74,
    80
Sporenfarbe 12
Sporengröße 12
Sporenhäufchen 74
Sporenkeimung 13, 33, 70
Sporenmuttergewebe 55
Sporenpflanze 26
Sporenraum 56
Sporogon 25, 32, 45, 56
Sporogonfuß 25, 45
Sporophyllstände 77
Sporophyt 26, 45, 46, 67, 72,
    77, 79
Spreuschuppen 74
sproßbürtige Wurzeln 73
Stämmchen 12, 19, 42, 73
Stengel 12, 19, 42
Stengelrinde 19
Symbiose 35, 42

Teilung der Eizelle 25
Tetraploidie 61
thallöse Lebermoose 33
Thallus 35 f.
Trockenscheintod 24

Umstimmung 17
unechte Dichotomie 42
ungeschlechtliche Fort-
    pflanzung 47

ungleiche Zellteilung 23, 41,
    56
Unterblätter 33, 44
Unterlappen 44
unterschlächtige Blatt-
    stellung 43
Urne 27

Vegetationspunkt 35
vegetative Vermehrung 58,
    79
Verdunstungsschutz 22, 24,
    62
Verpilzung 42
Verzweigung 21, 41, 77
Vorkeim 13, 34

Wasseraufnahme 20, 24,
    44, 79
Wassersack 44
Wasserzellen 20, 38
Wedel 73
Wuchsformen 14, 17, 21, 48
Wurzelfilz 18

Zahl der Moosarten 12
Zäpfchenrhizoide 37
Zapfwurzeln 25
Zellarten 10, 12
Zellwände 13, 37, 77
Zentralstrang 19, 27, 42
Zweilappigkeit 43
zweischneidige Scheitelzelle
    22, 35, 51
zweizeilige Beblätterung
    21, 42
zwittriger Gametangien-
    stand 50

Verzeichnis der angeführten Gattungs- und Artnamen

Die kursiven Ziffern beziehen sich auf den Textteil

Deutsche Namen

Acker-Schachtelhalm *80, 81,*
160
Adlerfarn *9, 75,* 166
Aloë-Filzmützenmoos 88

Bach-Kegelmoos 132
Bäumchenmoos 120
Behaartes Igelhaubenmoos
150
Bergfarn 172
Besen-Gabelzahnmoos 98
Blasenmoos 92
Blaugrünes Sternlebermoos
148
Brauner Streifenfarn 168
Breitblättriges Kahlfrucht-
moos 158
Breitringmoos 140
Bruchblattmoos 96
Bruchfarn *75,* 170
Bruchs Krausblattmoos 118
Brunnenlebermoos *32,* 146
Buchenfarn 174

Dichtes Torfmoos 94
Dornfarn *75,* 172
Drehmoos 110
Dreilappiges Peitschen-
moos 154
Dünnästiger Wolfsfuß 126

Echter Wolfsfuß 126
Echtes Goldmoos 132
Echtes Krauselmoos 102
Echtes Mausschwanzmoos
124
Echtes Zypressenschlafmoos
142
Eiben-Spaltzahnmoos 102
Eichenfarn 174
Eichhornschwanz 120
Einseitswendiges
Kleingabelzahnmoos 100
Endivienblattriges
Beckenmoos 148
Erd-Bartmoos 106
Etagenmoos 146

Fädiges Zypressenschlaf-
moos 142
Falsches Bärtchenmoos 104
Federmoos 140
Filzmoos 156
Flachblättriges
Kratzmoos 158
Flachmoos 122
Flügelmoos 152
Fuchsschwanzmoos 122

Gedrehtes Glockenhutmoos
106
Gegabeltes Igelhaubenmoos
150
Gelbstengelmoos 138
Gemeiner Frauenfarn 75, 170
Gemeines Bärtchenmoos 104
Gemeines Bartkelchmoos 156
Gemeines Brunnenmoos 122
Gemeines Quellmoos 116
Gemeines Schnabelmoos 132
Gemeines Spaltmoos 110
Gemeines Starknervmoos
128
Gemeines Widertonmoos 90
Geröll-Kegelmoos 134
Gewelltes Plattmoos 138
Glashaar-Widertonmoos 90
Goldenes Frauenhaar *9, 12,*
32, 90
Graues Zackenmützenmoos
108
Großes Kranzmoos 144
Grüner Streifenfarn 168
Grünes Koboldmoos 92
Grünes Perlmoos 102
Grünstengelmoos 136

Haar-Birnmoos 112
Haar-Spitzblattmoos 136
Hain-Spatenmoos 152
Hallers Apfelmoos 116
Hängemoos 120
Hedwigsmoos 118
Hirschzunge *75,* 164
Hookermoos 124

Hornmoose *35, 45*
Hornzahnmoos 100

Kahles Koboldmoos *27*
Kamm-Moos 142
Katzenpfötchen 146
Kelch-Beckenmoos 148
Keulen-Bärlapp *78,* 164
Klaffmoose *14, 32*
Koboldmoose *49*
Krallen-Sichelmoos 130
Krauses Neckermoos 124
Krücken-Kegelmoos 134

Lappen-Schildfarn 170
Leuchtmoos *14, 15, 21*
Lebermoos 146
Mauer-Drehzahnmoos 104
Mauerraute 168
Mondraute *74*
Moor-Gabelzahnmoos 98
Moosfarne *79*
Muschelmoos 150

Nadelspitziges Zacken-
mützenmoos 108
Natternzunge *73, 74,* 164
Nordischer Streifenfarn *73*

Ordenskissen *63,* 100

Polster-Kissenmoos 108
Punktiertes Sternmoos 114
Purpurmoos 100

Riemenstengel-Kranzmoos
144
Riesen-Schachtelhalm *80, 81,*
162
Rippenfarn *74,* 166
Rosenmoos 110
Rostgelbes Wasserschlaf-
moos 130
Rotstengelmoos 136

Salatmoos 148
Samt-Kegelmoos 134

Schlamm-Schachtelhalm 160
Schlangenmoos 162
Schnabel-Sternmoos 112
Schönes Federchenmoos 156
Schönes Steifblattmoos 118
Schönes Widertonmoos 90
Schönes Wollmoos 156
Schuppenzweigmoos 154
Silber-Birnmoos 112
Sparriges Kranzmoos 144
Sparriges Torfmoos 94
Spießmoos 130
Spieß-Sternmoos 114
Spieß-Torfmoos 96
Spitzblättriges Torfmoos 92
Sprossender Bärlapp 78, 162
Stachelspitziges Bartmoos
  106
Stein-Klaffmoos 88

Storchschnabelfarn 174
Straußfarn 74
Streifenfarn 75
Stumpenmoos 140
Sumpf-Streifensternmoos
  116
Sumpf-Torfmoos 94

Tamarisken-Sackmoos 158
Tamarisken-Thujamoos 126
Tannenmoos 128
Tannen-Bärlapp 78, 79, 162
Torfmoose 14, 20, 23, 32
Tüpfelfarn 75, 166

Verschiedenblättriges
  Kammkelchmoos 154
Vielspaltiges Ohnnervmoos
  148

Wald-Schachtelhalm 160
Weißliches Doppelblattmoos
  152
Weißmoos 63, 100
Welliges Gabelzahnmoos
  98
Welliges Katharinenmoos
  88
Welliges Sternmoos 114
Widertonmoos 9
Winter-Schachtelhalm 81
Wolfsklaue 164
Wurmfarn 75, 76, 172
Wurzelndes Stumpfdeckel-
  moos 128

Zahn-Plattmoos 138
Zinnkraut 80
Zweispießmoos 96

Wissenschaftliche Namen

Abietinella abietina 128
Acrocladium cuspidatum
  130
Acrocladium spec. 20
Alicularia (Nardia) scalaris
  44, 45, 152
Amblystegium
  juratzkanum 128
Andreaea petrophila 30, 62,
  88
Aneura (Riccardia) multi-
  fida 41, 148
Aneura (Riccardia) spec.
  40, 42, 57
Anomodon attenuatus 21,
  126
Anomodon viticulosus 126
Anthoceros husnoti 45
Anthoceros laevis 45
Anthoceros spec. 45, 46, 60
Antitrichia curtipendula 120
Aspidium serra 76
Asplenium ruta-muraria 168
Asplenium septentrionale 74
Asplenium spec. 75
Asplenium trichomanes 168
Asplenium viride 168
Athyrium filix-femina 75,
  170
Aulacomnium palustre 18,
  24, 116

Barbula fallax 104
Barbula unguiculata 104
Bartramia halleriana 116
Bartramia spec. 13, 18, 19

Bazzania trilobata 154
Blechnum spec. 71
Blechnum spicant 74, 166
Botrychium lunularia 74
Brachythecium rivulare 132
Brachythecium rutabulum
  134
Brachythecium salebrosum
  134
Brachythecium velutinum
  134
Bryum argenteum 112
Bryum capillare 112
Buxbaumia aphylla 27, 28,
  50
Buxbaumia spec. 50
Buxbaumia viridis 92

Calypogeia trichomanis 156
Camptothecium lutescens
  132
Catharinaea undulata 88
Catopridium smaragdinum
  16
Ceratodon purpureus 13, 27,
  100
Cirriphyllum piliferum 136
Climacium dendroides 120
Colura spec. 44
Conocephalum conicum 34,
  52
Conocephalum spec. 34
Cratoneurum commutatum
  128
Cryptothallus mirabilis 42
Ctenidium molluscum 142

Cystopteris filix-fragilis 75,
  170

Dicranella heteromalla 100
Dicranodontium denudatum
  58, 96
Dicranum bergeri 98
Dicranum flagellare 58
Dicranum scoparium 26, 98
Dicranum spec. 58
Dicranum undulatum 98
Dicranum viride 58
Diobelon squarrosum 96
Diphyscium sessile 14, 92
Diplophyllum albicans 152
Diplophyllum spec. 44
Dolichotheca silesiaca 140
Drepanocladus aduncus 130
Drepanocladus spec. 13
Dumortiera spec. 40   [172
Dryopteris austriaca 69, 72,
Dryopteris montana 172

Encalypta contorta 106
Entodon orthocarpus 138
Equisetum arvense 80, 160
Equisetum hiemale 81
Equisetum limosum 160
Equisetum maximum 80, 162
Equisetum silvaticum 160
Eurhynchium striatum 132

Fissidens spec. 13, 19
Fissidens taxifolius 102
Fontinalis antipyretica 19,
  122

Fontinalis spec. 62
Frullania fragilifolia 59
Frullania dilatata 43, 57
Frullania spec. 44
Frullania tamarisci 158
Funaria hygrometrica 13, 29, 110
Funaria spec. 49

Georgia spec. 14
Grimmia pulvinata 22, 108
Grimmia spec. 49

Haplomitrium spec. 33
Hedwigia albicans 29, 118
Homalia trichomanoides 22, 122
Hookeria lucens 124
Hygrohypnum ochraceum 130
Hylocomnium splendens 146
Hypnum cupressiforme 18
— var. cupressiforme 142
— var. filiforme 142
Hypnum spec. 13

Isothecium myurum 124

Lepidozia reptans 154
Leucobryum glaucum 27, 58, 63, 100
Leucodon sciuroides 120
Lophocolea bidentata 43
Lophocolea cuspidata 34
Lophocolea heterophylla 154
Lophozia ventricosa 58
Lunularia cruciata 58
Lunularia spec. 39, 53, 59, 60
Lycopodium annotinum 78, 162
Lycopodium clavatum 78, 164
Lycopodium selago 78, 79, 162
Lycopodium spec. 78

Madotheca platyphylla 158
Madotheca spec. 34
Marchantia polymorpha 11, 32, 36 ff., 53, 54, 59, 60, 146
Marchantia spec. 35, 53
Metzgeria furcata 41, 150
Metzgeria pubescens 41, 42, 150
Metzgeria spec. 34, 41, 59

Mnium cuspidatum 114
Mnium hornum 30, 56
Mnium punctatum 114
Mnium rostratum 49, 112
Mnium spec. 51
Mnium undulatum 48, 49, 51, 114

Nardia (Alicularia) scalaris 44, 45, 152
Neckera crispa 124
Nephrodium thelipteris 71

Oedipodium spec. 14
Ophioglossum vulgatum 73, 74, 161
Orthotrichum speciosum 118

Pellia fabbroniana 59, 60, 62, 148
Pellia spec. 34, 35, 40, 46
Phascum cuspidatum 29
Phascum spec. 13
Phegopteris dryopteris 174
Phegopteris polypodioides 174
Phegopteris robertiana 174
Philonotis fontana 116
Philonotis spec. 20
Plyllitis scolopendrium 73, 164
Physcomitrium piriforme 17
Plagiochila asplenioides 150
Plagiopus spec. 19
Plagiothecium denticulatum 138
Plagiothecium depressum 62
Plagiothecium undulatum 138
Platygyrium repens 140
Pleurozia spec. 44
Pleurozium schreberi 136
Pogonatum aloides 88
Polypodium vulgare 75, 166
Polystichum lobatum 170
Polytrichum attenuatum 12, 30, 49, 90
Polytrichum commune 9, 12, 19, 27, 32, 52, 90
Polytrichum formosum 12, 30, 49, 90
Polytrichum piliferum 90
Polytrichum spec. 18, 21, 52
Pottia truncatula 29
Pteridium aquilinum 9, 75, 166
Pteris spec. 71

Ptilidium pulcherrimum 156
Ptilium crista-castrensis 140

Racomitrium aciculare 108
Racomitrium canescens 22, 108
Racomitrium sudeticum 25
Radula complanata 158
Radula spec. 34
Rhodobryum roseum 110
Rhytidiadelphus loreus 144
Rhytidiadelphus squarrosus 144
Rhytidiadelphus triquetrus 144
Rhytidium rugosum 146
Riccardia multifida 41, 148
Riccardia spec. 40, 42, 57
Riccia glauca 65, 148
Riccia spec. 53
Riella spec. 34

Salvinia spec. 76
Scapania nemorosa 152
Scapania spec. 44
Schistidium apocarpum 110
Schistostega osmundacea 14, 15
Scleropodium purum 21, 136
Selaginella helvetica 79
Selaginella selaginoides 79
Sphaerocarpus spec. 37
Sphagnum acutifolium 20, 92
Sphagnum compactum 94
Sphagnum cuspidatum 96
Sphagnum palustre 20, 94
Sphagnum squarrosum 31, 94
Struthiopteris filicastrum 74
Syntrichia ruralis 106
Syntrichia subulata 106

Thamnium alopecurum 65, 122
Thuidium tamariscinum 126
Tortella tortuosa 102
Tortula muralis 104
Trichocolea tomentella 93, 156

Ulota bruchii 118

Weisia viridula 102

181

Es ist schon mehr als 40 Jahre her —

In einer schmalen Bude in der Hartmannstraße in Görlitz, die außer Tisch, Stuhl, Bett und Bücherbord kaum etwas anderes aufweist, sitzt ein junger Student. Er arbeitet an der Verwirklichung eines Planes, den er seit Jahren mit sich herumträgt, den er beim Botanisieren immer wieder überlegt und geprüft hat, der viel Kenntnisse, viel Geduld und sorgsame Überlegung erfordert. Es soll ein botanisches Bestimmungsbuch entstehen für Laien, für Leute, welche die Natur lieben und die zunächst die Systematik ängstigt.

Vielleicht konnte nur gerade er – *Alois Kosch* – auf den einfachen und deshalb richtigen Gedanken kommen, den Laien-Führer zum Pflanzenbestimmen nach der Blütenfarbe zu ordnen. Er, der Autodidakt von einst, Volksschüler, Drogisten-Lehrling und jetzt endlich Student der Medizin, hat den Weg erlebt, der, von dem rein äußerlichen Kennzeichen der Blütenfarbe ausgehend, dann Schritt für Schritt die Einzelmerkmale prüfend, zur Bestimmung der Art führt; dann erst hat er die wissenschaftlich exakte Eingliederung nach Art, Gattung und Familie erfahren und erlernt. Der offene Blick und die schlichte Frage „Was blüht denn da?" sind die Wurzeln des Erkenntnisdranges und der Erkenntnis, deren krönende Zusammenfassung das wissenschaftliche „System" bildet. Nur ein Mann, der den Weg von den Anfängen bis zum Ziel an sich selber erlebt hat, konnte ihn für andere weisen, konnte Idee und Gestalt für die „Kosmos-Naturführer" finden.

Heute sind der Name von Alois Kosch und die Grundidee der „Kosmos-Naturführer" ein Begriff für alle, die Geschöpfe, Lebewesen und Formen der Natur kennenlernen und richtig bestimmen möchten: für Eltern, die ihren Kindern die Wunder der Schöpfung zeigen – für Lehrer und Schüler, die „Kosmos-Naturführer" im Unterricht, bei Lerngängen, im Landschulheim zu Rate ziehen – für die Studierenden der Fach- und Hochschulen – für Naturfreunde und alle, die ein Auge haben für Blumen und Tiere, für Steine und Sterne, die ihnen daheim oder unterwegs, bei der Arbeit oder im Urlaub begegnen.

In Millionen Exemplaren sind die reich und fast durchweg auch farbig illustrierten „Kosmos-Naturführer" bis heute allein in Deutschland verbreitet, und viele Bände sind auch im benachbarten Ausland, in holländischer und französischer, in englischer, in italienischer, in tschechischer Sprache, erschienen:

Was blüht denn da? In Farbe der Führer zum Bestimmen von wildwachsenden Blütenpflanzen Mitteleuropas in der von Dr. Dietmar Aichele neu verfaßten und von Marianne Golte-Bechtle farbig illustrierten Neuauflage. – *Welcher Baum ist das? In Farbe,* der Band, der die Bäume und Sträucher, Zier- und Nutzgewächse mit den besonderen Merkmalen von Stamm, Blatt, Blüte, Frucht nennt und auch die Winterknospen im Bild zeigt. Der Band *Unsere Gräser* charakterisiert die Grasarten präzis in Wort und Bild. – *Der Kosmos-Gartenführer,* ein Ratgeber zum Bestimmen, zum Pflanzen und Pflegen der Blütenpflanzen im Garten. – *Der Große Naturführer,* der ideale Begleiter für jeden Naturfreund. Über 1000 Tiere und Pflanzen lassen sich rasch und sicher bestimmen. – *Der Kosmos-Heilpflanzenführer* verhilft dazu, Merkmale, Sammelgut, Anwendungen der einheimischen Heil- und Giftpflanzen richtig kennenzulernen. – *Der Kosmos-Pilzführer* enthält zuverlässige Angaben zum Bestimmen, Sammeln, Verwerten der Pilze Mitteleuropas. – *Das Leben im Wassertropfen* hilft dem Mikroskopiker, die vielfältigen Arten der Kleinstlebewesen zu bestimmen.

Weitere »Kosmos-Naturführer" sind in jeder Buchhandlung vorrätig. Ausführliche Informationsschriften über Bücher Ihrer Interessengebiete erhalten Sie vom Verlag. Mitglieder des KOSMOS erhalten die Kosmos-Naturführer zum Sonderpreis. Über weitere Vorteile der Kosmos-Mitgliedschaft unterrichtet Sie die Informationsschrift 970 150, die Sie auf Anforderung vom Verlag erhalten.

Mit Kosmos-Naturführern wissen Sie mehr von der Natur!

Dietmar Aichele, **Was blüht denn da?**

Dieser Kosmos-Naturführer ist das Standard-Bestimmungsbuch für Naturfreunde! Die Einteilung nach Blütenfarben und die exakten farbigen Abbildungen helfen, in kurzer Zeit Namen, Gattung und Art wildwachsender Blütenpflanzen festzustellen. Die Gliederung nach Farbe, Blütenform, Standort und Blütezeit ermöglicht die zuverlässige Bestimmung der Arten, die Anordnung der Texte gestattet es, mit einem Blick alle wichtigen Kennzeichen und Besonderheiten zu erfassen. Über 500 000 zufriedene Käufer benutzen dieses Leitbild aller Kosmos-Naturführer mit dem praktischen Farbcode. Bereits 43. Auflage, 400 Seiten, 1200 Farb- und 110 SW-Zeichnungen.

Aichele/Schwegler, **Was grünt und blüht in der Natur?**

Ein neuartiges Bestimmungsbuch für Naturfreunde, entwickelt und geschrieben von einem ausgezeichneten, bewährten Autorenteam. Auch Ungeübte können dank der hervorragenden Farbfotos und der übersichtlichen Aufteilung nach Blütenfarben und -formen in kürzester Zeit ihre „Funde" identifizieren und erfahren aus dem prägnanten und interessanten Text alles Wissenswerte über unsere Blütenflanzen.
398 Seiten, 736 Farbfotos, 700 mehrfarbige Bestimmungsleisten, 1 Karte.

Dietmar Aichele / Heinz-Werner Schwegler, **Unsere Gräser**

Gräser, die häufigsten Pflanzen unserer heimischen Flora, sind sehr schwer zu bestimmen. Den Autoren ist es jedoch gelungen, ein ebenso einfaches wie zuverlässiges Bestimmungssystem zu schaffen. Wesentlich sind dabei die in dieser Form einmaligen, nach der Natur gezeichneten Halbtonbilder von Walter Söllner. Fälle, in denen sich Gräser nicht schon allein anhand dieser Habitusbilder bestimmen lassen, können mit einem Schlüssel gelöst werden, in dem alle charakteristischen Merkmale übersichtlich angeordnet und klar gekennzeichnet sind.
6. stark veränderte Auflage, 216 Seiten, 65 Farbfotos, 4 SW-Fotos, 250 Halbtonzeichnungen, z. T. farbig unterlegt, 350 SW-Zeichnungen.

Peter und Ingrid Schönfelder, **Der Kosmos Heilpflanzen-Führer**

Dieser Naturführer beschreibt alle heute noch bei uns verwendeten europäischen Heilpflanzen, nennt ihre Drogen, die wichtigsten Inhaltsstoffe, Wirkungen, Anwendungen und ihre Fertigpräparate. Schließlich zeigt der Band auch wichtige Giftpflanzen und Giftfrüchte. Der Naturführer ist nach einfachen Bestimmungsmerkmalen gegliedert. Charakteristische Farbfotos stellen die einzelnen Arten vor und die Abbildungen auf der Randleiste knüpfen an die Tradition der mittelalterlichen Kräuterbücher an.
277 Seiten, 442 Farbfotos, 277 historische Holzschnitte und 95 Zeichnungen.

Kosmos-Naturführer sind ein Begriff für alle, die Lebewesen und vielfältige Formen der Natur kennenlernen und richtig bestimmen möchten!
Fragen Sie Ihren Buchhändler — er zeigt Ihnen diese Bücher gerne!
Kosmos-Verlag, Postfach 640, 7000 Stuttgart 1

**Drei repräsentative, hervorragend ausgestattete Bildbände
von Roger Phillips für alle Pflanzenfreunde**

Das Kosmosbuch der Bäume

Roger Phillips hat ein völlig neuartiges Buch zum Bestimmen von Wald- und Parkbäumen geschaffen. In über 1400 hervorragenden Farbbildern zeigt er die kennzeichnenden Formen der Blätter und Früchte, teilweise auch charakteristische Rindenformen. Mit Hilfe eines einfachen Bestimmungsschlüssels, der von den Blattformen ausgeht, sowie zahlreicher ergänzender Farbfotos und Umrißzeichnungen wird hier die Bestimmung eines Baumes zum vergnüglichen, lehrreichen Spiel. Alle abgebildeten Arten sind ausführlich beschrieben.
223 Seiten, 1491 Farbfotos, 486 Zeichnungen.

Das Kosmosbuch der Wildpflanzen

Mehr als 1000 wildwachsende einheimische Pflanzen stellt dieser Band in ungewöhnlich schönen, naturgetreuen Farbaufnahmen vor.
Die überwiegend ganzseitigen Farbtafeln folgen dem jahreszeitlichen Entwicklungsablauf der Natur. Sie beginnen mit den Frühblühern des zeitigen Frühjahrs, schließen die verschwenderische Formenfülle des Sommers an und enden mit dem Spätherbst, wenn Früchte und Samen längst ausgereift sind. Für jede Jahreszeit werden die Pflanzen nach Standorten getrennt erfaßt. Dabei sind alle wichtigen Gruppen der Blütenpflanzen berücksichtigt. Neben den Kräutern und Stauden werden auch alle häufigen Nadel- und Laubhölzer behandelt und abgebildet. Die begleitenden Texte nennen deutsche und wissenschaftliche Namen der Pflanzen, ihre Bestimmungsmerkmale, Standortansprüche, Verbreitung und Häufigkeit. Außer den weitverbreiteten einheimischen Pflanzen werden auch solche aus den Randgebieten Mitteleuropas beschrieben.
Nicht nur zuhause werden Sie daher mit diesem neuen Pflanzenbuch auf erfolgreiche Entdeckung gehen können. Auch im Urlaub kann dieser bestechend schöne Bildband bei vielen Bestimmungsproblemen helfen.
208 Seiten, 1069 vierfarbige Abbildungen.

Das Kosmosbuch der Gräser, Farne, Moose, Flechten

Die unauffälligen Gräser, Farne, Moose und Flechten gehören zu den weniger bekannten Pflanzen unserer einheimischen Flora. In diesem Bestimmungsbuch werden mehr als 450 Arten in großformatigen, hervorragend gelungenen Farbaufnahmen vorgestellt.
Die in Mitteleuropa vorkommenden Gräser und Farnpflanzen sind nahezu vollständig erfaßt. Bei den Moosen und Flechten hilft die aus über 3000 einheimischen Arten getroffene Auswahl, die wichtigsten Formen richtig zu erkennen und einzuordnen. Die begleitenden Texte nennen die Namen der Pflanzen sowie zuverlässige Bestimmungsmerkmale, Standorte, Verbreitung und Häufigkeit. Mit diesem einzigartigen Bildband läßt sich eine überraschend vielgestaltige Welt entdecken. Er offenbart die Schönheit des unscheinbaren Details und der kleinen, oft bizarren Formen.
191 Seiten, 608 Farbfotos.

Ihr Fach/Buchhändler zeigt Ihnen diese Bücher gern!

Wenn Sie sich ausführlich über unser umfangreiches Naturführer-Buchprogramm informieren möchten, fordern Sie bitte unverbindlich unseren Naturführer-Prospekt an beim **Kosmos-Verlag, Postfach 640, 7000 Stuttgart 1.**